KB230920

남성중심 문화와 한국종교

남성중심 문화와 한국종교

박영창 지음

한국학술정보[주]

The Androcentric Culture and Korean Religions

by

Park, Young-Chang (Ph. D)

머리말

21세기는 문화의 세기이다. 문화 창조력이 국부를 창조하는 근원이 되므로, 이기적·차별적인 약문화(弱文化)로는 승자독식의 치열한 21세기의 문화전쟁에서 살아남을 수 없다. 문화전쟁에서의 패배는 정치·경제·사회에서의 패배로 이어지고, 이는 곧 후진국으로의 전락을 의미한다. 이 문화전쟁에서 핵심적인 두 가지 요소가 바로 문화와 종교이다. "종교가 문화의 실체"라고 한 틸리히(P. Tillich)의 말처럼 종교는 21세기에도 문화를 형성하고 변화시키는 핵심 요소로 활약하며, 사회를 통합·통제·변형시키는 사회적 기능을 행할 것이다. 증대되어가는 미래의 불확실성과 궁극적 문제에 대한 해결책을 제시해 주므로 21세기에도 종교는 여전히 제 기능을 발휘할 것이다. 이렇게 문화와 종교가 서로 협력·보완하여 윈-윈(win-win)효과를 발휘해야 하지만 한국사회는 그렇지 못하다. 한국문화는 아직도 남성이 주도하고 이끌어가는 남성중심 문화가 만연하고 있으며, 한국종교는 여전히 성차별적 교리·의례·공동체를 통하여 성차별 이데올로기를 양산하고 있다.

이 연구는 한국사회의 남성중심 문화 실태를 파악하고, 이 남성중심 문화에 한국종교가 어떤 영향을 미치고 있는가를 분석하여 남성중심 문화의 변혁과 성차별적인 종교문화를 개선하는 데 기여하는 것을 목적으로 한다. 이기적이고 차별적인 약문화(弱文化)를 변혁하여 이타적이고 평등한 강문화(强文化)로 만들어야 한다. 그리고 한국은 고래로부터 종교가 국민생활을 지배하였다고 보기 때문에 한국종교가 한국사회의 남성중심 문화를 조장하는 역할을 하였다는 것을 논지로 삼는다.

본 논문의 연구방법은 종교사회학적 연구방법론을 활용하여 종교와 사회현상의 한 유형인 문화와의 상호관련성을 연구한다. 먼저 베버(M. Weber)가 '개신교 윤리'를 독립변수로, '자본주의 정신'을 종속변수로 둔 것에 착안하여 '한국종교'를 독립변수로, '남성중심 문화'를 종속변수로 하고, 양자에 '선택적 친화성'(elective affinity)을 가진 요소가 바로 '성차별 이데올로기'라고 본다. 그리고 뒤르껭(E. Durkheim)이 종교를 구성 요소 별로 나눈 것을 활용하여 한국종교를 교리(doctrine), 의례(ritural), 공동체(community)로 나누어 이들이 어떻게 남성중심 문화 형성에 영향을 끼쳤는가를 연구한다. 또한 버거 (P. L. Berger)는 사회의 변증법적 변화과정을 외재화(externalization), 객체화(objectivation), 내재화(internalization) 단계로 표현했는데, 이들은 각각 종교의 의례, 공동체, 교리와 밀접한 관련이 있음을 발견하고, 이들로 성차별 이데올로기를 설명한다.

이 연구를 통하여 한국은 가정·직장·사회에서 여전히 남아선호사상, 성별 직업 격리현상, 남성 주도의 성매매와 성폭력이 두드러지고, 여성 임금은 남성임금의 절반이 조금 넘는 남성중심 문화가 만연한 사회임을 지적한다. 그리고 이러한 남성중심 문화를 조장하는 데 한국의 주요 종교가 상당한 영향을 미쳤다는 것을 발견했다. 한국의 무교, 불교, 유교, 기독교는 각각 부락제에서의 남성주도, 수계의례에서의 여성차별, 제례에서의 여성배제, 출생의례에서의 성차별과 같이 여성참여를 제한하는 의례를 가졌으며, 한국종교의 공동체 활동은 승직(僧職)에서 여승 제외, 내외법과 여성 안수 배제 등 남성이 직무를 독점함으로써 여성을 차별하였다. 한국종교의 교리는 남성중심의 신화체계, 여인오장설, 가부장제, "여자는 교회에서 잠잠하라"와 같은 남성우월적인 내용을 가졌다.

여성참여를 제한하는 의례를 통해 성차별 이데올로기는 외재화되고, 신자 개개인의 활동과는 독립된 실재로서 종교 구성원들에게 강력한 통제력을 발휘하는 남성 독점적 공동체 활동을 통하여 성차별 이데올로기는 객체화되고, 남성우월적 내용의 교리는 학습이라는 사회화 과정을 통하여 성차별 이데올로기가 내재화된다. 이렇게 형성된 성차별 이데올로기는 규범문화의 형성과정인 ① 정당화 ② 제재(制裁) ③ 내재화 단계를 거침으로써 남성들의 기득권 유지를 위한 '참여 제한주의'(의례)·'직무 독점주의'(공동체)·'남성 우월주의'(교리)라는 이기적인 남성중심 문화로 고착화된다. 이 때 규범문화의 형성과정은 종교의 구성요소 모두와 관련이 있는데, 특히 의례는 정당화와, 공동체는 제재와, 교리는 내재화와 연관성이 있다.

결론부분에서는 남성중심 문화 형성에 지대한 영향을 미치고 있는 한국종교가 변혁되어 양성평등 문화 형성에 기여해야 함을 강조한다. 제언에서는 21세기 무한경쟁 사회에서 한국 여성은 성차별로 인해 자신의 능력을 제대로 발휘하지 못하고, 한국문화는 남성중심 문화가 만연하며, 한국종교는 성차별적 이데올로기를 양산하고 있다는 것을 지적하고 네 가지를 제안한다. 첫째 한국 여성의 능력을 최대한 발휘할 수 있도록 사회 여건을 마련해 주어야 하며, 둘째 한국의 남성중심 문화는 변혁되어야 하고, 셋째 한국의 성차별적인 의례·공동체·교리는 '참여평등주의', '직무공평주의', '양성평등주의'로 개선되어야 하며, 넷째 종법제 강화를 위해 강제로 없애버린 남귀여가제(男歸女家制) 도입을 적극 권장해야 한다.

마지막으로 이 책이 나오기까지 사랑과 은혜로 보호해주신 하나님께 감사드리며, 박사논문 때부터 지금까지 자상하게 지도·조언해 주신 감신대의 이원규 교수님, 한중연의 이상훈 교수님께 감사드린다. 그리고 이 책의 참고문헌에 나와 있는 한 분 한 분께 고마움을 전하며, 부족한 저를 위해 늘 기도해 주시는 성도들에게 끝없는 사랑을 전한다. 항상 곁에서 변함없는 사랑을 베풀어 준 어머니, 아내와 자영·영민이와 가족들에게도 고개 숙여 감사의 마음을 전한다.

2011년 2월 수명산 남향집에서
박영창

차 례

제 1 장

한국사회는 남성중심 사회인가?

1. 문제의 제기

태초에 조물주는 남녀를 평등하게 창조하였다. 그러나 인간사회는 남녀를 불평등하게 만들었고 종교도 이에 영향을 미쳤다. 『창세기』에 의하면 하나님은 자기의 형상과 모양을 닮은 지극히 고귀한 존재로 남자와 여자를 창조했는데 이는 그 본질상 두 성이 동등한 위치에 있으며 어느 한편이 우위에 있지 않음을 의미한다.

세계 각국의 『헌법』에는 이러한 천부인권설을 바탕으로 인간의 평등권을 강조하고 있고, 대한민국 헌법에도 "성별 등에 의한 차별 금지"(제11조 1항)와, "혼인과 가족생활에 있어서의 양성평등"(제36조 1항)[1] 등을 규정하였고, 근로기준법, 남녀고용평등법 등 개별법에서 평등정신을 구체화 하였고, 특히 1999년에 제정된 『남녀차별금지 및 구제에 관한 법률』에서는 남녀차별을 금지하고, 성차별 피해자의 권익을 구제함으로써 사회의 모든 영역에서 남녀평등을 실현하도록 규정하였다.

이렇게 남녀평등이 당연한 것이지만 한국의 현실은 그렇지 않다. 통계청의 『성차별에 대한 인식조사』에서는 사회생활과 직장생활에서 '성차별이 있다'가 약 70%로 조사되고 있으며, 가정생활에서도 40%에 가까워 현대 한국사회는 성차별이 상당히 있는 것으로 인식된다.[2] 이러한 인식은 각종 통계자료에서 구체적으로 드러나고 있다. 여성의 경제활동 참가율은 남성보다 23.6%나 떨어지며,[3] 여성임금은 남성임금의 62.3%이다.[4] 여성의 사회진출도 부진하여 초등학교의 여성 교장비율(12.9%)은 여성 평교사 비율(74.6%)의 17.3%에 불과하다.[5] 4급 이상 일반직 여성공무원(184명)은 전체 4급 이상 공무원(3,298명)의 5.6%[6]에 불과하여 고위직으로 올라갈수록 승진하기가 어려운 '유리 천장'에 막혀 있는 실정이다. 이러한 사실은 국제 간의 비교에서도 드러나고 있는데 '남녀평등지수'(GDI)는 세계 155개국 중 한국이 25위이고, '여성권한척도'(GEM)[7]은 109개국 중 61위로,[8] 한국의 세계 13위의 GDP 규모에 비하면 매우 뒤떨

---

1) "혼인과 가족생활은 개인의 존엄과 양성의 평등을 기초로 성립되고 유지되어야 하며, 국가는 이를 보장한다."(헌법 제36조 1항)
2) 통계청, 『사회통계조사보고서』, 통계청, 2002.
3) 통계청, 『경제활동 인구조사』, 통계청, 2010.
4) 노동부, 『고용형태별 근로실태조사』, 노동부, 2010.
5) 교육과학기술부, 『교육통계연보』, 교육과학기술부, 2010.
6) 행정안전부, 『2010 행정안전부 통계연보』, 행정안전부, 2010.
7) 여성들의 정치, 경제활동과 정책결정 과정의 참여도를 점수로 환산한 '여성권한척도'를 말함.
8) 여성부 홈페이지(http://www.mogef.go.kr) 『2009년 유엔 인간개발보고서』 참조.

어진 실정이다.

이러한 성차별의 배후에는 남성중심 문화가 존재하고 있다고 본다. '남성중심 문화'란 "여성에 비해 남성이 삶의 모든 영역에서 중심이 될 뿐만 아니라 우월한 지위에서 권리와 이익을 향유하는 문화"라고 정의하고자 한다. 한국의 역사를 보면 사유재산제가 생긴 고조선 시대부터 혈연 중심의 씨족공동체 사회는 지역중심의 부족사회로 바뀌고, 종래의 모계사회는 남자의 사회적 권력이 강해지면서 부계사회로 변하게 되었다. 그 후부터 우리나라는 남성이 지배하는 남성중심의 사회가 지속되었는데, 이는 삼국시대부터 조선시대까지의 역대 왕조 계보를 보면 신라시대의 세 여왕을 제외하고는 중앙정부의 왕위를 모두 부자세습을 통하여 남성들이 계승[9]하였고, 지방정부의 수령, 방백들도 다 남성들이 차지한 것을 보면 알 수 있다. 가정에서는 가장인 남자가 강력한 가장권을 가지고 가족을 통솔하는 가부장제가 시행되었다. 이 가부장제는 초기 국가형태를 갖춘 삼국시대 이전부터 발견되고 있고 유교전래와 불가분의 관계를 가지며, 가족관계에서 유교에 기반한 성차별적인 가부장제가 확립된 시기는 조선건국 후로 본다.[10] 이러한 가부장제도도 가정의 통치원리로 이어지고 있으며, 여성을 남성보다 열등한 존재로 여기며, 현모양처 이데올로기에 의해 남편의 충실한 내조자이자, 자녀를 잘 키우는 어머니로 조건지우고 있다. 이러한 관념에서 칠거지악과 삼종지도, 남아선호사상도 배태되었다고 본다.

한국 부모들의 남아선호사상은 유별나다. 출산순위별 출생성비를 살펴보면 첫째 아이보다 셋째 아이 이상은 월등하게 높아지고 있고(141.2),[11] 아들이 아니면 낙태도 허용하겠다는 응답자가 전체의 1/4이 넘는다는 사실은 충격적이다.[12] 이러한 남아선호사상의 원인은 여러 가지가 있겠지만, 그 중에서도 가부장제에 근거한 한국의 가족주의를 들 수 있겠다.

이상과 같은 한국사회의 남성중심의 문화는 그 형성에 여러 가지 요인이 복합적으로 개입되어 있지만, 한국의 종교가 상당한 영향을 미쳤다고 본다. 권오문은 남녀차별의 선두가 바로 종교라고 말한다.

---

9) 세 여왕은 선덕여왕(632–647), 진덕여왕(647–654), 진성여왕(887–897)을 말함.

10) 한국여성학연구회 편, 『여성학의 이해』 (경문사, 1995), 68–71쪽.

11) 통계청, 『2005 통계로 보는 여성의 삶』, 15쪽.

12) 『2001년도 현안분석집』(국회여성특별위원회 전문위원실, 2001.12), 12쪽.

인류 유산 가운데 가장 큰 논란을 빚은 것이 남녀 불평등 구조다. 남성 주
도의 인류문화는 의도적으로 여성을 비하했고 여성들은 남자로 태어나지 못
했다는 단 하나의 이유 때문에 온갖 차별과 약자의 서러움을 견뎌내야 했다.
남녀차별의 선두에는 인간 구원을 외치는 종교가 있었고, 이어 인간 통념을
바탕으로 체계화된 윤리 도덕과 철학, 그리고 국가의 제도와 법률이 뒤따르
고 있다.[13]

폴 틸리히(P. Tillich)는 "종교는 문화의 실체이며 문화는 종교의 형식"[14]임을 강조한
다. 종교는 문화의 핵심적인 요소로 한국문화의 한 형태인 남성중심 문화에도 영향력
을 미친다. 최준식은 종교의 역할에 대해서 설명하면서 "종교는 그것이 속한 사회의
문화를 형성하는데 결정적 영향을 미치며, 특히 사회 구성원들의 인간관이나 세계관
등과 같은 기본적 가치관의 형성은 전적으로 종교의 몫"이라고 주장한다"[15] 종교기
능론자들은 종교의 사회적 기능으로 사회 통합·사회통제·사회변형 기능을, 종교의
심리적 기능으로 긴장-해소기능, 박탈-보상기능, 정체성과 소속감의 기능을 들고 있
다.[16] 오데아(T. F. O'Dea)도 종교가 문화에 정박점을 마련해 주며 인간이 직면하는 극
한상황에서 해답을 제공해 준다고 말한다.

전 문화영역에 실질적인 영향력을 미치는 종교에서 세계 공통적인 현상으로 여성
의 성직 제한 등 성차별적인 요소를 발견할 수 있다. 힌두교는 구원(moksha)의 달성은
카스트와 성(性)에 의해 영향을 받아 어떤 여성도 현세에서는 구원을 받지 못하고, 구
원받으려면 일단 내세에서 남성으로 다시 태어나야 한다고 한다.[17] 불교에서도 여성
은 성불에 제한이 있고, 비구니에게만 식차마나를 두고 구족계를 받기 직전의 2년간
따로 수행 절차를 거치게 하는 등의 성차별이 있고, 기독교에도 중세 유럽에서 300년
간(15-17세기) 약 100만 명의 자립심 강한 여성, 과부, 산파 등을 마녀로 몰아 죽이는
엄청난 일을 저질렀고,[18] 이슬람교는 "복종하지 않는 여성은 다른 침대로 내쫓고 채
찍질하여야 한다", "남성은 4명까지의 아내를 거느릴 수 있다"는 코란경의 규정과 베
일을 강요받는 등 각종 차별이 있었다. 이러한 성차별은 한국의 전통 종교도 예외가

13) 권오문, 『불교의 성차별 논쟁』, 『월간 금강 』230호 (월간금강사, 2004), 23쪽.

14) P. Tillich, *Theology of Culture* (London: Oxford University Press, 1959), p. 42.

15) 최준식, 『한국의 종교, 문화로 읽는다(무교, 유교, 불교)』 (사계절, 1999), 4쪽.

16) 이원규, 『종교사회학의 이해』 (나남출판, 2003), 208-216쪽.

17) D. L. Carmody, 『여성과 종교』, 강돈구 역 (서광사, 2001), 55쪽.

18) R. R. Ruether, 『성차별과 신학』, 안상님 역 (대한기독교출판사, 1985), 36쪽.

아니다.

한국 종교의 뿌리인 무교는 기자(祈子)를 빌었고, 불교는 갓 들어온 비구에게라도 비구니가 먼저 예경을 갖추어야 한다는 비구니 팔경법 등이 시행되었다. 유교에서는 가부장제 등으로 남성의 권한을 우위에 두었으며, 기독교에서도 '여자의 머리는 남자' 등의 교리가 시행되는 등 상당한 성차별 요소들이 보인다. 한국의 종교활동 참여 인구는 전 국민의 53.9%[19]인데, 전 국민의 절반이 넘는 종교 인구가 교리, 의례, 공동체 생활 등에서 성차별적인 행위를 지속적으로 행한다면 한국의 남성중심 문화에도 상당한 영향력을 미쳤으리라고 본다.

2. 연구의 목적

이 책의 저술목적은 첫째, 남아선호사상 등 성차별의 배후에 있는 한국사회의 남성중심 문화의 실태를 파악하는 것이다. 한국의 가정, 직장, 사회에서는 아직도 남성중심 문화가 여러 형태로 잔존하고 있는데 이 실태를 파악하는 것이 남성중심 문화변혁의 선결과제이다.

둘째, 이 남성중심 문화에 무교, 불교, 유교, 기독교 등 한국의 종교가 어떤 영향을 미치고 있는가를 살핀다. 종교와 문화는 상호 밀접한 관계를 맺고 있으며 서로 영향을 미치고 있는데, 여기서는 전 국민의 54%를 신도로 가진 한국의 종교를 독립변수로 놓고 종속변수로서의 남성중심 문화에 미치는 영향을 연구한다.

셋째, 이를 통해 한국의 남성중심 문화의 바람직한 변혁과 여성 억압의 이데올로기로 제공될 수 있는 성차별적인 종교문화를 개선하는데 기초 자료로 기여하는 것이다. 종교는 문화에 영향을 미치며 문화는 다시 인간의 행동에 영향을 미친다. 인간의 행동이란 문화에 대한 반응 또는 문화의 함수(function)이며,[20] 인간에 의해 만들어진 남성중심 문화는 다시 인간을 속박하는 남성 우월의식을 심어줄 수 있다. 전 국민의 절반을 점하는 여성을 차별하는 남성중심 문화와 종교문화의 개선 없이는 21세기 선진

---

19) 종교활동 참여인구 비율은 전국민의 53.9%이며, 각 종교의 비율은 불교(47.0%), 개신교(36.8%), 천주교(13.7%), 유교(0.7%), 원불교(0.4%), 기타(1.4%)로 나타나고 있다.(2003년 통계청 자료)

20) 인간은 문화의 수인(囚人)이라고 보는 문화결정론의 대표자 화이트(L. A. White)는 "인간의 행동이란 문화에 대한 반응 또는 함수적 결과이며, 문화는 독립변수이고 행동은 종속변수"라고 한다.
김경동, 『현대의 사회학』(박영사, 2002), 65쪽.

한국을 이룰 수 없다.

이 책에서는 한국 종교가 한국사회의 남성중심 문화를 조장하는 역할을 하였다는 것을 가정하여 논지를 전개하고자 한다. 이렇게 정한 이유는 첫째 한국은 고래로부터 종교가 국민생활을 지배하였다고 보기 때문이다. 한국 국민은 단군신화에서 보는 것처럼 개국 초기부터 무교의 영향 아래 지냈으며 불교는 신라와 고려의 국교였고, 유교는 조선의 국교로 전 국민의 정신생활을 지배하였으며, 지금도 과반수가 넘는 국민이 종교인으로 종교가 국민생활에 미치는 영향이 매우 크다. 둘째 한국의 유별난 남성중심 문화의 형성에는 세계의 주요 종교처럼 한국의 종교도 성차별 이데올로기를 제공했다고 본다. 종교의 성차별적 이데올로기는 사회 구성원들의 세계관, 인간관 등을 형성하여 인간의 정신세계를 지배하므로, 한국문화의 하위문화로서의 남성중심 문화도 이 영향을 받았을 것이라 생각된다. 셋째 무교, 불교, 유교 등 한국종교의 교리와 의례, 공동체 활동에는 남아선호사상, 가부장제 등 상당한 성차별적 내용이 내재해 있다고 보기 때문이다.

3. 연구의 방법

종교사회학은 종교와 사회 현상의 상호 관련성을 연구하는 학문이다. 이는 종교가 단순한 개인적 산물에 머물러 있지 않고 공동체의 산물로 존재한다는 것을 전제로 한다. 이렇게 종교가 개인이 아닌 공동체의 산물이므로 종교를 사회학적으로 연구할 필요성을 발견하게 된다. 종교에 대한 종교사회학적 접근은 두 개의 기본 명제에서 출발하고 있는데, 하나는 모든 종교가 사회적 환경에서 발생해서 그 환경에 영향을 받았다는 것이며, 또 다른 하나는 종교가 사회 현상과 구조에 영향을 미쳤다는 것이다. 전자는 종속변수로서의 종교의 모습을 보여주는 것이며, 후자는 독립변수로서의 종교의 모습을 보여 준다.

이원규는 종교사회학의 연구주제인 종교라는 현상을 ① 개인적인 종교성, ② 집단적인 종교적 가치정향을 의미하는 집단적인 종교정향, ③ 구조를 지닌 조직체로서의 종교조직, ④ 역동성을 지닌 집단적인 움직임으로서의 종교운동으로 나누고,[21] 사회

---

21) 이원규, 『종교사회학의 이해』, 30–31쪽.

라는 포괄적인 개념을 ① 사회체계의 총체적 형태인 사회구조(social structure), ② 사회적 관계성의 조직화된 체계를 의미하는 사회제도(social institution), ③ 사회구조와 사회적 관계성의 중요한 변경을 뜻하는 사회변동(social change), ④ 사회구성원들에 의해 배워지고 공유되는 모든 것을 의미하는 문화(culture)로 나눈 것을 활용하여 종교와 사회의 상호 관련성을 탐구하는 방안을 제시한다.[22]

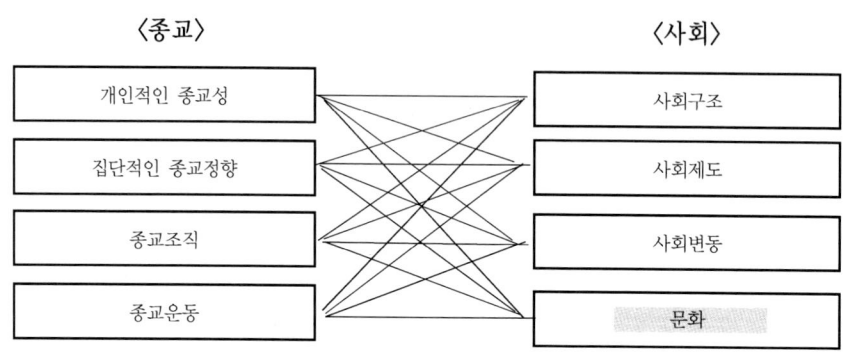

〈그림 1〉 종교와 사회의 관계 유형

본 논문에서는 개인 수준의 종교성, 집단수준의 종교정향, 구조로서의 종교조직, 집단적인 역동성으로서의 종교운동이라는 추상적이고 중복적인 분류보다는 뒤르껭의 종교 정의에서 종교의 필수 구성요소로 밝히는 세 가지를 활용한다.

> 종교는 거룩한 것들, 즉 구분되고 금지되어 있는 것들과 관계되어 있는 **믿음과 수행**-그것들을 신봉하는 모든 사람들을 교회라고 불리는 하나의 **도덕공동체**로 연합시키는 믿음과 수행의 체계-의 총체이다.[23]

뒤르껭(E. Durkheim)은 위에서 종교의 필수 구성요소를 교리(doctrine 또는 믿음체계 <beliefs>), 의례 또는 수행(rituals), 공동체(community)로 나누었는데, 이 세 요소가[24] 문화에 미치는 영향을 살펴보기로 한다.

---

22) 위의 책, 31쪽.

23) E. Durkheim, *The Elementary Forms of the Religious Life*, J. W. Swain 역 (New York : Free Press, 1965), p. 62.

24) 이와 비슷하게 바흐(J. Wach)도 종교적 경험의 표현을 이론적 표현(교리), 실천적 표현(제의), 사회학적 표현(친교)으로 나누었다. J. Wach, *Sociology of Religion* (Chicago: The University of Chicago Press, 1958), pp. 18-33. 이원규, 『종교사회학의 이해』, 58쪽에서 재인용.

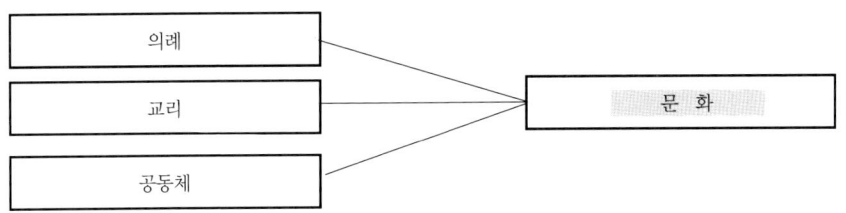

<그림 2> 종교의 구성요소와 문화와의 관계

종교사회학적 연구방법론의 모델은 종교사회학의 고전으로 불리는 베버(M. Weber)
의 "프로테스탄티즘 윤리와 자본주의 정신"의 연구방법론을 원용한다. 베버는 종교
영역의 개신교와 비종교 영역의 사회변동을 대립시키고, 종교 관념으로서의 개신교
윤리와 경제 구조로서의 근대 자본주의의 상호 관련성을 연구하였다. 이 때 종교 관
념인 개신교 윤리를 독립변수로, 사회현상인 자본주의 정신을 종속변수로 놓고 개신
교 윤리가 자본주의 발전에 미치는 영향을 연구하였다.[25]

그는 먼저 개신교 윤리의 어떤 요소가 자본주의 발전에 친화적인 동기를 마련했다
고 하면서, 경제활동과 관련된 개신교 윤리의 한 요소가 자본주의 정신과 일관성이
있다고 주장한다. 즉 개신교 윤리를 구성하는 예정론과 같은 종교적 믿음과 초기 자
본주의 정신(기업 이데올로기) 사이에는 **'선택적 친화성'**(elective affinity)이 있다는 것
이다.[26] 이 요소가 바로 '세속적 금욕주의'(worldly asceticism)이다.[27] 칼빈의 예정론에
따라 구원받은 성도는 召命(vocation)에 따른 직업활동에서 의 성공을 구원의 외적 표
시로 나타내며, 이로 인한 부의 축적은 자본주의 정신의 필수요소이기도 한 '세속적
금욕주의'에 따라 사업에 재투자하여 자본주의의 발전을 가져왔다는 것이다.

25) 베버는 프로테스탄티즘 윤리가 자본주의 발전에 미치는 영향만 연구하였고, '프로테스탄트적 금욕이 그 형성과 특성에서 사회적 문
   화조건 전반, 특히 경제적 조건을 통해 영향받은 방식도 밝혀져야만 한다'고 논문 끝에 언급하였다. (Max Weber, 『프로테스탄티즘
   의 윤리와 자본주의 정신』, 146쪽)

26) 이원규, 『종교사회학의 이해』, 172-173쪽.

27) Max Weber, 『프로테스탄티즘의 윤리와 자본주의 정신』, 122쪽.

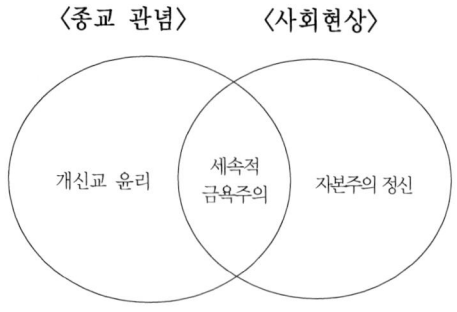

〈종교 관념〉　〈사회현상〉

개신교 윤리　세속적 금욕주의　자본주의 정신

〈그림 3〉 베버의 종교 관념과 사회 현상과의 관계

　　본 논문에서 막스 베버의 방법론을 원용하여 한국종교를 독립변수로 하고자 하는 이유는 한국종교와 남성중심 문화 사이에도 개신교 윤리와 자본주의 정신처럼 **'선택적 친화성'**(elective affinity)이 있기 때문이다. 한국종교의 어떤 요소가 한국의 남성중심 문화형성에 친화적인 동기를 마련했고, 이 요소는 남성중심 문화의 성격과 공통성·일관성이 있기 때문이다. 이 '선택적 친화성'에 해당하는 요소가 바로 한국종교와 남성중심 문화에 공통적으로 존재하는 '성차별 이데올로기'라고 본다. <그림 4> 이에 본 연구에서는 한국의 종교를 독립변수로 놓고, 사회현상의 한 유형인 '남성중심의 문화'를 종속변수로 두고 한국의 종교가 어떻게 남성중심의 문화에 영향을 끼쳤는가를 살펴본다.

　　그리고 버거가 사회의 근본적인 변증법적 과정을 외재화(externalization), 객체화(objectivation), 내재화(internalization) 단계로 표현했는데,[28] 이들은 각각 종교의 의례, 공동체, 교리와 밀접한 연관이 있다는 것을 발견하고, 이들로 '성차별 이데올로기'를 설명한다. 즉 한국종교의 성차별적 의례와 공동체 활동과 교리를 통해 성차별이데올로기는 각각 외재화·객체화·내재화되고, 이 성차별 이데올로기가 한국의 남성중심 문화를 형성하는 핵심요소임을 이 책 제3장에서 5장까지 차례로 설명한다.

---

28) P. L. Berger, 『종교와 사회』, 16쪽.

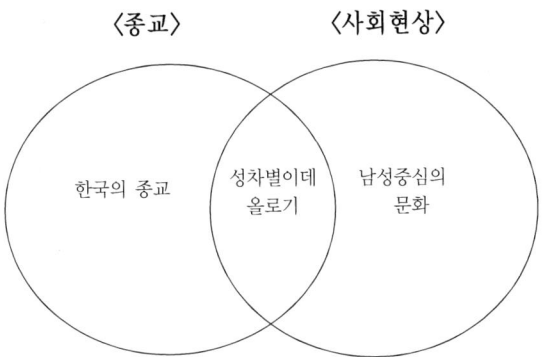

〈종교〉　　　　　〈사회현상〉

한국의 종교　　성차별이데　남성중심의
　　　　　　　올로기　　　문화

〈**그림 4**〉 종교와 성차별 이데올로기, 사회현상의 상호 관계

4. 연구의 특징

　이 연구의 주제와 관련된 선행연구를 보면 성문화와 성차별에 관련된 연구는 비교
적 많이 있으나, 종교와 성차별을 주제로 한 연구는 별로 없고 특히 '남성중심 문화'
를 주제로 한 연구는 찾아볼 수 없다. 개별 종교의 성차별 연구를 살펴보면 유교와
개신교의 성차별 연구 자료는 상당히 축적되었고, 최근 불교에서도 한국비구니연구
소를 중심으로 경전을 중심으로 한 성차별 연구가 시작되었으나, 무교와 가톨릭의 성
차별 관련 연구는 거의 없는 편이다.

　이에 본 연구는 '남성중심 문화'를 주제로 하여 무교를 비롯한 불교, 유교, 기독교
등 한국의 주요 종교 전체를 동시에 다루어 각 종교가 한국의 남성중심 문화에 미친
영향을 연구한 점이 첫 번째 특징이다.

　또한 개별 종교의 성차별에 관련된 연구는 각 종교별로 성차별 내용을 주로 교리를
중심으로 단편적으로 기술하는 것에 그친 감이 있다. 이에 본 연구는 뒤르껭(E.
Durkeim)의 종교의 구성요소 분류에 따라 한국종교를 교리(doctrine), 의례(rituals), 공동
체(community)로 나누어 각 구성요소가 남성중심 문화에 미친 영향을 연구하였다. 각
종교의 교리, 의례, 공동체를 독립변수로 놓고, 한국의 남성중심 문화를 종속변수로
두어 한국종교가 남성중심 문화에 미친 영향을 탐구하는 종교사회학적 방법론을 활
용한 것이 두 번째 특징이다.

　그리고 본 연구는 피트 버거(P. Berger)가 주장하는 사회의 변증법적 과정(dialectic
process)인 외재화(externalization), 객체화(objectivation), 내재화(internalization)[29]를 종교의

구성요소와 연결시켜 연구하였다. 외재화는 종교의 구성요소인 의례와, 객체화는 종교 공동체와, 내재화는 교리와 밀접한 관련이 있음을 착안하고 이것으로 한국종교와 남성중심 문화의 공통요소인 '성차별 이데올로기'를 설명하고, 의례·공동체·교리의 연관성을 고찰한 점이 세 번째 특징이다.

---

29) P. Berger, 『종교와 사회』, 16쪽 참조.

제 2 장

종교와 남성중심 문화의 상호관계

1. 종교와 문화의 상호관계

1) 종교와 문화의 상호관계 유형

모든 문화는 종교적 특징을 가지며 종교와 문화는 불가분리적 관계를 가진다. 양자의 관계를 체계적으로 깊이 있게 연구한 자로는 리차드 니이버가 유명하다. 그의 저서『그리스도와 문화』(*Christ and Culture*)에서는 종교 영역에 '그리스도'를 대입시켜 '그리스도'와 문화와의 관계를 다섯 가지 유형으로 나누고, 각 유형별로 시대적 배경, 성경적 근거, 주장한 인물, 종교와 문화와의 상호관계 등을 세밀하게 탐구하였다. 그의 다섯 가지 유형은 대립 유형, 일치 유형, 지배 유형, 역설 유형, 변혁 유형으로 나누어진다. 니이버 외에도 "종교와 문화의 상호관계"를 연구한 송인규, 김경재와 이상훈 등의 이론도 함께 살펴본다.

(1) 리차드 니이버의『그리스도와 문화』의 상호관계

가. 대립 유형("Christ against culture")

이 유형은 기독교와 문화의 상호관계를 배타적으로 본다. 문화와 복음을 대립적이고 상호 이율배반적인 것으로 설정한다. 니이버는 "이 세상이나 세상에 있는 것들을 사랑치 말라. 누구든지 세상을 사랑하면 아버지의 사랑이 그 속에 있지 아니하니 이는 세상에 있는 모든 것이 육신의 정욕과 안목의 정욕과 이생의 자랑이니 다 아버지께로 온 것이 아니요 세상으로 좇아 온 것이라"(요일2:15-16)를 인용하면서, 여기서의 '세상'이란 악의 세력 아래 점령되어 있는 영역이며 암흑의 지역이어서, 빛의 나라의 시민들이 들어가서는 안 되는 곳으로 말한다.[1] 그리고 생명으로 인도하는 길과 사망으로 인도하는 두 길 중에서 생명으로 인도하는 길이 곧 기독교인의 길이라는 것이다.

터툴리안은 죄의 온상이 문화라고 보았다. 원죄가 사회를 통하여 전승된다고 보고, 죄가 가장 많이 있는 곳이 문화의 영역이라고 보아 "신자의 투쟁은 자연을 상대로 할 것이 아니라 문화를 상대로 해야 한다", "세상의 존귀와 영광을 열심히 추구하는 자

---

1). H. R. Niebuhr, 『그리스도와 문화』, 김재준 역 (대한기독교서회, 1996), 55쪽.

들은 죽은 자들이다"이라고 주장하였다.[2] 그리고 기독교를 상징하는 예루살렘과 세상의 오염된 문화를 상징하는 아테네와의 분리를 주장하며 "아덴이 예루살렘과 무슨 상관이냐?"(Quid Athenae Hierosolymis?)라고 말한다. 톨스토이(L. Tolstoy)도 국가와 재산제도가 다 악의 소굴임은 물론이고 철학, 과학, 예술 등도 역시 정죄의 대상으로 보았다. 심지어 교회도 국가의 종이며 폭력과 특권의 통치를 옹호하는 자이며 불평등과 재산소유를 변호하며 복음을 위조하거나 애매하게 하는 기관이라고 하였다.[3] 그는 예수가 그의 메시아, 그리스도일 뿐 아니라, 진실로 세계의 구원자임을 이해하고, 또 믿게 된 후에는 모든 이웃을 위하여 그리스도의 계명을 이루는 것이 그의 할 일 이라고 보았다. 그러나 세상의 악한 제도와 문화는 모두 배격해야 할 대상으로 보았다.

A.D. 313년 콘스탄틴 대제에 의해 기독교가 공인되기까지 이스라엘에서는 유대교로부터, 로마에서는 황제숭배사상 등으로부터 기독교가 극심한 박해를 받을 때 이 유형이 적용될 수 있을 것이다. 이러한 박해시대에 교회 밖에는 이방문화와 우상숭배로 만연되어 있어 "교회 밖에는 구원이 없다"는 주장이 설득력이 있었고, 신앙을 지키기 위해서는 순교를 각오해야만 했다. 그리고 톨스토이의 문화 배척은 빈자와 약자를 억누르고 착취하는 교회와 국가기관 등에 대한 것으로 볼 수 있다.

대립 유형의 역기능은 신앙의 순수성이라는 이름으로 이 세상적인 것은 세속적이며 악한 것으로 보면서 배격하는 태도이다. 세상에 대해 배타적일 뿐만 아니라 반사회적이고 현실도피적인 성향이 강한 점이다.[4] 이래서는 빛과 소금의 역할을 해야 하는 기독교의 대사회적 책임을 감당할 수 없다.

나. 일치 유형("Christ of culture")

일치유형은 기독교와 문화의 관계가 서로 조화를 이루고 일치하는 것으로 본다. 이 유형은 어떤 문화 안에 복음이 들어올 때 예수가 그들 사회의 메시아요, 희망의 성취자요, 신앙의 완성자로 본다.[5] 사람들은 교회와 세상, 복음과 사회법, 은혜의 작용과 인간의 노력, 구원의 윤리와 진보의 윤리 사이에 긴장을 느끼지 않고 그리스도를 통

---

2) H. R. Niebuhr. 59쪽.

3) 위의 책, 67쪽.

4) 이원규, 『한국교회 어디로 가고 있나』(대한기독교서회, 2000), 230쪽.

5) H. R. Niebuhr, 89쪽.

하여 문화를 해석한다. 즉, 문화 안에 있는 가장 중요한 요소들은 그리스도의 사업과 인격에 가장 일치되는 것이라고 말한다.

여기에 나타나는 대표적 사상은 기독교적 영지주의(Gnoticism)와 리츨(A. Ritschl)과 슐라이엘마허(F. Schleiermacher)로 대표되는 19세기의 문화 기독교주의(culture protestantism)이다. 초기 이방인 기독교에서는 그리스도를 온전한 문화적 용어로 해석하고 사회적 신념, 또는 관습과 그리스도와의 사이에 아무런 긴장도 인정하지 않으려는 헬라문화 세계 안에서의 시몬 마그누스(S. Magnus), 바실리데스(Basilides) 등의 영지주의자들이 있었다. 이들은 예수 그리스도를 한 종교의 진리의 계시자로만 본 것이 아니라 일종의 신으로 보았다. 예배의 대상으로는 보았지만 모든 삶의 주로 모시지도 않았고, 창조주 하나님의 아들로도 보지 않았다.[6]

슐라이엘마허는 그리스도를 신약성서의 예수 그리스도라기보다는 유한과 무한 사이에 있는 중보적 원리로서의 그리스도로 제시하였고, 그리스도는 문화 안에 속하여 있다고 보았다.[7] 리츨은 예수를 "문화의 그리스도"로 해석하는데 그 이유는 첫째 인간들의 가치를 실현하고 보존하려는 인간의 온갖 노력에 있어서 예수가 그 지도자라는 것이고, 둘째 19세기의 문화적 제 이념으로 그리스도를 이해하여 '하나님 나라'라는 기독교적 이념은 인류의 연합을 의미한다고 하였다.[8]

이 유형의 역기능은 교회가 세상에 동화되어서 기독교의 거룩성과 초월성을 상실해 가는 데 있다. 기독교의 정체성(identity)이 사라진 교회는 이미 제대로 된 교회가 아니다.

다. 지배 유형("Christ above culture")

기독교 운동의 최대 다수를 차지하는 중심적 교회(the church of the centre)는 반문화적 극단주의자와 문화에 그리스도를 일치시키려는 문화주의자 쌍방을 다 거부하고, 양자를 종합적으로 동시에 긍정하는 태도를 취한다.[9] 그래서 이 유형을 '종합유형'이라고도 한다. 종합주의자들은 그리스도와 문화를 둘 다 긍정함으로써 "이것이냐 저것

---

6) 위의 책, 91-95쪽.

7) 위의 책, 98쪽.

8) 위의 책, 103-104쪽.

9) H. R. Niebuhr, 120-121쪽.

이냐"의 관계로 보는 것이 아니라, "이것도-저것도"의 관계로 본다.[10] 이들은 그리스도를 이 세상과 저 세상에 함께 주가 되신다고 고백한다. 그래서 그들은 그리스도를 하나님으로 예배하기도 하고, 사람으로 예배하기도 한다.

알렉산드리아의 교부 클레멘트(Clement)는 기독교인은 선한 문화에 맞는 선한 사람이어야 하며 하나님의 사랑에 응답하여 선한 생활을 하는 자이어야 한다고 말한다.

> 기독교인이란 무엇보다도 먼저 선한 문화의 표준에 맞는 선한 사람이어야 한다. 개인적 행위의 성실성에는 경제적 거래에서의 정직과 정치적 권위에의 복종이 따라야 한다. … 하나님의 사랑에 응답하여 이웃이나 원수를 섬기는 자발적인 善의 생활, 율법을 초월한 자유의 생활 등이다.[11]

청빈과 동정(童貞)과 복종의 서약에 충실한 수도사 토마스 아퀴나스(T. Aquinas)도 그리스도와 문화 양자를 긍정하면서 그의 사상과 신학 체계를 통하여 신학과 철학, 교회와 국가, 기독교 윤리와 세속 윤리, 신법과 자연법 사이에 혼동 없는 결합을 성취하였다.[12] 그러나 그는 "국가 위에 교회가 있다", "하나님으로 말미암아 계시된 신법의 내용은 부분적으로 자연법과 일치되나, 어떤 부분에서는 자연법을 초월한다"[13]고 주장하며 국가와 교회, 자연법과 신법이 상충될 때는 후자의 우위성을 인정하였다.

이원규는 이 유형의 역기능을 "교회가 사회 위에서 지배하고 군림하면 문화적 다양성과 자율성이 약화 될 수 있다. 그리하여 기독교 문화만이 중시되고 다른 문화는 배격하는 배타성이 생겨날 수 있다."고 말한다.[14] 중세 가톨릭교회가 신앙의 이름으로 행한 종교재판, 마녀사냥 등이 이 유형의 사례에 해당될 수 있다.

라. 역설 유형("Christ and Culture in paradox")

역설유형은 인간의 본성과 모든 행위가 부패하고 타락한 것임을 인정하고, 인간의 모든 행위가 결집된 인간문화도 부패한 것임을 인정한다. 이 인간 문화를 구성하는 인간의 모든 행위뿐만 아니라 교회, 신학, 철학 등을 막론하고 모든 인간적인 것들은

---

10) 위의 책, 124쪽.
11) 위의 책, 130쪽.
12) 위의 책, 133쪽.
13) 위의 책, 138-139쪽.
14) 이원규, 『한국교회 어디로 가고 있나』, 231쪽.

하나님을 거부하려는 무신적인 속성을 가지고 있다. 이원론자들은 그 자신도 오염된 문화에 속해 있는 자로서 도저히 거기에서 벗어날 수 없지만, 하나님께서 문화 안에서, 또 문화로 말미암아 그를 붙들어 주신다는 것을 알고 있다. 하나님께서 그의 은혜로 이 죄악 속의 세상을 붙들어 주지 않는다면 이 세상은 1분 동안도 존속할 수 없다는 것을 그들은 믿는다. 이런 상황 속에서 그들은 역설(paradoxes)이라는 언어로 그들을 표현할 수 밖에 없다.[15] 역설유형이 대립유형과 다른 점은 부패한 문화 속에서도 작용하고 계시는 하나님의 은혜를 인정하는 점이다. 또 역설유형이 종합유형과 다른 점은 종합론자들은 인간의 이성은 흐려졌지만, 신적인 교사에 의하여 고쳐질 수 있지만, 역설론자들은 인간의 모든 행위에 부패와 타락이 있음을 인식한다는 점이다.

사도 바울은 모든 인간은 죄인으로서 하나님의 진노와 정죄의 대상으로 보았다. 자신도 "죄인 중의 괴수"로 표현하였다. 그러나 하나님의 은혜로 대속(代贖) 제물이 되어 주신 예수를 믿으면 누구나 하나님의 자녀로 천국시민권을 가지는 권세를 얻는다고 말한다. 루터의 그리스도와 문화에 대한 역설적 이해는 그의 이신득의(以信得義)의 사상에서 찾아볼 수 있다. 자기애의 내적 갈등과 번민을 극복하지 못한 루터는 오직 하나님의 은혜 안에서만 해방될 수 있음을 깨달았다. 자기 자신은 불의하지만 하나님께서 의롭게 여겨 주시므로 의롭게 되고 의로운 삶을 살 수 있음을 깨달았다. "의인인 동시에 죄인"이라는 명제는 루터가 이해한 그리스도인 실존의 역설적 구조를 잘 드러내 준다.[16] 이 역설유형은 복음과 문화를 똑같이 섬기지도 못하고 또한 어느 하나도 포기할 수 없는 역설적인 관계를 유지하고 있다. 이 세상의 문화가 선하고 의로운 것은 아니지만, 그 문화 가운데 살 수 밖에 없는 현실적 상황을 인정하게 된다. 따라서 교회와 사회, 복음과 문화 사이에 갈등을 느끼게 된다.[17]

마. 변혁 유형("Christ, the transformer of culture")

변혁주의자들은 세상 문화는 부패하고 타락하였으므로 예수 그리스도가 '문화의 변혁자'로 세상에 와서 그 오염된 문화를 변혁시켰다고 주장한다. 변혁유형은 그리스도와 문화의 관계에서 인간의 전적인 부패성과 그에 대한 하나님의 심판과 죄인을 은

---

15) H. R. Niebuhr, 158쪽.

16) 김영한, 『한국기독교 문화신학』(성광문화사, 1995), 121쪽.

17) 이원규, 『한국교회 어디로 가고 있나』, 232쪽.

총으로 구속하신 하나님의 은혜를 강조함에 있어서는 역설유형에 가깝지만, 문화에 대하여 역설유형보다 더 적극적이고, 긍정적이고, 희망적인 점에서 구별된다.[18] 요한복음은 그리스도를 인간행동의 개변자, 변혁자라고 말한다. 그리스도를 구주(救主)로 영접한 그리스도인들의 생활은 예수로 말미암아 변혁된 행동으로 바뀌게 된다. 그러한 그리스도인들의 행동이 하나님과 사람을 사랑하는 것이고, 아버지와 아들을 영광스럽게 하는 것이며, 서로 사랑하라는 계명을 순종하는 것이다. 하나님께서 그의 독생자를 주기까지 이 세상을 사랑했기 때문에(요3:16) 기독도들이 문화의 변혁자 예수를 따라 세상을 변혁시키는 삶을 사는 것은 당연하다.

코크란(C. N. Cochrane)은 아우구스투스(Augustus) 황제의 재건에서부터 콘스탄틴 (Constantine) 대제의 혁신을 거쳐 어거스틴(Augustine)의 중생에 이르기까지의 고전문화를 연구하였다. 그는 각 시대의 각양 운동들을 기술하였는데, 삼위일체론에 의해 이교 (異敎)를 배제함으로써 인간 사회를 새로 나게 한다는 것은 아타나시우스(Athanasius)와 암브로시우스(Ambrose)로부터 시작되고 어거스틴의『하나님의 도성』(De Civitate Dei)에서 위대한 절정에 달했다고 말한다.[19] 어거스틴은 그의 저서『참회록』에서 보는 것처럼 방탕했던 젊은 시절에서 돌아와 경건한 교부로서 이후의 삶을 멋있게 장식한 '몸으로 변혁의 삶'을 보여 준 사람이다. 어거스틴은 창조된 하나님의 세계는 하나님이 보시기에 좋았고, 균형 잡힌 질서이었으므로 본래 선하였다고 말한다. 그러나 인간의 교만으로 인해 하나님으로부터 떨어져 나갔고, 이 원천적인 악으로부터 생겨난 것이 사회악이다. 이 전도된 본성과 부패한 문화를 개혁하기 위해서 예수 그리스도가 오셨다.[20]

영국의 신학자 모오리스(F. D. Maurice)는 "하나님의 나라는 변혁된 문화"라고 강조하면서 인간 정신의 변혁을 주장하였다.

> 우리는 문화 안에서의 인간의 진보를 다루고 있는 것이 아니라, 모든 문화의 발상지가 되는 하나님에 의한 인간의 영적 개변(conversion)을 다루고 있는 것이다. 하나님의 나라는 안에서 시작한다. 그러나 그것은 그 자신을 외부에 표현하게끔 되어 있다.… 그 나라는 그 주체인 인간의 감정과 사상과 말과행동에 속속들이 퍼져 나간다. 그러나 결국에는 우리의 전 사회적 생활에 침투한다. **하나님의 나라는 변혁된 문화이다.**

18) R. Niebuhr, 190-191쪽.

19) C. N. Cochrane, 『기독교와 고전문화』, 이상훈 · 차종순 역 (한국장로교출판사, 1996), 479-605쪽.

20) R. Niebuhr, 208-212쪽.

그것은 무엇보다도 인간정신을 불신앙과 자기를 위한 봉사로부터 하나님에 대한 지식과 봉사로 개변시키는 것이기 때문이다.[21]

이 유형은 니이버가 가장 바람직하다고 여기는 유형이다. 부패하고 오염된 문화는 정의롭고 순결한 문화로 바꿔져야 한다. 우리나라의 남성중심 문화도 변혁의 대상이다. '弱文化'인 이 '남성중심 문화'를 조장한 종교가 이제는 '强文化'인 '양성평등 문화'로 변혁시키는 역할에 기여해야 된다고 본다.

(2) 송인규의 기독교와 세상문화

송인규는 요한복음 17장(11-18절)의 "예수의 대제사장적 기도"(the High Priestly Prayer)를 활용하여 기독교와 세상문화와의 관계를 네 가지로 나누었다.[22]

> 나는 **세상에**(in the world) 더 있지 아니하오나 저희는 세상에(in theworld) 있사옵고 나는 아버지꼐로 가옵나니(11절)……지금 내가 아버지꼐로 가오니 내가 세상에서(in the world) 이 말을 하옵는 것은 저희로 내 기쁨을 저희 안에 충만히 가지게 하려 함이니라(13절). 내가 아버지의 말씀을 저희에게 주었사오매 세상이 저희를 미워하였사오니 이는 내가 **세상에 속하지**(of the world) 아니함 같이 저희도 세상에 속하지(of the world) 아니함을 인함이니이다(14절)
> 내가 비옵는 것은 저희를 **세상에서 데려**(out of the world) 가시기를 위함이 아니요 오직 악에 빠지지 않게 보전하시기를 위함이니이다(15절). 내가 세상에 속하지(of the world) 아니함 같이 저희도 세상에 속하지 아니하였삽나이다(16절)……아버지꼐서 나를 **세상에 보내신**(into the world) 것 같이 나도 저희를 세상에 보내었고(into the world)(18절)(요17:11-18)

첫째, 격리(isolation)주의는 세상에 사는 것보다 '세상 밖으로'(of the world) 나가는 것을 당연히 여기는 입장으로 세상을 죄악시하는 경건주의적 신앙인들 사이에 많이 나타난다. 박해받던 초대교회 때나 현대 이슬람교 국가에서의 그리스도인들이 이 유형에 해당한다.

둘째, 적응(assimiltion)주의는 격리주의와 정반대되는 경우로 '세상에'(in the world) 사는 것을 당연히 여겨 세상 밖으로 나가는 것을 반대하고, '세상에 속하는'(of the world) 태도를 보인다. 이들은 철두철미하게 세속적 가치관에 동화되어 버렸기 때문에

---

21) 위의 책, 226-227쪽.
22) 송인규, 『평신도신학 1』(홍성사, 2001), 76-88쪽.

경건의 모습은 찾아 줄 수 없다.[23]

셋째, 구획(compartmentalization)주의는 보수적인 교인들 사이에 흔히 나타나는 유형으로 교회의 삶과 세상의 삶을 이분화하여 교회의 삶에서는 기독교적 특성을 강조하지만 일단 세상 안으로(in the world) 들어가면 전혀 신앙을 갖지 않는 사람과 같이 행동한다.

넷째, 변혁(transformation)주의는 세상에(in the world) 사는 것을 중요하게 여기고 세상 밖으로(out of the world) 나가는 것을 거부한다. 세상에서의 삶이 세상에 속하는(of the world) 것으로 끝나지 않게 힘쓰며, 세상 속으로(into the world) 보냄 받은 의식 가운데 머무르는 것을 말한다.[24] 이는 베버의 '프로테스탄티즘 윤리'에서 말하는 '소명의식'과 같은 것이라고 본다. 소금이 부패 가운데 있으나, 부패에 속해서는 안되는 것과 같이, 세상에 살되 세상에 오염되지 말고(in the world but not of the world) 세상문화를 사랑과 정의의 문화로 변혁시켜야 한다는 것이다.

〈표 1〉 기독교와 세상문화 유형

유형 \ 전치사	in	out of	of	into
격리주의	×	o	×	×
적응주의	o	×	o	×
구획주의	o	×	o / ×	×
변혁주의	o	×	×	o

(3) 김경재의 복음과 한국문화

김경재는 니이버를 본받아 종교 영역에는 '복음'을 대입시키고, 문화 영역에는 '한국문화'를 대입시켜 한국 실정에 맞게 상호관련성을 연구하였다. 그는 기독교를 상징하는 복음과 한국문화와의 만남의 관계를 네 가지 유형으로 구분하고, 각 유형별로 발생배경과 성경적 근거, 주장하는 학자와 신학 노선, 유형별 특징 등을 기술하였다. 네 가지 유형은 파종모델, 발효모델, 접목모델, 합류모델로 나누어진다.

---

23) 위의 책, 84-85쪽.
24) 송인규, 85쪽.

가. 파종모델

파종모델은 씨앗과 토양의 관계를 아날로지(analogy)로 하며, 공관복음서의 "씨뿌리는 비유"(막4:1-32)가 성서적 전거(典據)가 된다. 파종모델의 핵심은 씨앗의 절대적 생명력이 강조되면서 상대적으로 토양의 중립성, 피동성, 무생명성 등이 부각된다. 여기에서 생명을 지닌 '씨앗'에 해당하는 실재는 원리적으로는 복음이지만, 실질적으로는 특정한 시대에 형성된 특정한 신학체계가 된다.[25] 이 모델은 특정한 시기에 형성된 역사적 신학이론 체계를 복음 또는 진리 그 자체와 동일시하여, 신학이론 체계가 진리의 '보름달을 지시하는 손가락'이 아니라 '진리의 보름달' 자체라고 이해하는 점에서 비판을 받는다. 이 모델을 주장하는 근본주의적 보수신학의 공헌한 내용은 첫째 하나님의 절대주권과 은총사상의 강조, 둘째 하나님의 말씀인 성경에 대한 절대 존경과 성경 권위의 회복, 셋째 세속주의와 싸우는 기독교인의 내면적 경건훈련 및 신앙훈련의 강조 등을 들 수 있다. 그리고 이 모델의 문제점으로 지적되는 점은 첫째 하나님의 절대주권의 강조가 강압적 타율주의로 경직화 되었고, 둘째 '성경무오성'이 '성경축자무오설'로 경직화되었으며, 셋째 기독교인의 개인주의적 경건신앙을 강조한 결과 문화창조적 책임성과 역사변혁적 개혁정신이 결여된 점 등을 들 수 있다.[26]

문화와 관련하여 특이한 점은 선교지의 문화를 복음에 방해되는 것으로 보고, 현지 문화를 정복대상으로 보는 점이다. 이 파종모델은 박형룡으로 대표되는 보수주의 신학자들이 지지하는데, 이들은 기독교 교리 중 여성관련 부분을 '성경축자무오설'에 근거하여 해석한 결과 여성의 안수배제, 여성의 직무 제한 등 여성의 교회활동을 제한해야 한다고 주장한다.

나. 발효모델

발효모델은 효모와 밀가루 반죽의 관계를 아날로지로 하며, 복음서의 "밀가루 반죽 비유"(마12:33, 눅13:20-21)가 성경적 전거가 된다. 이 모델에서 복음은 밀가루 반죽 속에 섞이어 보이지 아니하게 퍼져 들어간 '효모'이며 '밀가루 반죽'은 문화 사회적 삶의 현실로 본다.[27] 김재준으로 대표되는 진보주의 신학에서 주장하는데, 주요 내용은

---

25) 김경재, 『해석학과 종교신학』 (한국신학연구소, 1997), 189쪽.
26) 위의 책, 192-194쪽.
27) 김경재, 『해석학과 종교신학』, 200쪽.

한국의 전통종교는 한국인의 마음 속에 비옥한 옥토의 양분처럼 쌓여 있어서 전통종교에 대한 정복론적 태도는 잘못이라는 것이다. 또한 타종교가 악마의 소산이 아니라 하나님의 단편적인 말씀이며 이것이 그리스도에게서 완전함을 이루었다는 획기적인 주장을 하였다.

> 우리 한국인은 원시종교인 무교는 논외로 하고 유교, 불교 등 그리스도교 아닌 타종교를 받아들인 이후만 하더라도 약 1,500년의 긴 역사를 이룩해 온 것이다. 좋던 궂던 이것이 한국인의 체질을 형성하고 있으며 한국 사회생활의 전형(典型)을 조성하고 있는 것만은 사실이다. …우리나라에 온 초대선교사들은 한국인과 한국문화를 하나의 공백과 같이 다루고 있었다. 무엇이 있었다 해도 일고의 가치도 없는 악의의 소산이라 하여 일망타진을 기도했던 것이다. …우리는 타종교가 악마의 소산이라는 것보다는 자유하시는 성령의 역사에 의한 하나님의 단편적인 말씀이라고 보는 것이 더 타당하다고 생각한다. 받는 인간의 정황이 어스름 달빛처럼 희미한 데서 그 나타남이 흐리고 또 단편적인 것으로 된 것이라 하겠다. 이것이 그리스도에게서 완전함을 이루었다.[28]

다. 접목모델

접목모델은 식물체의 일부분을 모체로부터 잘라 내어 다른 식물체 위에 접착시켜 새로운 개체로 만들어 내는 접목(grafting)을 아날로지로 하며, 바울 서신에서 돌감람나무와 참감람나무의 접목 비유(롬11:16-18)를 성경적 전거로 한다. 이 모델의 특징은 살아 있는 두 생명체 간의 유기체적 결합과 접촉을 통하여 두 생명체가 지닌 일정한 특성과 공헌을 통전하여 새로운 생명현상을 산출한다는 데 있다.[29] 파종모델이나 발효모델처럼 한쪽은 살아 있으나 한쪽은 죽은 피동적 무생명체가 아니라, 생명체와 생명체의 만남이다. '접순'(接筍, scion)은 복음 또는 그리스도교이지만, '대목'(臺木, stock)은 피선교국의 전통문화 및 문화공동체의 역사적 현실이다. 유동식으로 대표되는 토착화신학에서 주장하는 접목모델은 기록된 복음이 실존적인 산 진리로 포착되기 위해서는 성육신 과정을 거쳐야 하고, 해석자의 주체적인 눈이 있어야 하고, 신학은 얼을 지닌 주체자의 입장에서 이루어져야 한다고 말한다.

> 성서에 기록된 복음이 유대문화의 눈을 통해 포착된 하느님의 말씀이라면,서구 신학은 그리스-라틴 문화의 눈을 통해 포착된 복음이해일 것이다. 하느님의 말씀은 초월

---

28) 김재준, 『비기독교적 종교에 대한 이해』, 『김재준 전집 제7권』(한신대학출판부, 1992), 341-342쪽.
29) 김경재, 『해석학과 종교신학』, 209쪽.

적인 것이지만 그것이 구원의 작용을 하기 위해서는 구체적으로 성육신의 길을 밟지 않으면 안되었다. 육신이란 문화적, 역사적 제약 밑에 있는 것이다. 따라서 복음은 일단 영원의 빛에 비추어서 보편적인 진리로 해석되어야 하지만, 그것이 실존적인 산 진리로 포착되기 위해서는 각자의 주체적인 눈이 필요하다. 주체적인 눈이란 구체적인 문화와 역사 속에서 형성된 것이다. …우리 한국인에게도 우리 나름의 진리를 보는 눈이 있다. 눈이란 곧 그 민족의 영성을 뜻한다. …신학은 마땅히 얼을 지닌 주체자의 입장에서 이루어지는 복음과의 대화적인 작업이어야 한다.[30]

해석학적 측면에서 접목모델이 갖고 있는 문제점은 종교체험의 유형이 다른 종교 간의 '지평융합' 또는 '접목'이 가능할 것인가 하는 점이다. 본래 나무의 접목이란 동일 과수 사이에 가능한데, 각 종교의 교리체계와 구원 체험의 의미 지평들이 다른 불교, 유교, 기독교 등 고등종교가 자연스럽게 접목되리라고 생각하지 않는다. 그러나 유동식이 추구하는 것은 교리신학의 접목이 아니라, 복음이 내포하고 있는 정의·사랑·평화 등과 같은 생명현실적인 역동적, 기능적 접근을 강조하고 있다고 본다.[31]

라. 합류모델

합류모델은 흐르고 있는 두 개의 강물 줄기가 어느 지점에서 합해져서 더 풍성한 물세를 가지고 흐르는 형태를 아날로지로 하며, 마태복음의 최후 심판에 나오는 '양과 염소의 비유'(마25:31-46)를 간접적인 성경상의 전거로 본다.[32]

> 인자가 자기 영광으로 모든 천사와 함께 올 때에 자기 영광의 보좌에 앉으리니 모든 민족을 그 앞에 모으고 각각 분별하기를 목자가 양과 염소를 분별하는 것같이 하여 양은 그 오른편에 염소는 왼편에 두리라. … 또 왼편에 있는 자들에게 이르시되 저주를 받은 자들아 나를 떠나 마귀와 그 사자들을 위하여 예비된 영영한 불에 들어가라 내가 주릴 때에 너희가 먹을 것을 주지 아니하였고 목마를 때에 마시게 하지 아니하였고 나그네 되었을 때에 영접하지 아니하였고 벗었을 때에 옷 입히지 아니하였고 병들었을 때와 옥에 갇혔을 때에 돌아보지 아니하였느니라 하시니… 이에 임금이 대답하여 가라사되 내가진실로 너희에게 이르노니 이 지극히 작은 자 하나에게 하지 아니한 것이 곧 내게 하지 아니한 것이니라(마25:31-45)

위에서 보는 바와 같이 주인이신 임금은 영원한 천국잔치에 참여할 수 있는 자격요건으로서 그가 어느 민족인지, 어느 종교에 속하는지를 묻지 아니한다. 오로지 그가

---

30) 유동식, 『풍류도와 한국신학』(전망사, 1992), 39-40쪽.

31) 김경재, 『해석학과 종교신학』, 216쪽.

32) 김경재, 『해석학과 종교신학』, 216-217쪽.

"지극히 작은 자"들의 자유, 해방, 인간다운 삶을 위해 얼마나 진실한 삶을 살았는가를 묻는다.

합류모델의 특징은 서남동으로 대표되는 민중신학에서 드러나고 있다. 살아계신 하나님, 부활의 그리스도가 과거의 전통이나 경전 속에 있지 아니하고 민중 현실, 특히 고난 받는 '지극히 작은 자'들의 생명 속에, 그들과 함께, 그들의 몸으로써 현존한다고 강조한다. 각 종교들이 지닌 진리의 진위성은 이론적으로 비교되거나 선험적 교의 체계들의 우월성 여부로서 판단되지 않고, 어느 종교의 구원 패러다임이 인간 공동체를 해방시키는 실천적 기능을 효과적으로 수행했느냐 여부로서 판단한다.[33] 억압받는 민중에 대한 해방기능을 상실한 '종교적 구원 패러다임'은 도리어 민중을 억압하는 지배 이데올로기로 역기능하기 때문에 그러한 종교는 비판받아야 마땅하다고 주장한다.

합류모델의 문제점으로 지적되는 것은 예수 그리스도의 십자가와 부활사건이 죄에 빠진 인류를 구원하는 유일한 방법(요14:6)이라는 기독교의 근본 교리를 벗어나는 것이며, 인간구원이 하나님의 은총에 의한 '믿음'에서 오는 것이 아니라 '지극히 작은 자'의 해방을 위한 '행함'에서 온다는 점에서 "이신득의" 교리를 부정하는 것이다. 그러나 하나님의 은총에 의하여 '믿음'으로 구원받은 의인은 당연히 '지극히 작은 자'의 해방을 위한 '행함'에 참여한다는 "믿음과 행함의 일치"의 관점에서 보면 이 모델의 의의는 살아날 것이다.

〈표 2〉 네 가지 선교모델[1]

모델	성서적 근거	유비적 관계	선교개념	신학자	특징
파종모델	씨뿌리는 비유 (막4:1-32)	씨앗과 토양의 관계	전해진 신학을 그대로 전달	박형룡	문화는 정복의 대상
발효모델	밀가루반죽 비유(마13:33)	효모와 밀가루 반죽	그리스도의 빛 안에서 문화를 완전케 함	김재준	문화는 변혁의 대상
접목모델	감람나무 비유 (롬11:17-18)	접순과 대목	주체자의 입장에서 문화와 복음과의 대화	유동식	그리스도 중심의 보편주의에 입각하여 문화와 지평융합
합류모델	최후심판 비유 (마25:32-46)	구원사건과 민중구원의 전통과 만남	하나님의 선교활동에 참여	서남동	성령론적 공시적 입장에서 내가 예수를 재현함

---

33) 위의 책, 222-223쪽.

(4) 이상훈의 신학적 관점에서 본 종교와 문화

이상훈은『신학적 문화비평, 어떻게 할 것인가?』[34]에서 "신학적 관점으로 읽는 종교와 문화"를 기술하면서 신학적 관점에서 종교와 문화의 상관관계를 설명하였다. 스킬더(K. Schilder)는 기독교인과 비기독교인은 공존할 뿐 진정으로 교제할 수 없고, 둘 사이에는 '문화적 투쟁'이 있을 뿐이라는 반정립(antithesis) 이론을 제시한다. 이에 대해 카이퍼(A. Kuyper)는 기독교인과 비기독교인에게 공통적으로 주어지는 '하나님의 일반은총론'을 통해 '유한과 무한', '절대와 상대'의 긴장을 해소함으로써 '문화상대주의'를 배태하였다.

이에 대해 도이에베르트(H. Dooyeveerd)는 스킬더(K.Schilder)의 '문화적 투쟁'을 통한 反定立的 국면이나, 카이퍼의 일반은총적 문화상대주의를 넘어서서 '일반은총'은 여전히 '특별은총'을 전제로 하여 성립될 수 있다고 주장한다. 이상훈은 도이베르트의 주장에 찬동하면서 스킬더와 카이퍼 주장의 상호연관을 모색하면서 다음과 같이 주장한다.

> 도이베르트의 주장은 '이것-저것'(either-or)의 패턴에서가 아닌 상호연관을 모색하는, 그리고 상호변혁의 여지를 남기는, 복음(계시)과 문화, 텍스트(Text)로서의 종교(기독교)와 컨텍스트(Context)로서의 문화에 대한 어떤 일방적 관계가 아닌 상호 상보를 통한 자기 변혁적 '모두-함께'(both-and)적 통합유형의 문화관을 제시하는 모델로 이해될 수 있다.[35]

(5) 이만열의 적응형·충돌형·몰입형

이만열은 문화를 물질문화, 행동문화, 정신문화로 크게 나누고, 이 문화들과 기독교의 접촉에 있어서 일어난 반응을 적응형, 충돌형, 몰입형의 세 유형으로 분류하였다.

> 한국문화와의 접촉에서 기독교와 함께 들어온 물질문화는 '적응'하였고, 행동문화는 '충돌'하였으며, 정신문화 특히 기독교의 가치관은 도리어 한국문화에 '몰입'되어 갔다. 한국문화의 측면에서 본다면 물질문화는 수용하였고, 행동문화에 대해서는 반발하였고, 정신문화에 대해서는 오히려 정복해 버린 것이 아닌가 생각된다.[36]

---

34) 이상훈, 『신학적 문화비평, 어떻게 할 것인가?』 (한국정신문화연구원, 2005), 46-52쪽.

35) 이상훈, 『신학적 문화비평, 어떻게 할 것인가?』, 51-52쪽.

36) 이만열, 『한국문화와 기독교』,『한국교회와 사회』(나단, 1989), 257쪽.

첫째, 적응형의 경우는 기독교와 함께 들어온 물질문화와 한국문화와의 관계에서 나타났다. 감리교의 맥클레이(R.S.Maclay)가 1884년 6월 한국을 방문하여 미국 북감리교가 한국에서 의료·교육사업을 할 수 있도록 허락을 받아갔고, 이에 따라 이듬해 교육 목적의 아펜셀러와 의료 목적의 스크랜튼이 입국할 수 있었다. 이때 서양의 의술과 교육을 비롯하여 출판사업, 국문보급, 서양음악과 문명기기, 각종 운동 등 실용성과 효용성을 특징으로 한 물질문화는 아무런 마찰 없이 한국에 이식, 정착될 수 있었다.[37]

둘째, 충돌형의 경우는 행동문화의 경우에 많이 보인다. 한국의 습관, 제도와 관련하여 제기된 끽연, 음주 및 제사문제로 대표된다. 특히 제사문제는 교조성(敎條性)이 강한 한국유교의 전례(典禮)사상과 기독교의 비타협적인 배타성이 강하게 부딪혔다.[38]

셋째, 몰입형의 경우는 정신문화의 경우에 나타난다. 기독교 자체가 정신문화를 의미하고 있지만, 재래의 한국문화와의 접촉에서 기독교적 인간관 및 가치관 등은 그 독자성을 상실하고 도리어 한국문화에 몰입되어 갔던 것으로 나타난다.[39] 기독교 문화가 한국문화를 변혁한 것이 아니라 도리어 변형되어 버렸다.

(6) 기타

틸리히(P. Tillich)는 "종교는 문화의 실체이며 문화는 종교의 형식"이라고 말했는데 이는 종교가 문화의 본질적 요소가 된다는 것이다. 또한 종교와 문화는 서로 공격할 수 있고 서로 멸절시킬 수 있다고 말한다.

> 종교는 어떤 여건의 문화보다도 보다 깊은, 혹은 보다 고도의 기초를 가지고 있으며, 확고한 기초를 근저에 가지면서, 종교는 마치 어떤 문화가 어떤 종교를 멸절시킬 수 있는 것처럼 어떤 문화를 공격하여 그것을 변형시키고 파괴할 수 있으리라는 것을 의미한다.[40]

맥과이어(M. B. McGuire)는 "종교는 인간사회에서 가장 강력하면서도 심오하게 체험되는 영향력을 가진 것 중의 하나"라고 하면서 "그것은 가족, 사회, 정치·경제에 영

37) 이만열, 『한국문화와 기독교』, 258쪽.
38) 위의 책, 258–259쪽.
39) 위의 책, 259쪽.
40) P. Tillich, 『문화와 종교』, 이계준 역 (전망사, 1984), 24–25쪽.

향을 미치면서 인간관계를 형성"[41]해 왔다고 종교의 대(對) 사회적 영향력을 강조하였다.

또한 윤이흠은 종교는 인간 문화활동의 가장 복합적인 현상으로 인간의 정신문화를 형성하는데 철학, 예술 등 다른 어떤 것보다 강력한 영향력을 미치고 있다고 말한다.

> 인간 정신문화를 철학, 예술, 종교, 이 세 가지 범주로 나눌 수 있다. 그런데 이 세 범주가 개인과 사회에 주는 영향력의 깊이와 지속성이라는 두 가지기준에서 볼 때, 우리는 다음과 같은 비유로 설명할 수 있을 것이다. 철학이 바이올린 독주라면, 예술은 실내음악이고, 종교는 심포니 오케스트라이다. 어느 철학과 예술이 수 천년의 정신사를 통하여 민족과 국가를 지배하고, 저 낙도의 늙은 할머니의 24시간 생활에 살아 있는 정신적 등불이 되어 주는가?[42]

그 밖에 도오슨(C. Dawson)은 종교를 전 문화 영역을 지배하는 원동력으로 보면서 그의 저서 *Understanding Europe*에서 "인간의 정신적 활동의 창조적 힘은 종교가 활력소로서 제공해 주며 종교가 지니는 고유한 생명에 이상이 발생하면 문화창조의 기능이 정지 내지 마비된다"[43]고 말한다. 이렇게 종교가 문화에 미치는 영향이 크므로 한국 종교가 한국의 남성중심 문화에 미치는 영향도 크다고 본다.

2) 종교와 한국문화와의 상호관계

한국 역사의 시작인 단군신화부터 종교는 한국문화의 뿌리에 존재하고 있으며, 시대별로 한국의 각 종교는 한국문화에 지대한 영향을 미치고 있다. 무교는 역사 시작부터 한국인 심성 저류에 존재하고 있으며, 불교는 삼국시대 이후부터, 유교는 조선시대 이후부터, 기독교는 1784년 이후부터 오늘날에 이르기까지 우리 국민의 정신세계를 지배하고 있다.

윌리암스(R. Williams)는 한 사회의 문화는 어느 하나의 문화가 계속 정태적으로 머무르는 것이 아니라 여러 문화가 지속적으로 경쟁하고 갈등한다고 한다.

---

41) M. B. McGuire, 『종교사회학』, 김기대, 최종렬 역 (민족사, 1994), 15쪽.

42) 윤이흠, 『한국종교연구 권1』 (집문당, 1986), 311쪽.

43). 김영한, 『한국기독교 문화신학』 (성광문화사, 1995), 99쪽.

한 사회의 문화는 하나의 특정 문화가 정태적으로 머무르지 않고 시대에 따라 지배
문화(dominant culture), 부상문화(emergent culture), 그리고 잔존문화(residual culture)라는
세 가지 범주의 문화가 동태적으로 서로 경쟁하고 투쟁하고 있다.[44]

한국의 전통종교를 보면, 무교는 원시시대부터 삼국시대(5세기) 이전까지 지배문화
로 영향력을 미쳤고, 불교는 삼국시대부터 고려시대까지(5-14세기)에, 유교는 조선시
대(15-19세기)에, 전체 종교인구의 50.5%를 점하는 기독교(천주교 포함)는 오늘날 부
상하는 지배문화로 자리매김하고 있다.

종교현상에 대해서도 "해 아래 새것이 없다"는 잠언이 그대로 적용되며, 모든 종교
는 순수한 형태로 존재하는 것이 아니라 어느 정도 습합(褶合)상태로 존재한다.[45] 순
수한 상태라는 것은 이상과 이념에서나 존재하는 것이지 역사적 현상으로는 존재하
지 않는다. 무교는 현대까지 잔존문화로서 유교, 불교, 기독교에 영향을 미치고 있으
며, 무교의 핵심가치는 습합상태로 다른 종교에 스며들어 있다. 불교와 유교도 마찬
가지다. 한국의 종교는 사상적 동기를 주술적 동기, 자아실현 동기, 황금시대 대망 동
기로 나눌 수 있고, 이러한 동기들이 형성하는 신념체계의 유형을 기복형, 구도형, 개
벽형으로 나눌 수 있다.[46] 한국의 종교들도 이러한 신념체계를 하나 또는 둘 이상 갖
고 있는데, 무교는 기복형을 특징으로 들 수 있고, 불교는 구도형으로, 동학 등은 개벽
형의 특징을 드러내고 있다. 그리고 한국문화와 관련된 한국 종교의 전반적인 문제점
으로 ① 기복주의 ② 물질주의 ③ 반지성주의 ④ 배타주의 ⑤ 집단이기주의 등을 들
수 있다.[47]

---

44) 엄묘섭, 101쪽.
45) 윤이흠, 11쪽.
46) 위의 책, 25-37쪽.
47) 이원규, 『한국교회 무엇이 문제인가?』(감신대출판부, 1998), 51-62쪽.

기 별	국 가	사회의 특징	주요 산업	지배 종교
제1기 (B.C.10-2세기)	고조선 성립, 부여 등 연맹 왕국의 형성기	청동기문화	농업	풍류도/ 무교
제2기 (B.C.1-A.D.6세기)	연맹왕국의 성립 삼국의 정립시대	철기문화	농업	무교/ 불교
제3기 (7-10세기)	통일신라 발해	전제 왕권과 귀족문화	농업	불교
제4기 (10-14세기)	고 려	문신 귀족 문화	농업	불교
제5기 (14-19세기)	조 선	신흥 사대부의 등장	농업 (상·공업계층 대두)	유교 (무교,불교억압) (천주교 전래와 박해)
제6기 (19-20세기)	대한제국 대한민국	일제의 식민지배. 근대 시민계층 등장	농업중심 →상·공업중심	기독교/불교

(1) 무교와 한국문화

한국의 무교는 "고대 한국인의 신앙과 그 역사적 흐름, 그리고 현재 무속이라고 불리는 민간신앙 전체를 포함한 포괄적 개념"이다. 무교의 뜻은 '巫'라는 한자 속에 잘 나타나 있다. 이 글자의 윗부분인 '一'은 하늘 혹은 귀신을 나타내고, 밑부분의 '一'는 땅 혹은 인간을 나타내고, 중간에 내려 그은 작대기는 하늘과 땅을 하나로 연결하는 상징이며, 양쪽의 사람 '人'자는 무당이 춤추는 모양을 나타낸다.[48] 『說文解字』에 의하면 '巫'를 설명하여 여자가 무형의 신을 섬길 새 양편 소매를 드리우고 춤을 춤으로써 신을 내리게 하는 형상을 따서 만든 글자라 하였다.

유동식은 이 무교가 '한국문화의 지핵'이라고 말하며 이 종교가 바탕이 되어 외래종교를 수용하고 한국문화의 지층을 형성했다고 말한다.

> 한국문화의 지핵은 무교이다. 외래문명을 받아들이기 전 한국에는 억압없이 무교가 노출되어 있던 때가 있었다. 이것이 바탕이 되어 외래문명들을 받아들이고 문화 지층을 형성하게 했다. 그러나 지각은 차츰 무교를 억압하기 시작했다. 이조 오백년 사이의 유교와 현대화의 물결을 몰고 온 서구문명이 오늘의 지표를 형성하자 무교에 대한 억압은 더욱 심하여졌다.[49]

---

48) 황필호, 『한국무교의 특성과 문제점』 (집문당, 2002), 93-94쪽.

49) 유동식, 『한국무교의 역사와 구조』 (연세대출판부, 1997), 15쪽.

무교는 선사시대부터 있었던 한국 본래의 종교로서 5세기 이후 외래 종교가 들어오기 까지 고대 한민족을 지배하던 종교다. 유교와 기독교 등 서구문명의 봉쇄와 중압에 눌려 지하로 물러앉고 한국문화의 표면으로부터 사라져가고 있지만 죽어 없어진 것이 아니고, 여전히 민중문화의 저변을 형성하며 지핵의 에너지를 발하고 있다. 무교는 주로 민중의 생활습속과 연결된 민간신앙으로 흘러왔으며, 다른 한 편으로는 불교나 유교 등의 외래 종교와 습합된 형태로 흘러 오기도 하였다.[50] 특히 불교는 무교의 열기에 상당 부분 용해되어 적잖게 동질화되기도 했다. 겉으로 드러난 잡다한 문화현상의 저변에 기층문화가 있어서 그것이 문화현상의 성격을 규정해주고 좌우하는데,[51] 무교가 한국문화의 기층문화로서의 역할을 감당하고 있다고 본다.

무교(무속)에 대한 시각은 두 가지로 나누어진다. 부정적인 시각은 무교는 비과학적, 비합리적일 뿐만 아니라 윤리의식도 없으며, 한 개인·가정·집단의 기복만을 추구하는 이기적인 종교로 보는데 반해, 긍정적인 시각은 무교를 한국문화의 원형·기층으로 보면서 전통문화의 보고이며, 지금도 출산·결혼·죽음·질병·재난과 같은 인간의 구체적이고 현실적인 삶의 문제를 해결해주는 종교로 보기도 한다.[52] 이렇게 한국문화의 뿌리 역할을 한 한국 무교는 나름대로의 특색이 있는데 황필호는 이를 다섯 가지로 정리한다.[53]

첫째, 한국 무교는 어느 무교보다 철저한 현세주의를 따른다. 일본의 무당은 죽은 자의 실태를 강조하고 퉁구스 무당은 지하 정령의 위로를 강조하지만, 한국 무당의 주된 관심은 살아남은 자의 복락에 있다.

둘째, 철저한 남녀평등주의를 따른다. 퉁구스족, 오스티야크족, 부리야트족, 야구트족의 무교에는 여성 무당의 지위가 남성 무당의 지위보다 낮은 것으로 간주되지만, 한국 무교는 철저하게 남녀 평등적이며 여성 무당 숫자가 남성보다 훨씬 많다.

셋째, 환경친화적인 녹색주의보다는 자연파괴도 서슴지 않고 귀신까지도 인간세계로 끌어들이는 인간중심주의이다.

넷째, 무교의 일반적 특성인 공동체주의를 한 차원 높인 평화정신을 따른다.

---

50) 유동식, 『민속종교와 한국문화』 (현대사상사, 1978), 106쪽.

51) 김경동, 64–65쪽.

52) 장석만 외, 『종교 다시 읽기』(청년사, 1999), 414–419쪽.

53) 황필호, 111–125쪽.

다섯째, 한국 무교는 어느 무교보다 관용정신을 따른다. 한국 무교는 외래 종교와 가끔씩 대결하다가도 전체적으로 보면 외래 종교 속으로 들어가서 그 속에 편안히 자리 잡고 있다.

(2) 불교와 한국문화

불교가 우리나라에 들어온 것은 삼국시대이다. 삼국 중 먼저 고구려 소수림왕 2년 (372년)에 전진(前秦)에서 온 순도(順道)가 불상과 불경을 가져왔고, 그 다음 백제 침류왕 원년(384년)에 東晉에서 온 마라난타가 불교를 전했고, 신라는 가장 늦게 눌지 마립간(417-458) 때 고구려를 거쳐 온 승려 阿道에 의해 전해졌고 신라의 고유신앙에 의해 저항을 받았으나 이차돈의 순교로 법흥왕 14년(527년)에 공인을 받았다.[54] 당시 우리나라는 부족연맹 체제에서 아직 벗어나지 못했는데, 불교를 통하여 대륙의 선진 문물을 수용하는 것을 여러 모로 이롭다고 생각했다. 삼국은 불교를 받아들인 직후 율령을 반포하는 등 고대국가 체제를 확립하게 되며, 이 과정에서 불교를 통한 국민의 정신적 통일은 매우 필요하였고, 불교의 교리 중 호국사상, 불국토사상 등은 이 목적을 위해 유용하게 활용되었다.[55] 불교를 늦게 받아들였지만 신라에서는 크게 융성하였고, 왕실의 여인들이 앞 다투어 비구니가 되기도 하였다. 법흥왕의 왕후 파소(巴刀)부인과 진흥왕의 왕후 사도(思刀)부인이 출가하여 비구니가 되었고, 왕실 후비와 왕족을 비롯한 귀족부인들도 출가하여 비구니가 되었다. 김유신의 아내 지소(智炤)부인도 그 중의 하나이다. 그리고 비구니 승가의 최고위직인 都維那랑에 아니(阿尼)라는 여성이 앉게 되었다.

고려 불교에서 여성들이 기원한 내용은 사자(死者)의 영혼을 공양하고 극락왕생을 원하는 추천(追薦), 질병치료, 기자(祈子), 무병장수와 부귀영화 등이었다. 이 중에서 자식, 그 중에서도 남아 낳기를 바라는 것은 고대로부터 현대에 이르기까지 여성들이 기원하는 가장 큰 일 중의 하나이다.

조선불교는 삼국시대부터 고려까지 온갖 우대를 받아왔던 불교는 조선조에 들어서면서 "숭유억불주의"에 의해 긴 침체기에 들어가게 되었다. 사원의 방대한 토지나 10만 명에 달하는 수많은 노비를 국가가 몰수해 가고, 승려의 신분은 무당이나 백정과

---

54) 이현종, 『한국의 역사』(대왕사, 1983), 90쪽.
55) 최준식, 『한국의 종교, 문화로 읽는다. 무교, 유교.불교』(사계절, 1999), 343-344쪽.

같은 천민의 수준으로 하락되었고, 승려의 도성출입이 금지되는 등의 억압을 받게 되었다.[56] 유교가 조선시대 상류층의 종교였다면 불교는 민중들의 종교로 명맥을 유지하여 왔다.

불교는 인도에서 발생하여 중국을 거쳐 우리나라에 들어 왔지만, 우리 민족의 종교로 오랫동안 사랑을 받은 종교이다. 우리나라 유형 문화재의 7-8할을 차지하고 있을 만큼 많은 불교 유적, 유물들이 있다. 특색 있는 건물로는 석가모니를 모시는 대웅전과, 지옥 중생을 다 구하기 전에는 지옥에서 나오지 않겠다는 지장보살을 모신 명부전, 그리고 무교와의 습합을 보여주는 삼성각이 절마다 존재한다.[57] 이곳에는 인간의 출생과 수명을 관장하는 칠성님이 모셔져 있어 출산과 장수를 위해 불공을 드리는데, 이는 남아선호사상과도 관련이 있다.

(3) 유교와 한국문화

유교는 고구려 소수림왕 2년에 태학을 세워 유교의 기본 경전인 오경을 가르쳐 인재를 양성한 기록이 있고, 백제는 오경을 전담하여 가르치는 오경박사를 두었고 王仁이 일본까지 가서 논어와 천자문 등을 전래한 것을 보면 백제에서도 이미 생활화된 것으로 볼 수 있다. 신라도 유교를 수용하여 유교 이론을 가르치는 국학을 건립하였으며 청년들은 경학 연구와 유교정신의 실천을 위해 노력하였다. 이러한 유교사상은 삼국시대부터 우리 사회의 통치원리이자 사회규범으로서의 중심적 역할을 하였다.

> 삼국시대 이래 유교사상은 한국사회의 정치원리이자 사회규범으로서 중심적 역할을 하였으며 조선시대 5백년 동안 신념·제도·문화·풍속의 모든 영역에서 사회를 규정하는 강력한 통치이념으로 확립됨으로써 오늘날에도 한국 전통사상의 중심축을 이루고 있다.[58]

고려시대는 유교와 불교가 서로 다른 기능을 보완한다고 보는데 유교가 국가 통치를 위한 기본 정강을 제시한 반면에 불교는 민간에서 국민의 영적 요구를 충족시켜 주었다.[59] 조선조는 숭유억불주의(崇儒抑佛主義)를 국가시책으로 삼고 유교는 권장하

---

56) 위의 책, 371쪽.
57) 위의 책, 395-396쪽.
58) 금장태, 『유교의 사상과 의례』 (예문서원, 2000), 139쪽.
59) M. Deuchler, 153쪽.

는 반면에 불교는 억압하였다. 그리고 조선시대는 유교 규범 중에서도 철저하게 가부장제로 통치한 시대로 가장이 가정을 통솔할 수 있도록 그의 권한을 높이고 가계를 계승할 장남의 권한을 강조하는 시대였다. 아버지와 아들 사이의 수직적인 관계를 중시하고 밥은 걸러도 제사는 거르지 않는 남성중심의 문화가 우세한 사회였고, 이런 상황에서 여성들의 인권은 철저하게 무시되었다. 위정자들은 가부장제를 통한 가정의 안정이 국가의 안정을 가져온다고 보았다.[60] 그래서 무교를 여성중심의 종교라고 하는데 비해 조선의 유교를 남성 중심의 종교라고 한다. 우리나라가 근대화 과정을 통해 서구화라는 격심한 변화를 겪었지만 아직도 사회관습과 가족관계 및 개인적 도덕의식의 뿌리는 유교 윤리의 토양에 깊이 뻗어내려 있다.

(4) 기독교와 한국문화

한국 기독교는 다른 외래 종교와는 달리 한국인의 자발적이고 주체적인 결단에 의하여 수용되었다. 조선 후기 이벽(李蘗) 등 남인에 속한 여러 학자들이 기독교에 관한 확실한 연구를 진행시킬 서적과 자료의 결핍을 한탄해 오다 중국으로 가는 사은사 일행에 이승훈(李承薰)을 동행시키기로 했다. 이승훈은 북경에서 천문학과 수학의 과학적 견문을 넓히고 그곳 예수회 선교사들과 만나 기독교의 가르침이 신묘하고 그 도덕적 교훈이 순결하고 우수함에 끌려 마침내 신앙을 고백하고, 1784년 2월 북경의 北堂에서 공개적으로 세례를 받고 '반석'이라는 뜻의 '베드로'(Peter)를 세례명을 받음으로써 조선인 최초의 신자가 되었다.[61]

한국 최초의 세례 교인으로서, 외국인에 의한 선교가 아니라 자발적인 구도에 의해서 입신 수세한 이승훈은 전도의 열의와 사도적 헌신에 불탄 결과 5년 뒤에는 서울 근교에서 신도들의 수가 4천에 이르렀다. 그는 성직자가 아니었지만 이벽에게 세례를 주고, 요한이라는 세례명을 준 것도 특이한 일이다. 초기 천주교는 당시 제사 등 유교 윤리와 배치, 당파 간의 갈등, 외세 유입에 대한 불안 등이 겹쳐 신해교난(1791년), 신유교난(1801년), 기해교난(1839년), 병인교난((1866년), 신미교난(1871년) 등의 박해를 통해 수만 명이 신앙의 절개를 지켜 순교 당하는 혹독한 시련을 겪게 되었다. 조선 천주교 신앙형태의 특징은 첫째 상류층에서 하류층으로 전파, 둘째 도입 당시 민족적

---

60) 최준식, 『한국의 종교, 문화로 읽는다. 무교, 유교, 불교』, 186-187쪽.

61) 민경배, 『한국기독교회사』(연세대학교출판부, 1996), 56-57쪽.

인 주체의식의 투철, 셋째 둔세적(遁世的), 신비적 신앙생활과 참여의식의 결여 등을 들 수 있다.[62] 계속되는 박해로 인해 100년 뒤에 들어오는 개신교와 연결점이 없지만, 하류층의 신앙 인내와 신비적 경건과 고난의 신학은 계속되었다고 본다.

한국의 개신교는 미국 북장로교 의료선교사 알렌(H. N. Allen, 1858-1932)의 입국 (1884년 9월 20일)으로부터 시작된다. 그는 처음에는 선교사라는 것을 밝히지 않고, 미국 공사관의 부속 의사로 활동하면서 한국 선교를 위한 발판을 놓았다. 1년 뒤 1885 년 4월 5일 미국 북장로교의 언더우드(H. G. Underwood, 1859-1916)와 감리교의 아펜 젤러(H. G. Affenzeller, 1858-1902)가 선교사 이름으로는 최초로 한국 땅을 밟게 되었고 이들의 헌신으로 지금의 한국 교회가 번성하는 계기가 되었다.[63] 그러나 이들보다 20 년 먼저인 1864년 4월 중국 상해에서 다지온(Dr. Dugeon) 박사에 의해 조선 公子의 관 가에 있던 사람 3명에게 세례를 준 기록이 있으며, 1873년 존 로스(John Ross) 목사가 조선인 서상륜, 이응찬과 성서 번역에 종사하였고, 만주 등 각지에서 선교에 힘쓰던 서상륜은 1884년 봄 고향인 황해도 장연의 솔내(松川)에 가서 한국인의 손으로 최초의 교회당을 설립했다.[64] 한국 개신교의 특징으로는 첫째 네비우스 방식에 의한 한국인 들의 자발적인 전도 및 교회 설립, 둘째 학교 건립과 의료선교를 통한 사회 기여, 셋 째 삼일운동 등 한국 독립을 위한 적극적 참여, 넷째 부흥회와 사경회를 통한 교세 성장, 다섯째 배타주의, 근본주의, 맘모니즘, 개교회주의 등을 들 수 있다.[65]

2. 한국 종교와 남성중심 문화의 상호관계

1) 한국의 남성중심 문화실태

한국은 남성중심 문화가 지배한 나라이다. 한국남자는 남성우월 의식에 빠져 있고 주색잡기에 능한 것이 유능한 남성으로 인정되는 분위기에 살고 있으며 남녀차별 의 식은 동양 삼국 중 한국이 특히 강하다고 심리학자인 윤가현은 말한다.

---

62) 위의 책, 109–112쪽.

63) 민경배, 148–151쪽.

64) 위의 책, 164–171쪽.

65) 이원규, 『한국교회 무엇이 문제인가?』, 97–246쪽.

한국 남자는 남자가 여자와 다르다는 남성우월 사고를 아직도 못 버리고 있다. 또 다른 사회와 비교할 때 경쟁이 더 치열하다. 직장을 그만두면 다른 곳에서 생존하기 힘드는 등 생활자체가 스트레스를 많이 준다. 이럴 경우 가족과의 관계보다 술이나 모임이나 섹스에 의존한다. 유교문화권에선 주색잡기에 능한 것이 유능한 남성으로 인식되는 분위기라 술과 성이 함께 이어지는 것이 우리의 특징이다. 동양 3국 중에서도 남녀 차별의식은 한국이 특히 강하다. 12-13세기 주자학이 들어오면서 중국보다 더 강한 의식으로 자리 잡았다.[66)

　최근에 여성들의 활발한 사회진출과 여성학의 발전, 2002년 양성평등과 여성의 권익 향상을 전담하는 여성부의 신설 등으로 한국의 여성 지위는 개선되고 있지만, 외국과 비교하면 아직도 많이 뒤떨어진 상태이다. UNDP(유엔개발계획)에서 발간한 『2009년 유엔 인간개발보고서』에 의하면 교육수준, 평균수명, 국민소득에 있어서 여성의 지위를 측정한 '남녀평등지수'(GDI)는 세계 155개국 중 한국이 25위이고, '여성권한척도'(GEM)는 109개국 중 61위이다.[67) 또한 세계경제포럼(WEF)이 발표한 한국의 남녀평등성취도는 세계 134개국 중 겨우 115위에 머물렀다.[68) 세계에서 가장 남녀평등성취도(2009년)가 높은 나라는 ① 아이슬란드 ② 핀란드 ③ 노르웨이 ④ 스웨덴 ⑤ 뉴질랜드 ⑥ 남아프리카공화국 ⑦ 덴마크이며, 115위인 한국은 133위인 차드, 134위인 예멘 등 후진국과 비교된다. 특히 경제참여 및 기회(111위), 정치적 영향력(86위)[69) 등은 최하위권으로 2005년에 비해도 훨씬 더 떨어진 수치이다(2005년 남녀평등성취도는 54위).[70) 국제경영개발원(IMD)이 발표한 국가경쟁력 순위에서 한국은 60개 국가 중 23위로 중위권에 머물렀다. 이러한 사실은 한국의 세계 13위의 GDP 규모에 비하면 매우 떨어져 있는 실정이고 특히 여성들의 정치, 경제활동 참여도를 나타내는 여성권한척도(GEM)와 남녀평등성취도는 한국여성들이 외국 여성에 비해 매우 떨어지는데, 이는 여성차별을 간접적으로 드러내주는 지표가 될 수 있으며, 한국의 남성중심 문화실태를 보여주는 지표가 될 수 있다.

---

66) 이홍, 『한국사회 심층탐험』(월간조선사, 2004), 101-102쪽.

67) 여성부 홈페이지(http://www.moget.go.kr) 『2009년 유엔 인간개발보고서』 참조.

68) WEF, 『Globa Gender Group Report 2010』, WEF, 2010.

69) 위의 책.

70) 세계에서 가장 남녀평등성취도(2005년)가 높은 나라는 ① 스웨덴 ② 노르웨이 ③ 아이슬란드 ④ 덴마크 ⑤ 핀란드 ⑥ 뉴질랜드 ⑦ 캐나다 ⑧ 영국 ⑨ 독일 ⑩ 호주 순이었고, 아시아권에선 중국 33위, 일본 38위, 방글라데시 39위, 말레이시아 40위, 태국 44위, 인도네시아 46위 등으로 한국보다 높았다.(2005. 5. 17일자, 중앙일보)

(1) 가정

가. 가정에서의 남성중심 문화의 특징

한국의 여성들은 가부장제가 정착된 시대부터 남성에게 종속된 위치에서 생활하게 되었다. 조선 후기 외국 선교사의 눈에 비친 한국 여성은 남편의 소유물에 불과한 존재로 여겨졌다.

> 여자는 남자의 반려자가 아니라 노예에 불과하고, 쾌락이나 노동의 연장에 불과하며, 법률과 관습은 여자에게 아무런 권리도 부여하지 않고, 말하자면 아무런 정신적 존재도 인정하지 않는다. 남편이나 부모의 지배 아래 있지 않은 여자들은 누구나 주인 없는 짐승처럼 먼저 차지하는 사람의 소유물이 된다는 것이 널리 인정되고 법정에서도 공인된 원칙으로서, 논박하려고 생각하는 사람은 아무도 없다.[71]

최근에 여성의 지위가 빠르게 향상되고 있지만 아직도 여성은 가정 살림과 육아의 고된 사역을 대부분 감당하고 있다. 가정에서의 남성중심 문화의 내용을 들어보면, 첫째 가족의 소비기능 증대는 주부의 남편에 대한 경제적 의존을 강화시켰으며, 둘째 여성의 가사노동은 무보수 노동으로 사회적 평가가 결여되어 있고, 셋째 미풍양속이라는 이름으로 여성의 순종과 희생을 요구하고 있고, 넷째 남아선호사상이 아직도 상당한 영향력을 행사한다는 것이다.[72]

나. 남아선호 사상

남아선호에 대한 통계 수치를 보면 한국 부모들은 오늘날도 여전히 남아를 상당히 선호하고 있다. 출산순위별 출생성비를 살펴보면 첫째 아이는 106.5인데, 둘째 아이는 107.3이며, 셋째 아이 이상은 141.2로 높아지고 있어[73], 셋째 아이 이상에서는 태아감별을 통해서라도 아들을 낳아야겠다는 의지를 엿볼 수 있다. "유배우부인의 아들 필요성 정도"에 대한 설문조사에서 '꼭 있어야 함'이 24.8%, '있는 것이 좋음'이 35.0%로 아들이 있어야 한다는 생각이 결혼한 여성의 60%라는 사실도 우리 사회의 남아선호 정도를 실감할 수 있는 내용이다.[74]

---

71) Charles Dallet, 『한국천주교회사 上』, 최석우, 안응렬 역 (왜관 : 분도출판사, 1979), 183.

72) 한국여성연구회 편, 『여성학의 이해』 (경문사, 2001), 29-32쪽.

73) 통계청『2005 통계로 보는 여성의 삶』, 15쪽.

또한 성인 남녀 800명을 대상으로 한 "사례별 낙태에 대한 허용의사" 설문조사에서 '아들이 없어 아들을 낳기 원했지만 또 딸을 임신했을 때'에 '낙태가 다소는 용납될 수 있다'가 16.6%이며, '대체로 용납될 수 있다'가 9.0%로 아들이 아니면 낙태도 허용하겠다는 응답자가 전체의 25.6%나 된다는 사실은 무척이나 충격적이다.[75] 이러한 남아선호사상의 원인은 여러 가지가 있겠지만, 그 중에서도 가부장제에 근거한 한국의 가족주의를 들 수 있으며, 이에 따라 '忠보다 孝' 우선의 관념이 생성되었다. 일본과 달리 국가보다 가족을 우선시하였기 때문에 '가(家)'를 이을 자손이 없다면 첩을 얻어서라도 아들을 낳아야 했으며, 그렇지 않으면 다른 친척에게서 양자를 얻어야 했다.

남아선호사상은 「아들」과 「딸」에 대한 어원연구에서도 드러나고 있다. 언어학자 강주헌은 「아들」은 가계(家系)의 시작을 전승시켜 줄 고귀한 존재로 존중받는 의미를 가지는데 비하여, 「딸」은 일방적으로 순종하는 의미를 담고 있다고 지적한다. 「아들」은 시작과 출발을 의미하는 「앗」에서 근거하였고 「앗」이 「앋」표기 단계를 거쳐 「아들」>「아들」로 변화되었다. 이에 비해「딸」은 「따르다」에서 근거하였고 결국 「복종하다, 순종하다」라는 의미로 귀결된다.[76] 유교의 삼종지도에서 보는 것처럼 여자는 시집가기 전에는 아버지를 따르고, 시집 간 후에는 남편을 따르고, 남편이 죽은 후에는 자식을 따라야 한다는 순종에 대한 일방적인 강요가 여성을 지칭하는 보통명사 속에 숨어 있다.

다. 아내에게 편중된 가사노동

<표 4>의 가사분담에 대한 태도조사(2008년)를 보면, 여성의 취업과 관계없이 '부인이 전담하거나 주도해야 한다'라고 생각하는 남성들이 80.9%나 되고, 여성들도 66.0%가 그렇게 생각하고 있다. '공평하게 분담해야 한다'는 남성이 27.0%, 여성이 37.5%로 상당히 낮은 편이다. 2010년에는 '부인이 전담하거나 주도해야 한다'라고 생각하는 남성은 75.5%, 여성은 60.3%가 그렇게 생각하고 있다. '공평하게 분담해야 한다'는 남성이 31.2%, 여성이 42.2%로 개선은 되고 있지만 양성 평등의 견지에서 보면 매우 부진한 수치이다. 이와 같은 생각은 실제 가사노동 분담시간에서 여실히 드러나고 있다.

74) 『저출산시대의 여성정책』(국회여성특별위원회, 2001, 12), 31쪽.

75) 『2001년도 현안분석집』 (국회여성특별위원회 전문위원실, 2001,12), 12쪽.

76) 강주헌, 『계집팔자 상팔자?. 우리 말에 나타난 성차별 구조』(고려원, 1995), 72-73쪽.

<표 4> 가사분담에 대한 견해(15세 이상)(단위: %)

	계	부인이 주도	부인이 전적으로 책임	부인이 주로 하지만 남편도 분담	공평하게 분담	남편이 주도	남편이 주로 하지만 부인도 분담	남편이 전적으로 책임
2008	100.0	66.5	6.7	59.8	32.4	1.1	0.9	0.2
남자	100.0	71.8	9.1	62.7	27.0	1.2	1.0	0.2
여자	100.0	61.5	4.5	57.0	37.5	1.0	0.8	0.2
2010	100.0	61.3	6.4	54.9	36.8	1.9	1.6	0.3
남자	100.0	66.7	8.8	57.8	31.2	2.2	1.8	0.4
여자	100.0	56.2	4.1	52.1	42.2	1.6	1.3	0.3

* 자료 : 통계청, 『사회조사』, 2008

<표 5>에서 보는 것처럼 맞벌이 가구의 남편은 아내도 직장 일을 같이 하지만 가사노동은 아내에게 맡기고 거의 참여하지 않는 편이다. 맞벌이 가구 주부가 가사노동(가정관리와 가족 보살피기)에 사용한 시간(2009년)은 매일 3시간 20분으로 맞벌이 가구 남편이 사용한 시간 37분보다 무려 2시간 03분이나 많다.

<표 5> 맞벌이가구와 비맞벌이 가구의 평균 생활시간(단위 : 시간,분)

(시간: 분)

	맞벌이가구						비맞벌이가구					
	주부			남편			주부			남편		
	2004	2009	증감	2004	2009	증감	2004	2009	증감	2004	2009	증감
□ 필수생활시간	10:08	10:26	0:18	10:23	10:40	0:17	10:20	10:40	0:20	10:29	10:46	0:17
수면	7:25	7:26	0:01	7:39	7:37	-0:02	7:39	7:48	0:09	7:41	7:41	0:00
식사 및 간식	1:36	1:44	0:08	1:44	1:51	0:07	1:40	1:46	0:06	1:46	1:54	0:08
기타 개인유지	1:06	1:16	0:10	1:00	1:12	0:12	1:01	1:06	0:05	1:01	1:12	0:11
□ 의무생활시간	10:15	10:09	-0:06	9:08	9:06	-0:02	7:49	7:43	-0:06	9:07	8:56	-0:11
일(수입노동)	5:14	5:06	-0:08	6:34	6:20	-0:14	0:05	0:02	-0:03	6:26	6:08	-0:18
*가정관리	2:47	2:38	-0:09	0:20	0:24	0:04	4:19	4:11	-0:08	0:15	0:19	0:04
*가족보살피기	0:41	0:42	0:01	0:12	0:13	0:01	2:06	2:07	0:01	0:16	0:20	0:04
학습	0:00	0:01	0:01	0:01	0:01	0:00	0:02	0:02	0:00	0:01	0:01	0:00
이동	1:32	1:42	0:10	2:01	2:09	0:08	1:18	1:21	0:03	2:10	2:09	-0:01
□ 여가생활시간	3:37	3:25	-0:12	4:28	4:14	-0:14	5:51	5:37	-0:14	4:24	4:17	-0:07
미디어 이용	1:40	1:31	-0:09	2:10	1:56	-0:14	2:42	2:37	-0:05	2:03	2:00	-0:03
TV	1:29	1:21	-0:08	1:49	1:36	-0:13	2:19	2:15	-0:04	1:39	1:34	-0:05
컴퓨터	0:05	0:06	0:01	0:09	0:11	0:02	0:11	0:14	0:03	0:11	0:15	0:04

	맞벌이가구						비맞벌이가구					
	주부			남편			주부			남편		
	2004	**2009**	증감	2004	**2009**	증감	2004	**2009**	증감	2004	**2009**	증감
교제	0:44	0:39	-0:05	0:45	0:41	-0:04	1:05	0:54	-0:11	0:46	0:38	-0:08
종교·문화·스포츠	0:26	0:30	0:04	0:29	0:36	0:07	0:52	0:56	0:04	0:32	0:36	0:04
스포츠	0:14	0:17	0:03	0:23	0:28	0:05	0:30	0:34	0:04	0:25	0:30	0:05
취미 및 그 외 여가	0:26	0:21	-0:05	0:48	0:40	-0:08	0:37	0:30	-0:07	0:48	0:41	-0:07
독서	0:05	0:04	-0:01	0:05	0:05	0:00	0:11	0:10	-0:01	0:05	0:05	0:00

* 자료: 통계청(2009), 생활시간 조사결과

특히 취사, 청소, 빨래 등의 가정관리에 사용한 시간은 맞벌이 가구 아내가 남편보다 매일 2시간 14분이나 많이 하는 편이다.

맞벌이 가구 남편과 비맞벌이 가구 남편이 가사노동에 사용한 시간을 비교해 보면, 각각 37분, 39분으로, 맞벌이 가구 남편이 2분이나 더 일하지 않는 것으로 나타난다. 이런 것을 종합해보면 아내의 취업과 관계없이 남편은 가사노동에 거의 참여하지 않는 것으로 나타난다.

라. 여성차별 언어

지금도 통용되는 여성을 차별하는 언어들은 많이 있다. 부부를 내외간이라 표현하여 안사람과 바깥사람으로 구분한다. 한자의 「바깥 외(外)」는 「저녁 석(夕)」을 부수로 지녀 저녁까지 열심히 일하고 돌아오는 남자의 모습을 의미한다면, 「안 내(內)」는 「울타리 冂」 안에 들어가 있는 사람으로 가정을 지키는 여자의 모습을 나타내고 있다.[77] 여기에서도 남편은 바깥에서 일하는 중요한 존재로 표현하되 아내는 집안의 울타리 안에서만 생활하는 열등한 존재로 여겨진다.

여필종부(女必從夫), 부창부수(夫唱婦隨)는 '아내는 남성인 남편을 따라야 함'을 강조하고 있으며, "암탉이 울면 집안이 망한다"와 "여자와 사기그릇은 밖에 내돌리면 못 쓴다"는 여성의 대외활동을 제약하고 집안 생활에만 억매이게 하는 말이며, "여자와 북어는 때려야 맛이 난다"는 여성의 인격을 무시하고 여성 폭력을 부추기고 있는 말들이다.

---

77) 강주헌, 145-146쪽.

마. 통계청의 성차별 인식조사

통계청의 15세 이상 남녀를 대상으로 한 「성차별에 대한 인식조사」(2002년)에서는 가정생활에서도 '성차별이 있다'가 전국 평균 38.1%로 나타나고 있는데, '많이 있다' 7.6%, '약간 있다' 30.4%로 나타났다<표 6>. 이는 4년 전인 1998년 37.5%('많이 있다' 7.0%, '약간 있다' 30.5%)보다 0.6% 더 증가된 수치이다. 여성과 남성의 비교에서는 여성의 40.9%(2002년)가 '성차별이 있다'로 조사되었으며, 이는 남성(35.0%)보다 5.9% 높은 수치이다. 지역별로는 성차별이 '많이 있다'에서 제주도 10.2%, 경기도 9.0% 순으로 높았다.[78]

〈표 6〉 성차별에 대한 태도조사

(단위: %)

		많이 있다	약간 있다	보통이다	거의 없다	전혀 없다
				2002년		
가정생활	전체	7.6	30.4	26.8	22.8	12.3
	여성	9.1	31.8	25.7	21.5	11.9
	남성	6.1	28.9	28.0	24.2	12.7
학교생활	전체	3.8	27.5	38.7	22.5	7.5
	여성	4.0	28.9	38.6	21.4	7.1
	남성	3.5	26.0	38.8	23.6	8.0
직장생활	전체	23.3	43.9	22.8	7.0	3.0
	여성	26.6	42.5	22.0	6.1	2.8
	남성	19.8	45.4	23.6	7.8	3.3
사회생활	전체	27.4	42.3	22.2	5.7	2.4
	여성	31.5	40.9	20.7	4.8	2.1
	남성	23.0	43.8	23.8	6.7	2.7
				1998년		
가정생활	전체	7.0	30.5	25.8	24.2	12.4
	여성	8.1	32.1	25.1	22.9	11.8
	남성	5.9	28.9	26.6	25.6	13.0
학교생활	전체	4.1	29.1	35.9	23.2	7.6
	여성	4.5	29.9	36.2	22.2	7.2
	남성	3.7	28.2	35.6	24.3	8.2
직장생활	전체	26.1	48.1	18.0	5.3	2.5
	여성	28.4	47.1	17.6	4.6	2.2
	남성	23.6	49.1	18.4	6.1	2.9
사회생활	전체	30.6	46.5	16.8	4.3	1.7
	여성	33.6	45.0	16.3	3.6	1.5
	남성	27.4	48.0	17.4	5.1	2.0

자료: 통계청 「사회통계조사보고서」. (1998, 2002)

---

78) 통계청, 『2002년 사회통계조사보고서』, 112-115쪽.

성차별이 '없다'(2002년)에서는 전국 평균 35.1%로 나타나고 있는데, '전혀 없다' 12.3%, '거의 없다' 22.8%로 나타났다. 사회나 직장에 대한 통계조사에 비해 가정에서의 성차별은 매우 낮지만 아직도 현대 한국사회는 가정에서도 성차별이 상당한 것으로 인식되고 있다. 또한 지역별로 상당한 차이가 있는데 '성차별이 있다' 수치가 높은 곳은 제주(44.0%), 대구(41.7%), 경기(39.7%), 경남(39.0%) 순이었다.[79]

(2) 직장

가. 여성 경제활동 참가율

직장에서도 남성중심적인 고용현상은 여실히 드러난다. 여성은 일하고 싶어도 일자리가 없거나 사용주가 여성 고용을 꺼리고 있어 여성은 남성에 비해 취업률 자체가 낮다. 여성 근로자가 사용하는 산전후휴가(90일)와 육아휴직(1년)으로 인해 손해를 입는 사용주는 여성 고용을 기피하기도 한다.

〈표 7〉 경제활동참가율(단위:%)

성별	2000	2001	2002	2003	2004	2005	2006	2007	2008	2009	2010
남자	74.4	74.3	75.0	74.7	75.0	74.6	74.1	74.0	73.5	73.1	73.0
여자	48.8	49.3	49.8	49.0	49.9	50.1	50.3	50.2	50.0	49.2	49.4

*자료: 통계청, 경제활동 인구조사(2010)

여성경제활동 참가율은 2006년 50.3%를 정점으로 하여 점점 낮아져 2010년에는 49.4%이다<표 7 참조>. 남자와 여자의 경제활동참가율 차이도 2008년 23.5%, 2009년 23.9%, 2010년 23.6%로 격차가 매우 크며, 최근까지 그 격차가 감소하지 않고 있다.

연령대별 여성 경제활동 참가율을 비교한 『우먼코리아 보고서』에는 20-30대 한국 여성의 경제활동 참가율이 스웨덴, 캐나다에 비해 매우 떨어지는데 한창 일할 나이인 30-34세 한국여성은 47%만 일하고 있는데 비해, 스웨덴은 82%, 캐나다는 78%가 취업하고 있으며, 25-29세에서는 한국여성 52%, 스웨덴 72%, 캐나다 79%가 취업하고 있다.[80]

---

79) 위의 책, 112-115쪽.

80) 20-30대 한국 여성들의 취업률이 매우 낮은 'M커브'를 보이고 있는데 취업의 가장 큰 장애요인은 육아 부담으로 꼽음. 『저출산시대의 여성정책』(국회여성특별위원회, 2001), 92-93쪽.

『우먼코리아 보고서』는 한국이 연평균 6%대의 고도성장을 실현하여 2010년에 OECD 회원국 중 상위 16개국의 평균수준인 1인당 국민소득 31,000달러의 선진국이 되기 위해서는 연간 6.1%의 고성장 유지와 함께 근본적인 산업구조의 대전환이 필수적이며 그에 따라 300만의 신규 일자리가 창출되어야 한다고 한다. 이중 120만이 전문직이나 남성은 이미 90% 이상 활용되고 있어, 남성만으로는 전문직 수요를 모두 충족시킬 수 없다. 결국 대졸여성의 경제활동참가율(2000년 54%)[81]을 90%까지 확대하여 120만의 신규 전문직 일자리 수요를 충족시킬 뿐만 아니라, 여성 전체(15세 이상)의 경제활동참가율(2000년 47.4%)을 높여야만 선진국 대열에 진입할 수 있다고 위의 보고서는 제안하고 있다.[82]

〈표 8〉 남성 대비 여성 임금 비율 (단위: 천원, %)

		2001	2002	2003	2004	2005	2006	2007	2008	2009
여자	월급여액	1,015	1,112	1,207	1,286	1,396	1,497	1,582	1,413	1,422
	남성대비 비율	65.1	64.8	65.2	65.7	66.2	66.5	66.4	62.4	62,3
남자	월급여액	1,559	1,716	1,850	1,958	2,109	2,249	2,381	2,265	2,284

* 자료: 노동부, 고용형태별 근로실태조사(2010)

여성임금도 남성에 비하면 매우 낮아 남성임금의 62.3%밖에 안 되는 실정이다<표 8>. 특히 여성 임금 수준은 2006년도에 남성의 66.5%였으나 점점 내려가 2008년에는 4.1%나 내려간 62.4%였고 2009년에는 62.3%가 되었다.

스웨덴 등 선진국에 비해 20% 이상 낮은 여성경제활동참가율이나, 남성 임금의 60%대에 불과한 여성 임금 수치와 그 수치들이 최근까지 전혀 개선되지 않는 것을 보면 한국은 여전히 남성중심 국가라는 것을 간접적으로 보여주고 있다.

나. 성별 직업 격리현상

남녀 간에 성별 직업 격리현상(occupational sex segregation)이 나타나고 있는데, 이 현상은 다시 수평분리현상과 수직분리현상으로 구분된다. 수평분리는 여성 직종과 남

---

81) "대졸이상 경제활동 참가율 국가간비교"에서는 한국(남성 93%, 여성 54%)인데 비해 스웨덴(93%, 93%), 미국(94%, 82%), 터키(89%, 76%), 멕시코(96%, 72%), 일본(98%, 68%), OECD 평균(93%, 83%)으로 우리나라의 남녀간 경제활동참가율 차이가 39%로 OECD 최하위 수준이다.

82) 매일경제신문사, 『우먼코리아 보고서』(매일경제신문사, 2001), 26-31쪽.

성 직종이 나누어짐을 말하며, 수직분리는 상위 관리직은 남성이 담당하고 하위 생산직은 여성이 담당한다는 것이다. 이는 여성 직종의 경우라도 상위직은 남성이 차지한다는 의미이다.[83]

이러한 현상은 각종 통계자료에서 구체적으로 드러나고 있다. 여성인구는 전체 국민의 49.8%(2010년)를 차지하지만, 4급 이상 여성공무원은 전체 4급 이상 공무원의 3% 정도이다. 초등학교의 여교사 중 평교사 비율은 74.6%이나 여성 교장은 12.9%에 불과하며, 중학교 여교장은 16.7%, 고교 여교장은 5.9%로[84] 관리직으로 올라갈수록 낮아지는 실정이다. 2009년 외무고시(48.8%), 행정고시(46.7%), 사법시험(35.6%)로 여성 합격비율이 높지만, 아직도 사회지도층인 고위공무원과 대학교원의 여성비율이 매우 낮다는 것은 여성의 상위직 진출을 제한하는 '유리천장'이 있음을 보여주는 사례가 된다.

다. 통계청의 성차별 인식조사

여성들은 취업한 후에도 승진, 보직, 교육 등에서 차별이 있는 것으로 조사되고 있다. 2002년 통계청의 사회통계조사보고서에서는 직장생활에서 '성차별이 있다'가 전국 평균 67.3%로 나타났는데, 이 중 '많이 있다' 23.3%, '약간 있다' 43.9%로 조사되어, 1998년 74.2% 보다 6.9% 감소된 수치이다. 성차별이 '없다'는 10.0%(2002년)로 나타났고, 이는 '전혀 없다' 3.0%, '거의 없다' 7.0%를 합친 것으로 1998년보다 2.2% 증가된 수치이다.[85] 지역별로 '성차별이 있다' 수치가 높은 곳은 울산(71.0%), 대구(70.8%), 경기(70.1%)였다. 이렇게 직장생활에서 성차별은 가정생활에 비하여 매우 높은 편이나, 미미하지만 조금씩 개선되어 나가는 것으로 조사되고 있다.

(3) 사회

가. 여성의 정치계 진출현황

여성의 정치계 진출은 여성 참정권 획득을 위한 투쟁에서부터 시작되었다. 19세기

---

83) 한국여성학연구회 편, 32-33쪽.

84) 교육과학기술부, 『2009년 교육통계연보』, 교육과학기술부, 2010.

85) 통계청, 『2002년 사회통계조사보고서』, 112-115쪽.

의 여성운동은 '참정권 획득을 통한 여성의 평등권 실현'이라는 구체적 목표를 설정하고 투쟁한 결과 세계 최초로 1893년 뉴질랜드가 투쟁의 본 고장인 영국에 앞서 여성의 참정권을 인정하였다. 이어서, 1902년 오스트레일리아, 1906년 핀란드, 1913년 노르웨이, 1915년 덴마아크, 아이슬란드, 1917년 백러시아, 우크라이나, 1918년 캐나다, 아일랜드, 룩셈부르크, 영국(제한 선거권 부여), 1919년 오스트리아, 독일, 네델란드, 스웨덴, 폴랜드, 체코, 1920년 미국, 1944년 프랑스의 여성 참정권이 부여되었다.[86] 국민발안권, 국민표결권, 국민소환권을 내용으로 하는 직접참정권과 선거권, 공무담임권을 내용으로 하는 간접참정권이 포함된 참정권은 국민이 국가의 의사형성이나 정책결정에 직접 참여하거나, 선거 또는 투표에 참여하거나, 아니면 자신이 공무원으로 선임될 수 있는 국민의 주관적 공권으로서 정치적 기본권의 핵심이 되는 권리이다.[87]

민주국가를 형성하는 데 필수적인 기본권인 참정권을 뉴질랜드(1893년)를 제외한 모든 선진국들이 20세기에 들어와서 허용-이것도 루소(J. J. Rousseau, 1712-1778), 로크(J. Locke, 1632-1704), 밀(J. S. Mill, 1806-1873), 울스튼크라프트(M. Wollstonecraft, 1759-1797) 등의 수많은 투쟁[88]과 올랭프 드 구즈(Olympe de Gouges, 1745-1793)와 같은 여성운동가의 피흘리는 과정[89]을 거쳐서-한 것을 보면, 남성들이 여성 차별로 얻는 기득권 옹호에 지나친 집착심을 가지며, 실질적인 여성평등 문제에 있어서는 매우 소극적임을 알 수 있다. 한국 여성의 참정권은 1948년 제정 헌법에서 남녀의 평등한 참정권이 인정되었고 1987년 개정(9차 개정)한 현행 헌법까지 그대로 인정되고 있다.

한국 여성의 정치계 진출은 해마다 조금씩 늘어나고 있는 실정이나 그 비율은 아직 미미한 편이다. 여성 국회의원 비율은 1992년 1.0%에서 1996년 3.0%, 2000년 5.9%로 증가하였고, 2004년에 13.0%로 처음으로 10%대를 넘겼고, 2008년에는 13.7%이다<표 9>. 핀란드, 스웨덴 등 선진국의 40% 대에 비하면 아직도 요원한 실정이다.

여성 지방의회 의원 비율은 여성 국회의원 비율보다 최근에 급격하게 높아지고 잇다. 1991년 지방자치 선거가 처음 실시되었을 때는 1%에도 미치지 못하였으나 1995년 2.2%, 1998년 2.3%로 미미한 증가세를 보이다가 2002년 선거에서 3.4%로 여성들의

---

86) 한국여성개발원, 『여성과 성차별』(한국여성개발원, 1986), 120-121쪽.

87) 권영성, 『헌법학원론』(법문사, 2004), 578-587쪽.

88) 한국여성개발원, 『여성과 성차별』, 120-121쪽.

89) 1790년 프랑스의 여성 지도자 올랭프 드 구즈(Olympe de Gouges)는 프랑스 인권선언 속의 "시민"이란 용어는 남자만을 의미하고 있음에 반발하여 "여성시민의 인권선언"을 발표하고 여성에게도 남성과 똑같은 권리가 주어져야 한다고 주장하였는데, 이것이 죄가 되어 단두대의 제물이 되었다. 한국여성개발원, 『여성과 성차별』, 120쪽.

진출이 아직도 3% 대에 머무는 매우 부진한 실정이다. 그러나 최근들어 14.5%(2006년), 20.3%(2010년)로 증가하였다. 이러한 사실은 중앙보다 지방에서 여성의 정계 진출이 더 활발하다는 것을 보여주는 사례가 된다.

〈표 9〉 국회 및 지방의회 여성의원 진출 현황(단위: 명)

연도	총국회의원수			총지방의회 의원수		
		여성국회의원수			여성 지방의원수	
			비율(%)			비율(%)
1992	299	3	1.0	-	-	-
1995	-	-	-	5,756	128	2.2
1996	299	9	3.0	-	-	-
1998	-	-	-	4,179	97	2.3
2000	273	16	5.9	-	-	-
2002	-	-	-	4,167	140	3.4
2004	299	39	13.0	-	-	-
2006	-	-	-	3,621	525	14.5
2008	299	41	13.7	-	-	-
2010	–	–	–	3,649	739	20.3

자료 : 중앙선거관리위원회, 『국회의원선거총람』, 제18대 국회의원선거 당선자 현황, 『지방의회의원선거총람』

나. 여성의 교육계 진출현황

여성들의 교육계 진출현황은<표 10>을 보면 상위직으로 갈수록 여성의 비율이 낮아지는 것이 두드러지는데, 이는 보이지 않지만 상위직의 여성진출이 제한되는 '유리천장' 현상이 있음을 나타내주고 있다. 2004년도 초등학교의 여성 평교사 비율은 79.3%인데, 보직 교사는 56.1%, 관리직인 교감 비율은 급격하게 떨어져 13.2%이고, 교장은 7.7%에 불과하다. 이에 비해 남성 교사는 전체 교사의 30%밖에 안 되지만, 교감의 86.8%, 교장의 92.3%를 차지하고 있는 점은 남성중심 문화의 일단을 보여주는 것이다.

〈표 10〉 초등학교 직위별 여교사 비율(단위:%)

연도	계	여교사 비율	초등 학교	교장	교감	중학교	교장	교감	고등 학교	교장	교감
1980	100.0	31.4	36.8	1.8	4.0	32.8	3.8	5.8	17.1	4.7	1.7
1990	100.0	41.0	50.0	2.5	4.4	46.2	6.3	5.6	22.7	4.0	1.5
1999	100.0	48.7	62.4	5.6	7.1	53.4	7.5	7.3	26.8	4.3	2.0
2000	100.0	52.0	66.0	7.0	8.9	56.8	8.7	8.9	29.3	4.5	2.7
2004	100.0	57.6	70.0	7.7	13.2	61.5	9.8	15.0	37.4	5.5	4.5
2008	100.0	61.8	74.0	11.3	19.8	64.5	14.4	22.2	42.1	5.8	5.5
2009	100.0	62.5	74.6	12.9	22.7	65.2	16.7	23.7	43.4	5.9	6.0

자료 : 교육과학기술부, 『교육통계연보』 각년도

대학교의 전체 교원 중 여성 비율은 해마다 조금씩 증가하나 증가율은 극히 미미한 실정이다. 1980년 대학교 여성교원 비율이 11.8%인데 비해 2004년 비율은 17.2%로 연 평균 증가율은 0.2%에 불과하다. 이 비율도 상위직으로 올라갈수록 그 비율이 낮아진 다. 2004년도 여성 전임강사 비율은 29.6%인데 비해 조교수 20.7%, 부교수 15,6%, 교 수 13.1%이며 총장은 10.9%로 그 비율이 떨어진다.

〈표 11〉 대학교 직위별 여성교원 비율(%)

연 도	전 체	총 장	교 수	부교수	조교수	전임강사
1980	11.8	6.6	6.1	9.8	14.2	16.3
1990	13.8	8.1	8.9	13.9	16.0	20.1
2000	15.6	8.5	12.6	14.7	16.5	24.6
2001	16.0	8.5	12.7	14.7	17.8	25.8
2002	16.4	9.0	12.9	15.0	18.4	27.6
2003	16.7	10.8	13.0	15.3	19.1	27.9
2004	17.2	10.9	13.1	15.6	20.7	29.6

자료: 통계청, 『2005 통계로 보는 여성의 삶』, 58쪽.

다. 성매매 관련 실태

남성중심 문화를 드러내는 여러 현상 중에서 가장 현저하게 드러나는 분야가 성매 매 분야이다. 성매매는 사람의 고귀한 성을 돈을 매개로 하여 사고 파는 것을 말하며 법에 의해 처벌받는 범죄행위다. 한국에서 성매매는 거의 다 남성이 돈을 주고 여성 의 성을 사는 것으로 남성중심 문화와 밀접하게 관련되어 있다. 국회 여성위원회 홈페이지에 올려진 룸살롱에서 일하는 한 종업원의 글을 보자.

> 제가 일하는 가게에선 공공연히 성매매가 이뤄지고 있죠. 새삼스레 놀랄 일도 아닙니다. 룸에서 한 잔 걸치고 2차 안 되면 술 마시러 안 와요. 여기에서 일하는 여성들 자의로 들어온 경우도 있지만 다수는 이래저래 얽히고설켜서 들어온 여자가 더 많습니다.… 지금도 모 채팅클럽에 가보세요. 용돈이 필요한 애들 수두룩합니다. 10-20만원 준다면 줄섭니다."[90]

위와 같은 내용은 성매매 왕국이라는 우리 사회의 성 풍속도를 여실히 보여준다. 남성이 마음만 먹으면 고귀한 여성의 성을 돈으로 얼마든지 살 수 있는 나라이다. 이러한 행위는 인간의 존엄과 가치권을 훼손하며, 가족해체의 원인, 에이즈·성병과 낙태 증가, 건전한 근로정신의 망각, 여성상품화 관념을 지속하므로 그 피해가 막심하다.[91]

(가) 성매매의 원인

성매매의 원인은 경제적, 사회적, 정치적인 여러 사유가 있겠지만, 문화적인 이유가 매우 높은 수치를 차지하고 있다. 여성부가 조사한 "성매매 관련 국민의식조사"(여성부, 2001)에 의하면 "윤락행위가 근절되지 않는 이유"에서 '윤락행위를 당연시하는 남성중심 문화'가 '처벌단속이 제대로 안 돼서'(36.5%)에 이어, 두 번째로 높은 25.9%를 차지했다. 성매매유형은 보통 셋으로 나누고 있는데, 전통형 성매매는 성매매특별법 시행 이후 급속하게 감소되는 상태에 있으나, 주업이 있는 업소에서 음성적으로 성매매가 행해지는 산업형 성매매와 전화방, 폰팅, 인터넷 채팅 등을 매개로 자발적으로 행하는 자영형은 최근에 급증하는 것으로 조사되고 있다.

(나) 성매매 종사자 수

전체 성매매 종사자가 얼마인지 정확한 통계는 없지만 1988년 YMCA 향락문화시민운동보고서에서 100-120만 명으로 추정했고, 1995년 한국여성민우회에서도 120만 명으로 추정했으며,[92] 송강현주는 성산업 종사 여성수를 200만으로 추정하였다(사회진보연대 2002. 7·8). 검찰 집계 매춘여성도 150만 명으로 추정하고 있는데, 통계에 잡

---

90) 박영창, 『성매매 실태와 방지대책』, 『국회보』제430호 (국회사무처, 2002.8), 77쪽.

91) 박영창, 『한국의 성매매실태와 향후 개선과제』, 『여성위원회 현안분석집』(국회여성위원회, 2003), 2-5쪽.

92) 변화순, 황정임, 『산업형 매매춘에 관한 연구』(한국여성개발원, 1998), p. 122.

히지 않는 자영형 성매매가 급속도로 확산되고 있음을 볼 때 실제 숫자는 이를 능가할 것이다. 매춘여성의 수 150만은 15-34세 전체 여성의 약 1/5에 육박하는 심각한 수준으로 한국은 남성들이 마음만 먹으면 지금도 법망을 뚫고 얼마든지 성매매를 할 수 있는 '성매매 천국'이며 이는 한국의 '남성중심 문화' 실태를 여실히 드러내 준다.

(다)『성매매 실태 및 경제규모에 관한 전국 조사』내용

여성부의 『성매매 실태 및 경제규모에 관한 전국조사』(2002.12)에서는 전국 성매매 알선업체 수가 7개 업종 202,000여 개가 있으며, 이 중 57,900여 개소가 성매매 알선업체로 추정된다. 업종별 성매매 알선 비율이 제일 높은 곳은 일반유흥주점으로 10군데 중 8군데가 성매매 알선을 하고 있으며 그 비율은 79.9%에 달한다.[93] 성매매 여성은 최소 33만 명 정도가 전업(full-time job) 형태로 성매매에 가담하며, 이 수치는 20-30대 여성인구의 4.1%를 차지하며, 같은 연령대 취업여성인구의 8.0%를 차지한다.

성매매 관련 산업의 경제규모는 연간 24조 원[94] 정도로 추산되며, 이는 2002년도 추정 국내 총생산(GDP) 578.8조 원의 4.1%를 차지한다.[95] 겸업형 성매매업소에서의 업소당 평균 성매매 고객수는 6.17명이고, 평균 화대는 약 154,000원이며, 일일 평균 고객수는 약 35만 8천여 명으로 조사되었다.

라. 성폭력 관련 실태

성폭력 관련 범죄는 형법 위반범과 성폭력특별법 위반 범죄로 나눌 수 있다. 형법을 위반한 성폭력 관련범죄 발생건수를 2002년과 2009년을 비교해보면 강간은 1,884건(2002년)에서 2,162건(2006년)으로<표 12>, 준강간은 163건에서 273건으로, 강제추행은 2,339건에서 4,719건으로, 강간치상은 1,278건에서 1,004건으로 나타났다. 형법범 전체는 6,119건에서 8,755건으로 증가하여 4년 사이에 43.1%나 증가하였다.

성폭력 관련 범죄 전체 발생건수는 11,580건인데 이 범죄를 일으키는 자는 거의 다 남성(10,898명)으로 94.1%에 달한다. 이 중에 특기할 사항은 성폭력특별법 위반으로

---

93) 업종별 성매매 알선비율은 일반유흥주점 79.9%, 무도유흥주점 45.6%, 간이주점 9.0%, 중소도시와 농어촌 소재 다방 38.7%, 노래방 18.2%, 이발소 11.3%, 마사지업소 37.9%로 추정함.

94) 2002년 기준. 7개 업종의 업소의 총 매출액 약 16조 5천억원, 전업형 성매매 집결지의 연간 매출액 1조 8천여억원, 기타 비업소형이 성매매 시장에서 차지하는 비중을 24% 정도로 보아 전체 규모 약 24조원으로 추산함.

95) 이는 2001년 GDP기준 전기·가스·수도사업 비중(2.9%)을 크게 초과하며, 농림어업의 비중(4.4%)에 맞먹는 거대한 규모임.

검거된 남성 5,788명 중 미성년자가 831명으로 그 비율이 14.4%에 달한다는 점이다.[96] 기성세대로부터 성매매와 관련된 범죄를 배우고 또 직접 범죄를 저지른 어린 세대들이 커서도 이런 범죄에 가담할 개연성이 상당히 높을 것으로 보아 이에 대한 심각성도 고려하여야 한다.

〈표 12〉 성폭력범죄 발생 및 검거현황(단위 : 건수, 인원)

	2002	2003	2004	2005	2006
강간	1,884	1,905	1,877	1,842	2,162
특가법 (특수강간)	2	-	1	-	-
특가법 (특수강간등미수)	-	-	-	-	-
강제추행(준)	2,339	2,719	3,197	3,782	4,719
준강간	163	171	185	189	273
강간등상해	116	137	191	169	182
강간치상(준)	1,278	1,247	1,148	970	1,004
강간치사(준)	6	8	2	-	3
강제추행치상(준)	200	213	235	202	263
강간등살인	6	1	3	4	5
강제추행치사(준)	5	8	-	-	1
미성년자등간음·추행 (심신미약자)	49	48	41	78	71
피보호자 (감호자)간음	12	6	7	3	8
미성년자의제강간 (강제추행·강간살인)	59	68	63	77	64
총계	6,119	6,531	6,960	7,316	8,755

* 자료: 경찰청(2006). 『범죄분석』

마. 통계청의 성차별 인식조사

한국사회가 남성중심 문화로 형성되어 있다는 사실은 정치, 경제, 교육 등 다방면에서 발견될 수 있고, 통계청의 성차별에 대한 태도조사<표 6>에서도 드러난다. 2002년 조사보고서를 보면 사회생활에서 '성차별이 있다'가 69.7%로 '성차별이 없다'의 8.1%를 크게 앞서고 있다.[97] 이를 1998년('성차별이 있다' 77.1%, '성차별이 없다' 6.0%)과 비교해보면 '성차별이 있다'는 7.4% 감소되고, '성차별이 없다'는 2.1% 증가

---

96) 경찰청, 『범죄분석』, 경찰청, 2002년, 30-31쪽.
97) 통계청, 『2002년 사회통계조사보고서』, 112-115쪽.

된 것으로 나타나 조금씩 개선되어 나가고 있는 모습을 보이고 있다. 사회생활에서의 성차별 인식조사를 가정생활·직장생활의 성차별 인식조사와 비교해 보면 가정생활에서 '성차별이 있다'가 38.1%, 직장생활에서 67.3%로, 사회생활에서 성차별이 가장 높은 69.7%로 나타나고 있다.

2) 한국 종교의 성차별

한국의 주요 종교들은 세계의 다른 종교들과 같이 여성을 차별하고 있다. 한국의 종교들 중에서 일부 종교들(동학, 원불교, 증산교 등)은 상당히 여성을 배려하고 있지만,[98] 유교 등 한국의 주요 종교들은 여전히 여성을 차별하고 있다. 이러한 성차별적인 내용들이 각 종교의 교리, 의례와 공동체 활동에서 드러난다.

한국 종교의 뿌리인 무교는 매우 여성적인 종교로 불리나 무교 관련 신화와 의례에서 성차별적인 요소들이 나타난다. 황필호는 "한국 무교의 특성"[99] 중의 하나로 "남녀평등주의"를 들고, 퉁구스족 등의 무교에는 여성 무당의 지위가 남성무당보다 낮은 것으로 간주되지만, 한국 무교는 남녀 평등적이며 무당 숫자도 여성이 더 많다고 한다. 엘리아데(M. Eliade)는 한국의 여성무당이 우세한 이유를 유목문화에서 유래한 전통적 무교가 쇠퇴의 징후를 보이는 증거이거나, 남방으로부터 영향을 받은 증거일 것이라고 보았다.[100]

그러나 무교의 신앙체계가 담겨진 신화에서는 남아선호사상과 남존여비(男尊女卑) 사상이 나타난다. 무조(巫祖)인 바리공주 신화에서는 딸로 태어나자 핏덩이를 버리는 장면이 나오며, 후세에 남자로 재생하여 극락가기를 소원하는 장면이 나온다. 단군신화에서도 여성은 짐승인 곰으로 표현한 반면에 남성은 하느님의 아들 천왕으로 표현하였다. 의례에서는 고대 제례(祭禮) 중 산천제를 지낼 때 아들 낳기를 간절히 빌었고 이조말의 무의(巫儀)에서도 산신당에서 기자발원(祈子發願) 등을 행했다는 기록이 나온다.[101]

불교의 교리는 시대별로 여성의 구원문제에 차이가 있다. 원시불교에서는 여성도

98) 최준식, 『한국의 종교, 문화로 읽는다. 도교, 동학, 신종교』, 203, 288-290쪽.
한국종교연구회 편, 『종교 다시 읽기』, (청년사, 1999), 410-412쪽 참조.

99) 황필호, 111-125쪽.

100) M. Eliade, 『샤마니즘』, 이윤기 역 (까치, 1992), 398쪽.

101) 유동식, 『한국무교의 역사와 구조』 (연대출판부, 1975), 77, 229쪽.

출가 수행승들의 이상상(理想像)이자 최고의 계위인 아라한(阿羅漢)이 된 자가 적지 않았으나, 부파불교 시대에는 여성은 성불할 수 없다는 "여성불성불론"[102], 여인오장설이 나오고, 대승불교에서도 초기에는 여자는 남자로 변성해야만 성불할 수 있다는 "변성남자성불설"이 있어 여성들의 인격 자체를 비하하였는데 이러한 교리가 지금도 남아 있다. 그 밖에 수계 백년 된 비구니라도 갓 출가한 비구에게 예를 갖추어야 하는 비구니 8경법과 같은 성차별적인 교리가 존재한다. 수계(受戒)의례에서도 남성출가자와는 달리 여성출가자에게 식차마나 6법계를 두어 2년 동안 6법을 잘 지켜야만 구족계를 받을 수 있도록 하였다. 그리고 공동체 활동에서 비구는 250계를 지키지만, 비구니는 348계를 부과하는 등의 차별이 있고, 비구니가 승가에서 영향력 있는 고위직으로의 진출은 종헌에서 원천적으로 봉쇄되어 있다. 이와 같은 규정들은 타당성과 합리성이 결여된 성차별적인 계율이라고 본다.

유교에서는 규범으로 가부장제를 두어 가장의 권한을 다른 가족보다 우위에 두고 가정의 구성원들을 통솔하도록 하였다. 아버지와 아들-그 중에서도 장남-사이의 수직적인 관계를 중시하고 제사를 중시하였다. 이런 상황에서 여성들의 인권은 상당히 제약되었다. 가부장제 하에서는 가장에 의한 가정의 통치가 원만하면 나라의 질서도 바로 잡힌다고 보았다. 가장의 권한 강화는 제사를 이어 갈 장남을 우대하였고 장남에게 재산 상속 등에서 특권을 인정하였다. 또한 삼종지도에서는 여성은 어려서부터 노년에 이르기까지 남성, 즉 아버지와 남편과 아들의 보호를 받아야 한다는 것을 가르쳤다. 칠거지악에서는 아내의 귀책사유 없이도 이혼을 당해야 하는 매우 억울한 조항들이 있었고, 아내는 남편이 죽어도 다시 결혼하는 것을 제한하는 불경이부(不更二夫)와 같은 가르침도 여성을 제약하고 있다.[103] 제례에서도 여성과 남성은 역할, 장소 등에서 차별이 있다. 여성은 제물의 준비와 같이 눈에 보이지 않지만 시간과 노력이 많이 드는 일을 행해야 하는데 비해, 제주가 되는 남성은 제례 절차를 직접 수행하면서 주도적으로 이끌어 간다. 제례의 장소에서도 남성과 여성은 구분되는데, 제례가 행해지는 거룩한 장소에는 남성들이 위치해 있고 여성들은 부엌 등 거룩한 장소와 떨어져서 위치해야 하는 등의 제한이 있다. 가정 공동체에서도 종법(宗法)제도를 두어 여성의 봉사권(奉祀權)과 재산상속을 제한하였고, 내외법을 두어 부부유별(夫婦有別)을 가

---

102) 백도수, 『대장경에 나타난 여성불교』 (불교여성개발원 연구교육위원회, 2001), 88, 104-107쪽.
103) 한국여성학연구회 편, 『여성학의 이해』, 381-382쪽.

르치고 여성의 바깥 출입을 제한하며 여성의 역할도 집안에서 할 수 있는 일로 제한시켰다.

한국에 전래되기는 늦었지만, 급속한 부흥으로 전 국민의 약 25%가 교인인 기독교에서도 남성중심의 교리가 다수 존재하고 있다. 바울 서신 중 고린도전서에서는 '여자의 머리는 남자'[104]로 규정하여 남성이 여성을 지배하고 우월적인 위치에 있는 것처럼 보이게 한다. '여자는 교회에서 잠잠하라'(고전14:34) 등의 교리에서도 여성의 교회에서의 역할과 활동을 제약하는 모습이 보인다. 이런 교리로 인해 기독교 공동체에서는 아직까지 여성 안수문제가 논란이 되고 있다. 가톨릭과 대부분의 개신교 교단에서는 아직도 여성들에게 성직을 제한하고 있고 성직에 참여하고 있는 여성들도 같은 직종의 남성들에 비해 처우나 보수 등의 면에서 상당한 차별을 받고 있는 것으로 조사되고 있다. 기독교의 의례에서도 구약에서는 제사장은 모두 남성이며 여성들은 제사에 직접 참여할 수가 없었고, 신약에서도 세례와 성만찬 등의 의례에서 여성의 역할은 주도적인 집례자의 위치에서 제외되고, 여성들은 장소의 제한이 따르기도 한다.

한국은 단군 이래로 종교가 국가를 지배해 온 나라로 종교가 국민생활에 미치는 영향은 매우 크다. 지금도 한국의 종교 인구는 전 국민의 53.9%인데, 전 국민의 절반이 넘는 종교 인구가 교리, 의례, 공동체 생활 등에서 성차별적인 행위를 지속적으로 행한다면 한국의 남성중심 문화에도 상당한 영향력을 미쳤으리라고 본다.

3) 한국종교와 남성중심 문화의 공통요소(성차별 이데올로기)

(1) 종교와 이데올로기

가. 이데올로기의 개념

이데올로기(ideologie)는 글자의 뜻 그대로 '이념(idee)의 체계(logos)'를 말하며,[105] 웹스터(Webster) 사전에는 "정치적, 사회 프로그램을 구성하는 통합된 주장, 이론, 목표로 흔히 허구적 선전의 의미가 함축되어 있는 것"이라고 정의하였다. 이 이데올로기

---

104) "그러나 나는 너희가 알기를 원하노니 각 남자의 머리는 그리스도요, 여자의 머리는 남자요" (고전11:3)

105) 이데올로기(Ideologie)는 "사회 집단에 있어서 사상, 행동, 생활 방법을 근본적으로 제약하고 있는 관념이나 신조의 체계", "역사적·사회적 입장을 반영한 사상과 의식의 체계", "관념형태" 등으로 정의하기도 한다.

는 세계관의 주축이 되는 하나의 총체적인 의식체계로서 목적지향적이고 기계론적이며 환언론적 성격을 띠는 속성을 가지고 있다.[106] '이념의 체계'인 이데올로기는 그 자체만을 볼 때는 가치중립적이지만 그 이념의 체계가 이루어지게 된 원인을 보면 이념체계의 필요성이 깃들어 있다. 종교는 현존질서를 정당화하는 이데올로기를 형성하는 기능이 있는데 버거는 '이데올로기'를 정의하면서 "사회 각 부분의 기득권을 정당화하는데 사용되는 일련의 이념"이라고 규정한다.[107]

이데올로기의 사회적 결정요인에 관한 연구에는 두 가지 주요한 접근법이 있는데, 그것은 이익이론(interest theory)과 긴장이론(strain theory)이다. 이익이론은 이익을 얻기 위한 보편적인 투쟁을 배경으로 하고, 긴장이론은 사회심리학적 불균형을 바로 잡기 위한 만성적인 노력을 배경으로 하여 생성되었다. 전자에 의하면 이데올로기는 하나의 가면이자 무기이며, 후자에 의하면 이데올로기는 징후이자 치료이다.[108]

나. 이데올로기의 기능

다니엘 벨(D. Bell)은 『이데올로기의 종언』을 주장했지만, 지금도 이데올로기는 다양한 기능을 행하고 있다. 『이데올로기와 이론』(*Ideologie unt Theorie*)을 쓴 지마(P. V. Zima)는 이데올로기의 역할을 아래와 같이 세 가지로 요약한다.[109]

① 다니엘 벨, 레이몽 아롱(R. Aron), 하버마스(J. Habermas)는 근대의 산업사회에서 이데올로기적인 동기에 의한 결정이 점차 가치에 의한 무관심한 실용주의적·기술적 동기에 의한 결정으로 대체되어 간다고 가정한다. 그렇지만 이는 교환가치의 가치 무관심이 다시 이데올로기적·이원론적 반응을 촉발시킨다는 사실을 무시하고 있는 것이며, 국가 사회주의·현대 환경페미니즘·마르크스 주의 등의 사례에서 보는 것과 같이 시장에 대한 반발이 이데올로기의 생성으로 이어진다.

② 하버마스의 『의사소통 행위이론』(*Theorie des Kommunikativen handelns*)에서 잘 드러나듯이 이데올로기의 시대가 끝났다고 생각하는 사람들은 양차 대전의 중간기에 대중들을 움직였던 소위 거대 이데올로기들(보수주의, 자유주의, 파시즘)에만 주목할 뿐,

---

106) 김동일 편저, 『성의 사회학』(문음사, 2003), 28쪽.
107) P. L. Berger, *Invitation to Sociology* (Garden City: Doubleday, 1963), p. 111.
108) C. Geertz, 240쪽.
109) P. V. Zima, *Ideologie unt Theorie*, 허창운, 김태환 역, 『이데올로기와 이론』(문학과 지성사, 1996), 430-431쪽.

비교적 동질적인 소규모의 분파 집단에서 만들어내는 "소 이데올로기들"(환경주의, 페미니즘, 평화주의)의 활발한 활동은 도외시하였다.

③ 종교가 세속화 과정 속에서 퇴각하는 양상을 보이고 있는 현대사회에서는 이데올로기가 바로 개인과 집단의 행위를 뒷받침해주는 필수불가결한 존재가 된다.

니클라스 루만(N. Luhmann)도 이데올로기가 날마다 생명력을 과시하고 있다고 다음과 같이 표현한다.

> 이데올로기들은 날마다 자신의 생명력을 과시하고 있다. 이데올로기 시대의 종말이란 가당치 않은 얘기다. 물론 이데올로기적 열정이 시들해진 것은 사실이다. 이데올로기적 방향 설정은 늘 반복되는 일상적인 습관처럼 되어 버렸다.[110]

배슐러(J. Bacheler)는 정치적 행위와 관련되는 이데올로기의 기능으로 다섯 가지를 들고 있다.[111] ① 이데올로기는 사람들을 규합하며 ② 정당화하는 기능을 수행하고 ③ 이데올로기에는 가장 잘 알려진 은폐의 기능이 있으며 ④ 특정한 선택을 지시하게 하며 ⑤ 이데올로기는 사회현실에 대한 일정한 인식의 틀을 제공해 준다고 말한다.

기어츠(C. Geertz)도 이데올로기의 사회적 기능을 무시할 수 없다고 하면서 다섯 가지로 정리한다.[112] ① 사회 범주의 규정 또는 모호화 ② 사회적 기대의 안정화 또는 불안정화 ③ 사회 규범의 유지 또는 파괴 ④ 사회적 합의의 강화 또는 악화 ⑤ 사회적 긴장의 해소 또는 고조의 기능이 그것이다.

이상에서 보는 바와 같이 이데올로기는 현대에 와서 종언을 고하는 것이 아니라 환경보호주의, 페미니즘 등과 같은 소 이데올로기들이 여전히 영향력을 행사하고 있으며, 종교의 세속화에도 불구하고 개인과 집단의 규범역할을 하며 사회적 합의의 강화, 사회적 긴장의 해소 등의 다양한 기능을 행하고 있다.

다. 종교와 이데올로기의 관계

종교와 이데올로기는 상호 밀접한 관계가 있으며, 종교는 직접적으로 이데올로기

---

110) 위의 책, 431쪽.

111) 박재환, 『사회갈등과 이데올로기』(나남, 1992), 385-386쪽에서 재인용.

112) C. Geertz, 『문화의 해석』, 242쪽.

역할을 수행하기도 한다. 마르크스(K. Marx)는 "종교는 인민의 아편"이라고 하여 종교가 노동계급에 대한 통제 이데올로기 역할을 했음을 주장했고, 베버는 "종교는 이 세상에서 고통받는 사람들을 위한 보상"이라고 했으며, 할레비(E. Halevy)는 "영국 산업혁명기의 종교는 노동계급으로부터 혁명적 지도력을 다른 방향으로 돌리도록 하였고, 이른바 노동귀족(aristocracy of labour)들 속에 개량주의 경향을 형성"했다고 주장한다.[113]

또한 종교는 간접적으로 이데올로기에 영향을 미치기도 한다. 베버는 개신교가 자본주의라는 이데올로기에 영향을 미쳤다는 것을 『프로테스탄티즘 윤리와 자본주의 정신』에서 밝혔다. 그는 개신교인의 소명의식에 따른 정직·근검·절약·성실을 통한 저축과 투자는 자본주의 발달에 공헌했음을 밝혀 주었다. 라우어(A. L. Lauer)는 종교적 이데올로기가 변동의 촉진제가 됨을 밝히고 그 이유를 다음과 같이 말했다.[114] ① 종교가 다양한 가치관을 제공함으로써 변화의 소지를 마련해 주고 ② 기독교가 과학발전의 가치 기초를 제공했듯이 종교가 사회변동의 가치를 지지해 주기 때문이며 ③ 종교자체가 시대에 따라 변함으로써 사회변동의 다른 면에 영향을 미치기 때문이다.

(2) 한국종교와 남성중심 문화의 공통요소

한국종교와 남성중심 문화의 공통적인 요소로 성차별 이데올로기가 존재한다. 성차별(sexism)이란 성을 이유로 사람을 차별하는 의식과 행동, 제도 등을 뜻한다. 성차별은 인종차별과 마찬가지로 특정 성(性)의 생물학적 특징[115]을 본질적으로 우위에 있는 것으로 간주한다. 이 성차별 이데올로기에는 성역할(gender role) 고정관념(stereotype)[116]이 깊이 연루되어 있다.[117] 성차별 이데올로기에 근거하여 성별에 따른 노동의 가치와 사회적 지위가 차등적으로 결정되는 성 계층화(sex stratification) 현상이 나타나고 이에서 여성들이 제도적으로 불평등한 취급을 받게 되는 성차별 구조(sex discrimination -

---

113) 김성건, 『종교와 이데올로기』(민영사, 1991), 181~185쪽.

114) R. H. Lauer, *Perspectives on social Change* (Boston: Allyn and Bacon, 1973), pp. 127~129.

115) '생물학적 성'(sex)이란 염색체와 호르몬 등 생리적 조건 및 신체적 특징과 관계가 있으며, 이러한 특징들은 출생의 순간에서부터 여성과 남성을 구분 짓는다. 생물학적 성은 본질적이고 불변적이다.
  이에 비해 사회적 성(gender)은 사회·문화적으로 형성된 여성과 남성의 역할 및 관계, 여성과 남성에게 적절하다고 간주하는 일련의 특질과 행동을 뜻한다. 사회적 성은 시간에 따라 변화하고 지역에 따라 다양하게 나타난다.

116) 성역할(性役割) 고정관념이란 사회·문화적으로 여성과 남성에게 부여된 역할. 남성적 혹은 여성적 특성에 대해 상대적으로 경직되고 과잉 단순화된 관념을 말한다. 여성은 가정 내 역할을 맡고, 남성은 사회적 역할을 맡아야 한다는 인식도 성역할 고정관념의 사례에 해당될 수 있다.

117) 김동일 편저, 28쪽.

structure)로 나타난다. 이와 같이 성역할 고정관념, 성차별 이데올로기, 성 계층화, 성차별 구조가 복합적으로 맞물려 성차별이 자연스런 사회현상 또는 생활양식으로 우리 눈 앞에 나타난 것이 남성중심 문화라고 할 수 있다.[118] 한국에서의 성차별은 보통 여성 차별을 말하는데, 남성은 여성보다 태생적으로 우월하며, 따라서 여성에 대한 차별은 정당하고 남성 지배는 당연하다고 보는 것이다. 앞에서 본 바와 같이 한국사회는 가정, 직장 등 모든 영역에서 남성중심 문화가 형성되어 있는 사회이다. 이 남성중심 문화의 핵심요소가 성차별이며 이러한 남성중심 문화는 성차별을 정당화하는 성차별 이데올로기를 내포하고 있다.

한국의 전통 종교도 마찬가지다. 무교, 불교, 유교, 기독교 모두 성차별적 요소를 가지고 있다. 특히 유교의 칠거지악, 삼종지도 등은 유별나다. 이러한 성차별적 요소들은 지속적으로 반복되는 종교행위로 말미암아 성차별 이데올로기로 고착된다. 박영례는 종교가 당대의 문화적 이념인 성차별 이데올로기를 정당화시키고, 이를 강화, 전승시키는 역할을 했다고 지적한다.

> 문화 속의 종교는 그것이 인간에 대한 의미부여의 상징체계로 이해되면서 적어도 종교현상 내에서는 성차별 이데올로기가 지양되는 계기를 찾을 수 있으리라 기대되기도 한다. 종교의 궁극적 목표가 진정한 의미의 '인간구제'라면 그것은 적어도 남녀의 차별이 게재된 구제를 의미하지는 않을 것이기 때문이다. 그러나 역사적 과정을 통해 전개되어 온 종교적 사실의 현장을 들여다 볼 때 그러한 기대는 한낱 허상에 불과한 느낌을 배제할 수 없다. 종교마저도 그것이 처한 문화적 상황 속에서 당대의 문화적 이념인 성차별 이데올로기를 결과적으로- 비록 의도적은 아닐지라도- 정당화시키는 기제들로 작용하고 있을 뿐만 아니라 그 이념을 강화, 전승시키는 전통이 되고 있다.[119]

위와 같이 한국종교의 성차별적 내용들은 성차별 이데올로기로 고착되었고, 한국의 남성중심 문화도 성차별 이데올로기를 내포하고 있다. 이렇게 한국종교에는 한국의 남성중심 문화와 '선택적 친화성'이 있는 어떤 요소가 있다. 그것이 바로 양자에 공통적으로 존재하는 성차별 이데올로기이고, 이것이 양쪽에 상당한 영향을 미치고 있다.

---

118) 위의 책, 30-31쪽 참조.
119) 박영례, 61쪽.

(3) 성차별 이데올로기와 남성중심 문화

가. 남성중심 문화에 대한 성차별 이데올로기의 영향

이데올로기는 문화를 정당화하고 변호해 주는 역할을 한다. 이데올로기는 문화의 신념과 가치의 양식들을 정립하거나 옹호하는 데에 적극적으로 관여하고 있다.[120] 성차별 이데올로기도 남성중심 문화를 정당화하는 역할을 행한다. 앞에서 본 바와 같이 박영례는 "종교가 성차별 이데올로기를 정당화시키는 기제(mechanism)들로 작용하고 성차별 이념을 강화, 전승시키는 전통이 되고 있다"고 했는데, 여기서 '성차별 이념을 강화, 전승시키는 전통'은 성차별 이데올로기가 이미 삶의 모든 영역에서 고착화되어 생활양식으로 되고 후대에 까지 전승하게 되는 '남성중심문화'라고 말할 수 있다. 이원규도 "종교는 여성을 차별하는 사회적 가치와 규범을 강력하게 뒷받침하는 도덕적 근거를 제공하고 있으며 이에 따라 성차별의 문화전통의 확립에 결정적인 영향을 미쳤다"[121]고 했는데, 이때 '여성을 차별하는 사회적 가치와 규범'은 성차별 이데올로기이며, '성차별의 문화전통'이 바로 '남성중심 문화'라고 할 수 있다. 이와 같이 성차별 이데올로기는 남성중심 문화를 형성하는 데 결정적인 영향을 미쳤다.

나. 교리 · 의례 · 공동체와 성차별 이데올로기

종교의 구성요소인 교리, 의례, 공동체는 사회의 변증법적 과정인 외재화 · 객체화 · 내재화와 밀접한 연관이 있고, 이들은 '성차별 이데올로기'와 관련이 있다. 버거는 사회는 변증법적 과정을 통하여 변화한다고 보고, 사회의 근본적인 변증법적 과정을 외재화(externalization), 객체화(objectivation), 내재화(internalization) 단계로 표현한다.[122] 이들 셋은 서로 영향을 주고 받으면서 사회 변화과정의 주요한 요소로 기능을 한다. 이들은 사회의 한 영역인 종교와도 밀접한 관련을 맺고 있다. 모든 인간사회의 영역은 세계를 건설하는 하나의 기획이며, 종교는 이 기획에서 핵심적인 역할을 감당하고 있기 때문이다.[123]

---

120) C. Geertz, 『문화의 해석』, 274쪽.
121) 이원규, 『종교사회학의 이해』, 292쪽.
122) P. L. Berger, 『종교와 사회』, 16쪽.
123) 위의 책, 15쪽.

사회의 근본적인 변증법적 과정은 **외재화, 객체화, 내재화**라는 세 가지 요소 혹은 단계로 이루어져 있다. 이 세 가지 요소를 같이 이해한다면 우리는 사회에 대하여 경험적으로 적합한 입장을 견지할 수 있을 것이다. **외재화**는 인간이 육체적·정신적 활동으로 세계 속에 자기 자신의 존재를 쏟아 내는 과정이고, 객체화는 이러한 인간 활동의 산물이 그 본래의 행위자에 외재하여 그들 자신과는 전혀 다른 하나의 사실로서 그와 맞서는 실재성을 획득하는 것을 뜻한다. **내재화**는 인간이 바로 이 실재를 다시 흡수해서 객관적 세계의 구조로부터 주관적 의식의 구조로 변형시키는 과정이다. 사회가 인간의 산물이라는 것은 이러한 외재화 과정 때문이고, 사회가 객체화 과정을 통해서 그 자체로서 독립적인 실재가 되는 것이며 인간이 사회의 산물인 것은 내재화 과정 때문이다.[124]

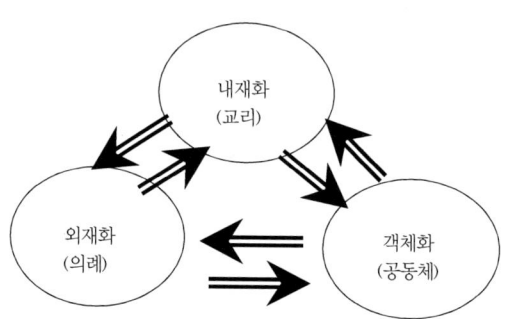

〈**그림 5**〉 외재화 · 객체화 · 내재화의 순환관계

첫째, '외재화'는 인간이 육체적, 정신적 활동으로 세계 속에 자신을 쏟아내는 과정이다. 이 과정은 인간적인 측면에서 볼 때 필수불가결한 것으로, 인간이란 자기가 속해 있는 세계 속에 자신을 끊임없이 쏟아 넣는 활동과 분리해서 생각할 수 없는 존재이다. 인간은 본질적으로 그리고 처음부터 자기 자신을 외재화하고 있는 존재이다.[125] 인간의 '외재화' 본능을 잘 드러내주는 것이 종교의 '의례'이다. 종교 의례는 종교적 경험을 외부에 드러내는 것이다. 바흐(J. Wach)는 의례를 믿음체계와 관련시켜 "의례는 종교적 경험인 믿음에 의해 결정되는 모든 실천적 표현"이라고 표현하면서 의례의 '실천적 표현기능', 즉 외재화 기능을 강조했다.[126]

둘째, '객체화'는 인간의 외재화 활동의 산물이 행위자와는 다른 실재성을 획득하는 것을 말한다. 인간의 산물이 사람들로부터 유래되었으면서도 그들 자신에 외재하고 있는 하나의 사실로서 그와 대항하게 되는 세계로 변형되는 것은 객체화라는 개념

---

124) P. L. Berger, 『종교와 사회』, 16쪽.

125) 위의 책, 16쪽.

126) J. Wach, *Sociology of Religion* (Chicago: The University of Chicago Press, 1958), p. 25.

속에 내포되어 있다.[127] 인간은 제도를 만들어냈지만 그 제도는 외적 세계의 강력한 통제력을 발휘하고 심지어 위협적인 장치로서 인간에게 대항할 수 있다. 개인적 활동의 산물과 독립된 실재로서의 '객체화'를 잘 드러내주는 것이 '종교 공동체'이다. 종교 공동체는 개별 신자들의 집합체로서 신자들로부터 유래되었고 신자 개개인의 활동에 의해서 유지되지만, 신자들과는 독립된 실재를 가진다. 개별 신자들의 뜻과는 관계없이 모든 구성원들이 지켜야 할 공동체의 행동 규범을 가진다. 이 규범은 경전, 제도, 법 등으로 구체화되어 공동체의 구성원인 신자 개개인을 통제한다.

셋째, '내재화'는 객체화된 세계를 의식 속에 재흡수함으로써 의식의 주관적 구조를 결정하게 되는 과정으로,[128] 개개인의 심성에 객체화된 여러 요소들이 뿌리내리는 과정이다. 내재화가 이루어진 후에는 인간은 객체화된 세계의 여러 요소들을 외재하는 실재의 현상으로 이해하는 것처럼 이제는 그것을 자기의 의식 안에 내재해 있는 현상으로 이해하게 된다. 인간은 객체화된 의미를 학습하는 것에서 더 나아가 그것들과 동일시하며 또 그 의미에 의해서 자아를 형성하게 된다. 그리하여 그 의미를 소유하고 있는 사람이 될 뿐만 아니라 그것들을 표현하고 표상하는 사람이 된다.[129] 모든 사회는 그 성원들에게 객관적으로 이용할 수 있는 "지식" 체계를 제공한다. 사회에 참여한다는 것은 이러한 지식을 공유하는 것, 즉 사회의 노모스(nomos)[130]를 공유하는 것이며, 객관적 노모스는 사회화 과정 속에서 내재화된다.[131] 종교의 구성 요소들은 모두 내재화 기능을 수행하지만, 그 중에서 특히 '교리'가 이 역할을 수행한다. 종교의 교리는 체계적인 학습을 통해서 경전의 내용을 신자 개개인의 마음에 뿌리내리게 하여 자아를 형성할 뿐만 아니라, 그것들을 표현하는 사람이 되게 한다. 사회의 객관적 노모스가 사회화 과정을 통해서 내재화되는 것처럼 종교의 교리도 사회화 과정을 통하여 내재화된다.

사회의 변증법적 과정인 외재화·객체화·내재화는 '성차별 이데올로기'와도 관련이 있다. 한국종교의 성차별적 내용이 담긴 의례를 통해 성차별 이데올로기가 외재화

---

127) P. L. Berger, 『종교와 사회』, 20쪽.

128) 위의 책, 23쪽.

129) 위의 책, 26쪽.

130) 버거는 '노모스'를 '인간의 개별적인 경험과 의미에 유의미한 질서'로 본다. (위의 책, 29쪽)

131) 버거는 내재화 과정에는 사회화 과정을 거쳐야 한다고 하며 이 사회화 과정을 개인이 최초로 경험하는 1차적 사회화와 이미 사회화된 개인을 객관적 세계의 새로운 부분으로 유인하는 2차적 사회화로 구분한다. P. L. Berger and T. Luckmann, 178–179쪽.

되고, 종교 공동체 활동을 통해 성차별 이데올로기는 객체화된다. 그리고 성차별적 교리는 학습이라는 사회화 과정을 통하여 성차별 이데올로기가 내재화된다. 이를 박충선은 역자 후기에서 正(외재화)·反(객체화)·合(내재화)의 변증법적 관계로 보지만,[132] 상호 유기체적인 관계로 볼 수도 있다. 외재화·객체화·내재화는 셋 다 서로 순환관계를 형성하면서 사회의 변화과정에서 주요한 요소로 상호 영향을 주고 받으면서 그 변화과정을 이끌고 있기 때문이다.

다. 남성중심 문화의 형성과정

사회학에서는 문화를 경험적 인지(empirical-cognitive)의 문화,[133] 심미적 감상(鑑賞)(aesthetic-appreciative)의 문화, 그리고 평가적 규범(evaluative-normative)의 문화로 크게 세 가지로 나누는 것이 보통이다.[134] 이 중 평가적 규범의 문화는 무엇이 좋고 나쁜가, 어떤 것이 옳고 그른가, 어느 것을 해야만 하고 또 안 해야 하는가(ought-to, ought-not-to)의 표준을 설정해 주는 문화로 도덕 가치(상징적인 모습)와 윤리행위 유형(외현적인 모습)으로 나타난다.[135] 굿이너프(W. Goodenough)가 문화를 "공유하고 있는 인간학습의 소산으로서 지각, 신념, 가치관, 행동의 표준이 되는 것"이라고 정의한 것처럼, 모든 문화는 당시 사회에서 규범적 역할을 행한다. 한국의 남성중심 문화도 남녀 관계와 남녀의 역할 등에 있어서 가치판단의 기준이 될 수 있으므로 규범 문화의 일종이라고 볼 수 있다. 규범[136] 문화는 ① 정당화 ② 제재 ③ 내재화 과정을 거쳐 형성되는데,[137] 이들은 종교와도 밀접한 관련이 있다. 종교는 문화의 실체이고 문화는 종교의 형식이므로 문화와 종교는 상호 밀접한 관련이 있으며, 규범문화의 형성과정도 종교와 관련을 맺고 있다. 따라서 규범문화의 형성과정인 정당화, 제재, 내재화는 종교의 구성요소 모두와 연관성을 갖고 있는데, 특히 '정당화'는 의례와, '제재'는 공동체와, '내재화'는 교리와

---

132) P. L. Berger and T. Luckmann, 253–254쪽.

133) 경험적 認知(empirical-cognitive)의 문화란 "현실 또는 실재에 대한 사회적 규정"을 뜻한다. 사람들이 실재가 무엇인지를 규정하면 그것이 객관적으로 실재가 아니더라도 그들에게는 현실이 되고 그들의 행동도 이에 따라 결정된다. 김경동은 '경험적 인지의 문화'를 상징적인 모습(마술, 신앙, 철학)과 외현적인 모습(과학, 기술, 물질문화)로 구분하였다. 김경동, 41–43쪽.

134) 위의 책, 41쪽.

135) 위의 책, 41, 44쪽.

136) 사회조직 안에서 살아온 인간은 바람직한 것이 무엇인지를 평가하고(가치관), 그에 입각하여 주어진 상황에서 옳고 그른 것의 행위 규칙들을 만들고 그것을 체계화하였다. 이런 행위규칙을 통틀어서 사회규범(social norms)이라 한다. 사회규범이란 바꾸어 말해서 사회적으로 용납 받는 행동유형의 기대를 문화가 제시하여 주는 바의 처방이라 할 수 있다." 김경동, 46쪽.

137) 위의 책, 46–49쪽.

관련을 맺고 있다. 여성참여를 제한하는 한국종교의 **의례**는 종교기관에 의해 성차별 이데올로기를 외부에 반복적으로 외재화함으로써 '**정당화**'되며, 남성이 직무를 독점하는 **공동체 활동**은 개개인과는 독립적인 실재로서 성차별 이데올로기를 객체화하고 상벌을 통해 구성원들을 '**제재**'하며, 남성 우월적 내용의 **교리**는 학습을 통해 성차별 이데올로기를 '**내재화**'함으로써 개개인의 마음에 뿌리내리게 된다.

① 정당화(legitimation) 과정

구성원 모두가 규범을 지키고 따라야 할 이유를 제시하고 설득하는 과정을 정당화 과정이라고 한다.[138] 규범의 근거는 주로 그 사회의 가치관에서 찾고, 그 가치관은 종교적 믿음, 전통적 관행, 도덕적 관념 등에서 유래하므로 규범의 정당화도 이런 것에 근거를 두는 것이 보통이다. 이런 근거 자체가 문화마다 다를 수 있고 종교마다 다를 수 있으므로 일률적으로 평가할 수 없다.[139]

이를 종교에도 적용시킬 수 있다. "종교의 사회통합 기능"에서 보는 것처럼 종교는 현존하는 사회구조나 질서를 정당화하는 기능을 행하며 사회의 가치와 규범을 강화하는 방식으로 사회통합에 기여한다. 수천 년 전통을 가진 한국의 종교가 권위 있는 종교 기관에 의해 여성참여를 제한하는 성차별 내용이 담긴 의례행위를 정기적으로 학습 또는 외부에 표현한다면 그 내용은 정당성을 확보한 것으로 볼 수 있다.

② 제재(sanction) 과정

규범의 준수를 위해서는 상벌로 조장하거나 억제하는 과정이 필요하다. 이 과정이 제재 과정이다. 규범이 어떤 근거에서 정당화되었다고 하더라도 반드시 이행되리라고 볼 수는 없다. 규범의 준수를 위한 정당화는 필요조건이 될 수 있지만 충분조건은 될 수 없다.[140]

규범으로 고착된 공동체 활동에서 벗어난 일탈된 개개인의 행동은 책임 있는 종교기관 또는 종교적 그룹 또는 개별적으로 제재를 가할 수 있다. 출교, 공식 사과, 참회 등의 징벌적 의미의 제재와 포상, 격려, 칭찬 등 보상적 의미의 제재도 있을 수 있다.

---

138) 위의 책, 46쪽.
139) 위의 책, 47쪽.
140) 김경동, 47-48쪽.

한국종교에서 형성된 성차별 이데올로기가 일상적인 종교생활에서 성차별적 내용을 준수하고 일탈행위를 벌하는 규정을 시행하는 것이 바로 제재 과정이라고 할 수 있다.

③ 내재화(internalization) 과정

규범을 준수하는 기초는 정당화나 제재가 직접적으로 주어진다는 데에만 있지 않다. 문화적인 상벌과 규제 이행 또는 일탈에 접하게 됨으로써 그것들이 각 개인의 마음속에 뿌리내릴 때 내재화 과정이 일어난다.[141] 내재화를 문화와 관련하여 보면 사회의 문화를 구성하는 요소들이 각 개인의 마음속에 뿌리내리는 과정을 말하며, "문화의 세뇌작용"(洗腦作用, brain-washing)[142]이라고도 할 수 있다. 한국종교의 성차별적 교리는 학습을 통하여 성차별 이데올로기가 구성원 개개인의 마음에 뿌리박혀 내재화된다. 이렇게 되면 대부분의 사람들은 대부분의 상황에서 대부분의 규범을 준수하게 되고 규범을 벗어나는 행동을 할 생각도 못하게 된다.

버거는 "항상 내재화 과정은 외재화와 객체화의 요소를 포함하는, 보다 범위가 넓은 변증법적 과정의 한 요소로 이해되지 않으면 안 된다"고 했는데,[143] 한국종교에서도 의례를 통한 외재화와 공동체 활동을 통한 객체화를 교리를 통한 내재화가 다 포함하는 것으로 본다.

이렇게 한국종교의 의례와 공동체, 교리에 내포된 성차별 이데올로기가 정당화, 제재, 내재화 단계를 거침으로써 한국의 '남성중심 문화'로 고착화된다. 이와 같은 정당화, 제재, 내재화 과정은 분석적인 구분에 불과하므로 세 단계가 순차적으로 일어날 수 있고, 한꺼번에 일어날 수도 있다.

---

141) 위의 책, 48–49쪽.
142) 위의 책, 49쪽.
143) P. L. Berger, 『종교와 사회』, 28쪽.

제 3 장

한국종교의 성차별적 의례의 외재화

종교를 구성하는 두 번째 요소는 의례(rituals)이다. 종교의례는 "성스러운 것 또는 궁극적 실재와 관계하여 반복하는 정형화된 행위"를 말한다. 이 의례는 각 종교의 믿음체계인 교리와 밀접한 관계가 있는데, 넓게는 "믿음에 의해 결정되는 모든 실천적 표현"을 의미하며, 좁게는 "종교적 인간의 행위 곧 예배"를 의미한다. 교리가 종교경험의 '이론적 표현'이라면 의례는 종교경험의 '실천적 표현'이다. 이러한 실천적 표현에서는 사제, 제물과 속죄, 의례행위를 필수 요건으로 한다.[1] 이러한 의례는 인간이 본능적으로 갖고 있는 '외재화' 기능을 잘 드러내 주는 것으로 종교적 경험인 믿음을 외부에 표현하는 행위이다.

뒤르껭은 의례의 기능을 세 가지로 요약한다.[2] 첫째 의례의 수행은 개인의 종교적 확신을 강화하며, 둘째 종교집단은 공유된 의미를 기억하고 종교에 대한 충성심을 강화시키며, 셋째 종교 구성원들이 그 집단의 목표와 일체감을 갖게 한다. 이렇게 의례는 주로 종교 공동체를 통하여 행하여지며 공동체와 밀접한 관계를 가지게 된다. 알퍼트(H. Alpert)도 뒤르껭의 이론을 이어받아 의례의 구성원 통합 기능을 강조하면서 ① 훈련·준비의 기능 ② 응집적 기능 ③ 재활 기능 ④ 행복감의 기능[3]을 말한다. 메리 더글러스(M. Duglus)는 의례를 "언어와 같이 매우 중요한 의사소통의 한 형식"으로 보고, 사회적 정보를 소통하게 하는 언어의 일종이며 사회의 집합적인 감정들을 보충하는데 도움을 준다고 말한다.[4] 이상과 같은 의례의 기능을 정리하면 개인적인 면에서는 종교적 확신감을 강화하고 사회적인 면에서는 구성원의 통합을 강조한 것이라고 볼 수 있다.

종교의례는 크게 네 가지로 나눈다. 첫째 신화적 내용을 모방하고 반복하는 '모방의례', 둘째 개인을 성별하거나, 금지된 행위를 피하게 하는 '긍정적[5] 그리고 부정적 의례', 셋째 신의 진노를 피하거나 즐겁게 하려는 '희생의례', 넷째 삶의 단계를 옮겨가는 '통과의례'가 그것이다.[6]

---

1) 이광규, 291–293쪽.

2) E. Durkheim, p. 420.

3) 이원규, 『종교사회학의 이해』, 137–138에서 재인용.

4) R. Wuthnow 외, 113쪽.

5) 뒤르껭은 긍정적 의례를 희생의례, 모방의례, 기념의례, 속죄의례와 같이 네 가지로 나누어 설명한다. 희생의례를 통해서 신과 인간 사이, 인간 구성원 사이에 유대관계가 강화되며, 기념의례를 통해서 통합기능을 수행하며, 속죄의례는 구성원들에게 위안을 제공한다. E. Durkheim, pp. 366–392.

6) W. A. Lessa and E. Z. Vogt, *Reader in Comparative Religion* (New York: Harper & Row, 1972).

1. 무교의 의례

1) 무교 의례의 종류와 내용

무교의 의례는 시대별로 다양하지만 고대로부터 내려오는 제례와 외래종교와의 습합형태와 민간신앙 형태로 나누어볼 수 있다.

(1) 고대로부터 내려오는 제례

첫째, 시조제는 신라 제2대 남해왕이 처음으로 시조 박혁거세 묘를 세우고 사시로 제사를 지냈는데, 그 후로 역대 왕들은 즉위한 다음에 봄이면 시조제를 지냈다. 백제와 고구려도 마찬가지다. 고려시대 이후에는 조상제로 바뀌어 제사 드렸다.

둘째, 농신제는 선농제, 중농제, 후농제를 위시해서 풍백, 우사, 사직, 영성 등에 대한 제사를 드렸다. 고구려의 수신(禭神)이나 왕모신(王母神)이 산신(産神)이고 보면 이들도 농신제에 속한다. 이러한 농신제들은 주기적인 연중행사였던 관계로 사기 기록에는 별로 나타나지 않고 있으나, 가뭄이 심할 때에 임시로 드린 기우제에 관한 기록들은 남아 있다.

셋째, 산천제(山川祭)는 고구려와 신라 시대 시초부터 지냈고 백제에서도 천지제가 있었는데 이도 산천제와 같은 의미를 가졌다. 산천제가 기우, 제위(除危) 등의 목적을 가진 것을 보면 성문제, 정제(庭祭), 일월성신을 위한 제사, 압악(壓岳), 벽기 등의 제사들도 그 기능상 산천제의 유형에 속한다.

(2) 불교와의 습합형태

가. 팔관회

팔관회는 그 명칭을 보면 불교법회의 하나이나 내용은 민족적 祭典의 반복, 계승이었다. 불교법회인 팔관회는 출가하지 않은 평신도들이 부처님의 가르침을 따라 하루 한밤을 기해 팔계(八戒)를 엄수한다는 수법회(修法會)이다. 이를 팔관재(八關齋)라고도 하는데 팔계는 불살생, 불여취(不與取), 불사음, 불망어(不妄語), 불음주의 5계에 부좌고광대상(不坐高廣大狀), 부도식향발 가무관청(不塗飾香髮歌舞觀聽), 불과중식(不過中食) 3

계를 더한 것이다.

신라 진흥왕 12년(551년)때 시작된 팔관회는 고려말까지 약 800년간에 걸쳐 행해진 한국문화사의 전체를 일관해 온 민족적 제전이라고 할 수 있다.[7] 팔관회를 중시한 고려 태조는 훈요십조에 후세까지 행하도록 당부하고 있다.

> 짐이 원하는 바는 연등과 팔관이 있는데, 연등은 부처님을 섬기는 까닭이요, 팔관은 천령(天靈)과 오악(五岳) 명산 대천 용신을 섬기는 까닭이다. 후세에 간신들이 가감할 것을 건의하면 마땅히 이를 금지할 것이다. 내 또한 당초에 마음에 맹세하여 금일에 국기(國忌)를 범하지 않고 군신동락(君臣同樂)하였으니 마땅히 공경하여 이를 행할 지어다.[8]

팔관회는 10월이나 11월에 복을 비는 제례를 지냈으며, 임금과 신하들이 함께 할 뿐만 아니라 외국 사신들이나 상인들도 함께 참석한 대축제였다. 사방에 등불을 켜 놓고 무대를 만든 궁 뜰에서는 사선악부(四仙樂部)가 참석하여 가무백희를 연출하였으며 며칠씩 주연을 베풀곤 하였다. 이는 연일주야로 음주가무(飮酒歌舞)하여 하느님에게 제사지냈던 고구려의 동맹이나 동예의 무천과 같은 것이었다.[9] 팔관회의 내용은 세 가지로 나눌 수 있는데 ① 기복제 ② 수호제 ③ 위령제의 역할이 그것이다.[10]

나. 연등회(燃燈會)

연등은 본래 부처님에게 대한 공양의 한 양식으로 등공양은 부처님의 덕을 찬양하는 것이었다. 불교의 연등신앙은 재래의 용신신앙 및 광명신앙과 쉽게 습합된 것으로 추측된다. 명칭으로는 불교의 법회라고 하지만 그 내용은 가무 주연을 행하는 전통적인 무교의 신앙을 계승하고 있다. 연등회의 시작은 팔관회와 같이 신라시대부터이다. 『삼국사기』권11, 경문왕 6년(866년)을 보면 "정월 보름에 왕은 황룡사에 행차하여 연등을 보고 백관들에게 잔치를 베풀었다"라는 기록이 나온다.

고려의 연등회를 보면 14일 소회(小會)에는 강안전(康安殿)에 등을 찬란하게 매달고 왕은 백관을 이끌고 봉은사에 거동하여 태조진(太祖眞)을 배알한다. 15일의 대회에는

---

7) 유동식, 『한국무교의 역사와 구조』, 130쪽.

8) 『고려사』, 세가 권2, 태조 26년.

9) 유동식, 『한국무교의 역사와 구조』,134쪽.

10) 위의 책, 136쪽.

제장을 금광전(金光殿)에 꾸미고 가무백희를 행하여 차와 주연을 베풀어 군왕의 만복과 천하의 태평을 기원하면서 군신이 함께 즐겼다. 팔관회와 다른 점은 팔관회가 개성과 평양 양경에서 이루어지는데 비해 연등회는 전국 향읍에서 일제히 베푸는 축제요 의식이었다.[11] 연등회의 내용을 살펴보면 ① 조령제(祖靈祭) ② 호국제 ③ 소재기복제(消災祈福祭)의 기능을 행하였는데 이는 단순히 불교적인 내용이라고는 볼 수 없고, 무교적인 것과의 습합을 보여준다.

(3) 민간신앙 형태

가. 굿

무격(巫覡)에 의한 가무빈신(歌舞賓神)과 제재초복(除災招福)을 위한 종교의례를 굿이라고 한다. 굿은 무격이 가무를 행하며, 신의(神意)를 점치고, 신탁을 전하는 다양한 형태로 진행한다. 그리고 이러한 무격은 ① 사제적 기능 ② 의무(醫巫)적 기능 ③ 예언적 기능 ④ 오락적 기능 ⑤ 신탁의 기능과 그 밖에 사령저주(使靈咀呪) 및 사령공창(使靈公唱)의 기능도 행한다.[12] 굿을 목적과 기능에 따라 나누면 ① 기복제 ② 구병제 ③ 사령제(死靈祭)로 나눌 수 있다.

나. 부락제

부락제는 자연부락 단위로 부락민들이 그들의 평안과 축복을 구하기 위해 연례적으로 산천 신에게 드리는 공동제례이다. 고대로부터 내려오는 제례인 시조제, 농신제, 산천제 중에서 현재 민간신앙으로 남아 있는 것은 산천제뿐으로 이것이 부락제 또는 동제라는 이름으로 알려져 있다. 이 부락제는 근대화의 조류에 밀려 미신이라는 이름으로 많이 없어졌지만 전국 곳곳에서 부락공동체의 안녕과 결속력 유지를 위해 지금도 행해지고 있다.

---

11) 유동식, 『한국무교의 역사와 구조』, 139–140쪽.
12) 위의 책, 207–212쪽.

2) 무교의례에서의 성차별

(1) 시조제

신라 2대 남해왕부터 시작된 시조제는 각 나라의 시조들을 기리는 제사로 그들이 하나님의 아들로서 왕위를 계승했다는 사실을 고하고 선포하는 의식이었다고 이해된다.[13] 신라의 박혁거세, 고구려의 주몽 등 고대국가의 시조들은 모두 남성들이다. 시조제의 목적은 시조의 공덕을 기리고 국가의 안녕과 번영을 기원하는 것으로 성차별과는 직접적으로 관련은 없지만, 간접적으로 시조인 남성들을 숭상하는 의미가 포함된 의례로 볼 수 있다.

(2) 산천제

산천제는 수호와 풍작을 기원하는 제례였다. 중사(中祀)를 지냈다는 오방(五方) 산신제는 단적으로 그것이 수호제였음을 말한다. 이 밖에도 산신제는 구복제(求福祭), 기우제, 제위제 역할을 하였다. 구복제의 기원내용은 여러 가지가 있으나 기자(祈子) 즉 아들을 기원하는 내용도 들어 있다. 여러 복 중에서도 자식 복을 귀중하게 여기고 그 자식 중에서도 아들을 간구하는 내용이 있었다는 것에서 남아선호사상을 엿볼 수 있다. 山川은 천지신명을 뜻하는 것으로 그것을 대표하는 존재가 산신과 용신이다. 산신은 하강한 천신을 상징하는 것이요, 용신은 지모산신(地母産神)을 상징하는 것이다.[14] 산천을 대표하는 산신과 용신에게 제사지내는 것은 풍우와 관련된 풍작만 기원하는 것이 아니라, 인간의 생사화복에 대한 기원도 포함하고 있다.

『고려사』에는 "천지 산천에 제사를 지내고 복을 빌었다"(선종 6년 1089년), "백마산에서 제사를 지내고 태자의 후사 있기를 빌었다"(명종 15년 1185년)는 기록이 있다.[15] 왕이 직접 산천에 제사지내며 태자의 뒤를 이을 아들 낳기를 바라는 것에서 남아를 선호하는 당시 풍습을 알 수 있다.

---

13) 유동식, 『한국무교의 역사와 구조』, 78-79쪽.

14) 위의 책 123-124쪽.

15) 유동식, 『한국무교의 역사와 구조』, 123-124쪽.

(3) 부락제

부락제는 크게 두 가지 형태로 나눌 수 있는데 하나는 유례풍형(儒禮風型)이고 또 하나는 굿놀이형이다. 굿놀이를 다시 무악과 농악으로 나누기도 한다. 유동식은 이를 유교형, 당산굿형, 별신굿형, 도당굿형으로 나누었다.

가. 유례풍형

(가) 제관의 역할

현행 부락제 가운데 가장 보편적인 것이 유례풍형으로 전국의 산신제와 성황제의 대부분이 이러한 형태이다. 이 형태는 제관을 남성으로 구성한다는 특징이 있다. 부락제는 준비과정과 제사로 크게 나누고 준비과정은 다시 제사비용 조달과 택일, 제관의 선발, 제물의 준비로 나눈다. 마을마다 제사의례는 약간의 차이가 있지만 대표적인 강원도 장성읍 창죽리의 제사 차례를 보면, ① 강신 ② 헌작 ③ 고축(告祝) ④ 아헌(亞獻) ⑤ 재배 ⑥ 종헌 ⑦ 재배 ⑧ 긴절(府伏) ⑨ 사신(辭神) ⑩ 소지 ⑪ 이신(離神) 봉헌(奉獻) ⑫ 음복으로 나누어진다.

부락제 준비과정에서 제관의 선발은 매우 중요하다. 부락을 대표하여 제사지낼 사람이므로 산고나 상(喪)이 없었던 정한 집의 남자로서 필요에 따라 1인에서 3인까지를 뽑는다. 이 뽑힌 제관들은 부락제에 앞서 일정기간 목욕재계하고 금기를 지킴으로써 몸과 마음을 정결케 해야 한다. 이 제관이 마을 전체 가구가 추렴하여 조달하는 제사비용과 제일 택일에도 일정 부분 관여하게 된다.

(나) 제사 절차

제관은 부락제 당일 제사의례에서 다음 절차에 직접 관여하고 여성 등 다른 사람의 참여는 제한된다.

① 강신 : 제관이 분향하고 강신주를 땅에 붓거나 강신 제기에 붓고 다시 신위 앞에
　　　　놓음으로써 신을 불러 들인다.

② 헌작 : 제관이 신령에게 술잔을 바친다.

③ 고축 : 제관이 축문을 읽거나 축원을 구두로 고하기도 한다. 축문의 내용은 신덕
　　　　을 찬양하고 부락의 수호와 축복을 비는 내용이다.

④ 아헌(亞獻) : 제관이 신령에게 두 번째 술잔을 바친다

⑤ 재배 : 제관 일동이 재배함으로써 신에게 접근하며 이것은 제차 사이 사이에도
　　　　한다.

⑥ 종헌(終獻) : 제관이 신령에게 마지막 술잔을 바친다

⑧ 긴절(俯伏) ⑨ 사신(辭神) ⑪ 이신(離神) : 제관이 신령에게 부복 배례함으로써 신
　　령을 돌려 보낸다

⑩ 소지(燒紙) : 제관이 한지를 태워 신령에게 올리며 축원한다[16]

(다) 성차별적 내용

　부락제는 유교의 가례제사법과 유사하므로 제관이 제주 역할을 하며, 부락민은 가족에 해당하며, 산신은 신주(神主)에 해당한다. 이 중에서 가장 주도적으로 부락 제사 행위를 이끌어 가는 사람이 제관이다. 이 제관은 부락제의 준비과정에서도 택일과 제비 조달, 제물 마련 등에서도 상당한 영향력을 행사한다.

　그리고 이 제관은 제사의례에서 ① 강신 절차에서부터 ⑩ 소지에 이르기까지의 절차를 주도적으로 처리하는데, 이는 제사의 세 단계인 영신(迎神), 오신(娛神), 송신(送神) 절차를 제관이 다 행하는 것이다. 다만 제사의례 후의 철상 등 마무리 절차는 여성들의 몫인 경우가 많다. 이렇게 부락제의 중요한 역할을 제관인 남성만이 행하도록 규정함으로써 매년 행하는 마을 전체의 행사에서 남성 우월의식을 심어줄 수 있다.

나. 당산굿형

　이것은 주로 호남지방의 부락제인데 전남 완도읍 장좌리의 제사 절차를 보면 다음과 같다. 먼저 당제는 ① 참신 ② 독축(讀祝) ③ 재배 ④ 헌작 ⑤ 소지 ⑥ 뒷전 ⑦ 음복의 절차를 거치고, 당제를 지낸 후 행하는 농악은 ① 우물굿(용신굿) ② 가가호호 매구(埋鬼)치기를 행한다.[17]

　당산굿형의 특징은 유례풍의 산신제와 무풍(巫風)의 농악이 혼합된 형태로 부락제가 2부로 나누어진 것에 있다. 주된 제사자는 제관과 농악대원으로 나눌 수 있는데 이때 제관은 1부 산신제에서 신령을 맞이하고 축문을 읽고, 헌작과 소지 등에서 주도

---

16) 유동식, 『한국무교의 역사와 구조』, 244-245쪽.

17) 유동식, 『한국무교의 역사와 구조』, 246-248쪽.

적 역할을 한다. 이 제관도 남성으로 유례풍형과 같이 마을행사에서 남성우월의식을 심어줄 수 있다.

다. 별신굿형

3년마다 행하는 충남 은산(恩山)의 제사 절차를 보면 ① 당굿 ② 제사 ③ 하당(下堂)굿[18] ④ 독산제(獨山祭) ⑤ 장승제 순서로 행한다.[19]

별신굿은 시장의 번영을 위해 성황신에게 드리는 특별 신사(神祀)라는 의미도 있고, 남쪽 지방에서 주로 어민들이 하는 굿의 한 가지라고도 한다. 이 굿의 특징은 해마다 하는 동제가 아니라 3년마다 또는 10년 만에 행하기도 한다. 별신굿도 그 구조상 당산제와 크게 다를 것이 없지만, 다만 마을의 농악대 대신 직업적인 무당들이 마을의 제관과 공동으로 굿을 진행해 간다는 데 차이가 있다. 제차에 있어서는 당산제와 같이 1부, 2부가 분명하게 나누어 있지 않고, 무당에 의한 굿과 제관에 의한 제사가 서로 엇갈려 있다. 제사는 남성인 제관에 의해 강신, 참신, 독축, 소지 등의 절차가 행해지므로 남성중심적이고 남성 우월적인 의식을 심어줄 수 있다.

라. 도당(都堂)굿형

도당굿형의 제사 절차는 ① 부정(不淨) ② 가망청배 ③ 진적 ④ 초가망 ⑤ 만신나라 공주 ⑥ 조상거리 ⑦ 산신놀이 ⑧ 산신 부인 ⑨ 산신 신장(神將) ⑩ 산신 도령 ⑪ 서낭거리 ⑫ 도당굿 ⑬ 소지 ⑭ 뒷전 ⑮ 음복 등을 차례로 행한다.[20]

도당굿은 그 부락의 수호와 식재초복(息災招福)을 목적으로 한 산신굿으로, 주연을 베풀면서 부락민이 가무로서 산신령의 신덕을 찬양하는 축제이다. 도당굿형의 특징은 당산제나 별신굿과는 달리 제사 절차가 없이 무당들에 의한 굿으로 始終하며, 마을 사람으로 化主를 뽑아 산신을 봉안하고 배례하며, 끝에 소지 절차를 행한다.

---

18) 시장에서 동내 평안과 시장번영을 위한 굿을 말한다.

19) 위의 책. 249-250쪽.

20) 유동식, 『한국무교의 역사와 구조』, 252-253쪽.

2. 불교의 의례

1) 수계의례에서의 성차별

수계란 행동규범인 계를 불자답게 지키겠다는 것을 약속하는 것으로 불교인이 되는 첫 관문이다. 비구니가 되려고 하는 여성은 승단에 들어오기 전에 두 단계를 통과해야만 한다.

(1) 사미니 10계

정출가(正出家)의 서약을 받은 후에 초보 수행자인 사미니는 10계를 받는데 이는 사미가 받는 10계와 같은 내용이다.

<사미(沙彌)·사미니(沙彌尼) 10戒>

① 살생하지 말라

② 도둑질하지 말라

③ 음행하지 말라

④ 거짓말하지 말라

⑤ 술마시지 말라

⑥ 아무 때나 밥먹지 말라

⑦ 노래하고 춤추며 놀지 말고 그런 것을 보며 즐기지도 말라

⑧ 화장하지 말며 꽃다발을 쓰지 말라

⑨ 높은 자리에 올라 거드름 떨지 말라

⑩ 금은 보화를 멀리 하라

(2) 식차마나 6법계(法戒)

식차마나 6법계는 여성출가자에게만 부과된 계이다. 출가한 여자가 18세가 되면 이 계를 받는다. 수습기간 중의 수행녀인 식차마나는 5계인 ① 불살생 ② 불투도(不偸盗) ③ 불사음(不邪淫) ④ 불망어(不妄語) ⑤ 불음주(不飮酒)에다 여섯 번째 戒인 "때가 지나서 밥을 먹지 말라"는 '불비시식(不備時食)'을 더해 엄격하게 지켜야만 한다. 이 6법을 2년 동안 잘 지켜야만 구족계를 받을 수 있다. 이는 남성 출가자에게는 없는 절차이

고, 식차마나 6법계는 사미니 10계에 모두 있는 내용이므로 굳이 따로 지켜야 되는지 의문시된다. 출가 여성의 임신 여부를 검증하는 기간이라지만 임신 판별은 전문가의 검증절차 등 다른 방법으로도 얼마든지 검증할 수 있으므로 이는 성차별적이고 매우 불합리한 제도이다.

(3) 비구니 구족계(具足戒)

비구니의 구족계는 승단에 완전히 귀의함을 허락받는 절차로 육법계를 마친 식차마나가 받는 가장 크고 완벽한 계이다. 비구는 250계를 받는 반면에 비구니는 348계를 받아야 한다. 또 비구니는 비구와 비구니 두 승가로부터 받아야 한다. 율장에 의하면 10명의 비구니와 10명의 비구로 구성된 수계사와 증사 앞에서 수계를 받도록 되어 있으며,[21] 그 절차는 다음과 같다.[22]

① 명종(鳴鐘) : 종을 울림
② 개회
③ 거향찬(擧香讚)
④ 반야심경 독송
⑤ 청성(請聖, 삼보를 청함)
⑥ 개도(開導, 깨우쳐 인도함)
⑦ 참회
⑧ 연비 : 팔이나 손끝에 향불 혹은 심지불을 피워 굳은 의지를 다짐함
⑨ 삼귀의
⑩ 선계상(계를 조목조목 설하여 줌)
⑪ 발원(계사가 선창, 수계자들이 따라함)
⑫ 回向

구족계 수계의례와 관련한 성차별을 정리해 보면 다음과 같다.[23]

---

21) 까르마 렉시 쏘모, 『비구니 율장은 성차별적인가』, 『비구니와 여성불교 2-1』 (한국비구니연구소, 2003), 242-243쪽.

22) 문화체육부, 『한국종교의 의식과 예절』 (문화체육부, 1995), 111-112쪽.

23) 까르마 렉시 쏘모, 317-320쪽 참조.

첫째, 출가여성이 구족계를 받으려면 2년간의 식차마나 절차를 거쳐야 한다. 출가 남성은 구족계만 받으면 바로 비구가 될 수 있었지만[24], 여자는 2년 동안의 식차마나 단계를 거쳐야 한다.

둘째, 비구보다 98개조나 많은 구족계를 지켜야 된다. 비구는 250계를 지켜야 하는 반면에 비구니는 348계를 지켜야 한다. 구족계 내용에 대한 자세한 설명은 5장의 불교 공동체에서 설명한다.

셋째, 비구와 달리 2부 승가 앞에서 구족계를 받아야 한다. 비구는 비구 승가 앞에서 구족계를 받으면 되지만, 비구니는 10명의 비구니 수계사와 증사 외에 10명의 비구 수계사와 증사 앞에서 구족계를 받아야 하는데 2,500년 전에는 수계사와 증사 모으는 일도 어려운 일이었다고 본다. 그리고 비구니 승가 앞에서 출가녀의 자질에 관하여 24가지 질문에 답하고 다시 비구 승가 앞에서 같은 24가지 질문에 대답해야 되는데 이는 매우 불합리한 절차로 본다.[25] 이때의 질문 속에는 성행위에 관련된 질문도 포함되는데 비구 앞에서 이러한 질문에 수행녀가 대답하는 것은 매우 난처하였을 것이다.

넷째, 수계를 내리는 비구와 비구니의 자격에서 법랍에 차이가 있다. 수계를 내리는 비구니는 수계 받은 지 12년이 지나야 되지만 비구는 수계 받은 지 10년이 지나면 된다.

다섯째, 비구니는 한 해에 한 명의 제자만 수계시킬 수 있다. 비구니가 이를 어기면 파일제를 범하게 된다. 그렇지만 비구는 수계시키는 제자의 수에 제한이 없다. 이상과 같은 구족계 수계절차에서는 비구와 달리 비구니에게는 여러 가지 차별이 가해지고 있다.

---

24) 비구의 종류 중에서 '善來 比丘'는 석존이 '善來 比丘'라고 부름에 의해 구족계가 주어진 1,250 비구를 말하며, 三歸依 비구는 삼귀의를 외우고 구족계를 받은 비구이며, 白四羯磨 비구는 如法하게 수계절차를 거친 비구를 말한다.(『비구니와 여성불교 2-1』, 84-87쪽)

25) 까르마 렉시 쏘모, 317-318쪽.

2) 포살(布薩)의례에서의 성차별

(1) 포살의 의의

포살은 "스스로 자신의 허물을 대중 앞에 드러내 고백하는 참회의 절차"를 말한다.[26] 자자(自恣)는 대중 앞에서 서로 상대방의 허물을 드러내는 것으로 타율적으로 나의 잘못이 폭로되는 데 반해 포살은 스스로 허물을 드러내는 자율적인 성격을 갖는다. 시기적으로는 자자가 하안거 마지막 날에 행해진 것에 반해 포살은 하안거를 제외한 기간에 행해졌다.

(2) 포살의례의 절차

『증일아함경』에 의하면 포살의식은 매월 6번(8일, 14일, 15일, 23일, 29일, 30일) 거행하도록 되어 있으며 『사분율』의 『설계건도』(說戒健度)에 의한 포살의례 절차는 다음과 같다.[27]

① 포살 날에 대중들을 재집포살당 또는 설계단에 모이게 한다.
② "오늘은 대중들에게 戒를 설하오"라고 외친다.
　　이후 모든 대중들이 한 자리에 모이면 율사는 다음과 같이 말한다.
③ "대덕 스님들이여, 내가 이제 바라제 목차의 계를 말하리니 자세히 듣고 생각하시오. 만일 스스로가 범한 것이 있는 줄 알거든 참회하시오 범하지 않았거든 잠자코 계시오. 잠자코 계시므로 여러 스님네가 청정한 줄 알겠습니다. ＿ 율사가 대중에게 세 번까지 물어 자기의 죄를 기억하게 하여도 참회하지 않으면 고의로 거짓말한 죄를 얻습니다. …… 내가 이제 계를 설하겠습니다."
④ 비구 포살에서는 250계, 비구니 포살에서는 348계를, 사미와 사미니 포살에서는 각각 10계의 항목을 세 번씩 되풀이하여 묻는다.
⑤ 참석 대중들은 그 질문이 자기를 향해 물은 것으로 알아듣고 스스로의 잘못이 있으면 드러내어 참회한다.[28]

---

26) 정각, 191-192쪽.
27) 위의 책, 193-194쪽.
28) 정각, 193-194쪽.

(3) 포살의례에서의 성차별

포살의례에서 비구에게는 250계를 세 번씩 묻고 스스로 참회하도록 한다. 그렇지만 비구니에게는 비구보다 훨씬 더 많은 348계를 세 번씩 묻고 참회하여야 한다. 『사분율』과 같은 경전에 교리로 구족계가 고착되어 버리면 의례로 매달 6번이나 반복해서 출가승들은 지키게 되고 일반인들도 그것이 합법적이고 당연한 것으로 인식하게 된다. 비구니만 지키게 되는 98계 중에는 "새로 된 비구를 업신여기지 말라", "비구의 절에 (비구니의) 탑을 세우지 말라" 등과 같이 성차별적이거나 불합리한 내용도 상당수 있다. 이에 대한 자세한 설명은 4장 2. 불교의 승가, 구족계의 차별문제에서 다룬다.

3) 칠성불공의 기원내용

(1) 칠성불공의 유래

『송사(宋史)』의 『외국열전』 '고려'조에 보면 "정월 7일에는 서왕모(西王母)의 초상을 그려 받들고……"[29]라고 기록되었는데 이에 의하면 칠성불공은 고려시대 이전부터 행해져 왔다고 볼 수 있다. 여기서 서왕모는 북두칠성 또는 북극성을 상징한다. 북극성으로서 치성광여래 및 하늘의 해와 달로서 일광보살·월광보살과 함께 칠성각에는 28수의 별들의 무리가 탱화로 그려져 있다. 이들 별들의 무리가 인간 수명을 관장하고 있다는 믿음에서 사람들은 칠성각에서 금륜보계(金輪寶界)의 치성광여래 및 그 좌우 보처(補處)인 일광보살과 월광보살, 그리고 북두대성의 칠원성군(七元星君)과 함께 하늘을 에워싸고 있는 28수 별들의 무리 등에게 자손창성 및 수명장수를 기원한다.[30]

(2) 칠성불공 의례

현재 칠성각에서 행해지고 있는 칠성불공 소청의식(所請儀式)의 절차를 『석문의범』에 의거하여 정리하면 다음과 같다.[31]

① 법주는 목탁을 치며 "나무(南無) 금륜보계 치성광여래불 나무 좌우보처 양대보

---

29) 위의 책, 324쪽.
30) 정각, 191-192쪽.
31) 위의 책, 324-326쪽 참조.

살 나무 북두대성칠성원군"의 거불(擧佛)을 행한다.

② 요령을 흔들며 "보소청진언"을 세 번 설한다.

③ 유치(由致)[32]의 계를 설한다.

④ 목탁을 치며 향화청을 3번 독송하고, "위광편조십방중(威光遍照十方中) 월인천강 일체동 사지원명제성사 분림법회이군생 고아일심귀명정례"를 가영(歌詠)한다.

⑤ 헌좌진언을 행한다.

⑥ 다게(茶偈)를 행한다.

⑦ 북두칠성 및 일광·월광보살과 28수 외 제성 군중(諸星 群衆)에 대한 청사(請詞)를 행한다.

⑧ 목탁소리에 맞춰 '나무 북두대성 칠원성군…'의 정근이 이어진다.

⑨ 목탁을 치며 '정법계진언'을 행한 후 다게를 독송한다.

⑩ 법주가 요령을 흔들며 "향수나열 재자건성…" 게송 등을 행한다.

⑪ 대중이 게송에 따른 공양례를 행한다.

⑫ 보공양진언(3說) 및 보회향진언(3설)과 함께 원성취진언(3설), 보궐진언(3설)을 행한다.

⑬ "자미대제통성군 십이궁중태을신……귀명정례(歸命正禮)"게송을 행한다.

⑭ 축원을 함으로써 전체 행법을 마무리 한다.

(3) 칠성불공에서의 기원 내용

칠성불공의 목적이 자손창성과 수명장수인데 이 때의 '자손창성'은 여아보다는 가계를 계승하고 제사를 봉송하는 남아의 창성을 위한 것으로 본다. 이에서 남아를 중시하는 당시 문화를 알 수 있고 이러한 기원이 의례절차에서 나타난다.

먼저 ⑦ 제성군중의 청사의 내용을 보면 "나무일심봉청(南無一心奉請) 북두제일 자손만덕… 북두제이 장난원리(障難遠離)… 북두제삼 업장소제(業障消除)"[33]이 나오는데 맨 먼저 "북두 제일 성(星)에게 자손에게 만덕을 베풀어 줄 것을 일심으로 봉청"하는 내용이 나온다. 그리고 마지막으로 행하는 ⑭ 축원에서도 그 내용을 살펴보면 "……자손창성 부귀영화 안과태평 수명장원(壽命長遠)……"[34]과 같은 내용인데 이는 자손의

---

32) '유치'란 불보살을 청할 때 그 이유를 먼저 말하는 일을 말한다.
33) 정각, 325쪽.

번창과 부귀영화 및 수명장수를 기원내용으로 한다. 이상과 같이 칠성불공에서의 기원 내용을 보면 그 중심이 자손의 번창과 장수인데 이에서 남아선호사상을 볼 수 있다.

3. 유교의 의례

1) 유교의례의 분류 및 체(體) · 용(用) 구조

(1) 유교의례의 분류

유교문화를 '의례 문화'라고 할 만큼 의례는 유교를 구성하는 핵심적 요소이다. 유교 의례의 분류는 적용 범위에 따라 국가 의례, 학교 의례, 향촌 의례, 가정 의례로 구분한다.[35] 이 가운데 전통사회에서 대중에게 가장 일반화된 유교 의례는 가정 의례이다. 가정의례의 표준으로 일컫는 『주자가례(朱子家禮)』에서는 가례를 관혼상제의 4례로 구분하고 있다.

<예(禮)의 분류체계>

① 2分 : 곡례(曲禮), 경례(經禮)

② 3分 : 주례, 예기, 의례

③ 4分 : 왕조례, 향례(향음주례, 향사례, 士相見禮), 학교례, 가례

④ 4分(4례, 家禮) : 관례, 혼례, 상례, 제례

⑤ 5分(5례, 국조례) : 길례, 흉례, 빈례(賓禮), 군례, 가례

(2) 유교의례의 체 · 용 구조

주희는 『주자가례』 서문에서 먼저 예를 '本'(근본원리)과 '文'(제도 절차)의 체 · 용구조로 제시한다. 예의 '본'은 명분을 지키고 愛敬을 실행하는 것을 말하며, 예의 '文'은 관혼상제의 의장(儀章)과 도수(度數)를 가리킨다.[36] 이때 불변의 근본원리인 예의 '本'은 일용의 상체(常體)이므로 매일 수행해야 하는 것이지만, 기강과 人道의 시작과 끝을

---

34) 위의 책, 326쪽.

35) 금장태, 『유교의 사상과 의례』 (예문서원, 2000), 203–204쪽.

36) 『성리대전』 권19, 1, 『家禮 序』

이루는 예의 '文'은 그 시행에 때와 장소에 따른 분별이 있어 고금의 변화에 따라 변용할 수 있는 것이다. 주희는 특히 예의 '文'을 설명하면서 "그 절도를 평소에 강론하여 밝히고 익숙하게 익히지 않으면 일이 닥쳤을 때 마땅함(宜)에 합치하고 절도(節)에 맞게 할 수 없을 것이라고 하여 매일 같이 강습할 것"을 강조한다.[37]

의례의 근원이 되는 '마땅함'이란 바로 유교의 근본원리인 천리에 근거하는 것이며, 의례의 형식이 되는 '절도'는 바로 이 천리를 인간행위의 형식으로 구현한 것이다. 유교의례를 본과 문의 체·용 구조에서 보면 근본원리의 불변성과 의례절차의 가변성을 동시에 내포하고 있지만, 조선 유교는 가변성보다는 불변성에 강조점을 두고 일반 서민까지 구속했다고 본다. 『주자가례』는 사대부 층만 수행하는 것이 아니라 국문으로 번역되어 일반 대중에게까지 널리 권장되어 생활화하였기 때문에 조선 중기(17세기) 이후에는 가례가 보편화[38]되었다고 볼 수 있다.

2) 제례(祭禮)의 절차

유교 의례의 중심은 제사 의례이며, 이는 거룩한 장소와 시간에서 조상의 영혼을 기리는 것이다. 도이힐러(M. Deuchler)는 제례를 통하여 동족 집단이 일체감을 형성하며, 집단의 氣가 활성화되며, 후손들은 조직화된다고 말한다.[39] 『사례편람(四禮便覽)』에 의하면 제례의 종류는 사당제, 사시제, 녜제(禰祭), 기제(忌祭), 묘제의 다섯 가지로 나눈다. 제사의 기본 구성요소는 ① 제사의 대상인 神 존재 ② 신을 모시고 제사를 드리는 제장(祭場)인 단(壇) 또는 묘(廟) ③ 제사를 드리기 위해 갖추어야 할 조건인 제기, 제수, 제복, 제관 ④ 제사행위의 절차인 제차 등이 있다. 제차는 크게 준비과정, 본 과정, 마무리 과정의 세 단계로 나눈다.[40]

(1) 준비과정(심신의 정화)

첫째, 재계(齋戒)를 행하는데 이는 제사를 드리기 위한 준비로 먼저 제주가 자신의

---

37) 위의 책, 권19, 1,『家禮 序』.

38) 박영례,『성차별의 정당화 장치로서의 종교제의에 대한 연구』,『종교학연구 5』, (서울대종교학연구회, 1985), 85쪽.

39) M. Deuchler,『한국사회의 유교적 변환』, 이훈상 역, (아카넷, 2003), 192쪽.

40) 금장태,『유교의 사상과 의례』, 211-218쪽.

몸과 마음을 정화하는 과정이다. 재계에는 내재와 외재가 있다. 내재는 잡념을 버리고 세상사를 멀리하며 내심으로 조상의 생전의 언동을 생각하고 성심으로 조령(祖靈)을 맞이할 준비를 하는 것이다. 외재는 동침을 삼가고 문상을 금하며, 음주를 삼가며, 제일 전일에 목욕재계함을 말한다.

둘째, 진설(陳設)은 제구와 제수를 일상생활에 사용하는 것과 엄격하게 구별하여 정결하고 정성스럽게 다룸으로써 신의 뜻에 맞도록 하는 것이다.

(2) 본 과정(神·人의 교류)

첫째, 참신(參神)과 강신(降神)의 단계이다. 참신은 제사의 시작단계로 먼저 사당에 가서 고하고 신주를 모셔와 자리에 안치한 후 주인이하 참여자들이 재배를 하고 조상신을 뵙는 의식으로 영신(迎神)의 의미를 지닌다. 참신에 이어 향을 사르고 강신주를 뿌림으로써 신을 불러오는 강신을 한다.

둘째, 진찬(珍饌), 전폐(奠幣), 헌작(獻爵), 독축(讀祝)의 단계이다. 이 네 과정은 후손이 조상신에게 봉헌하는 단계이다. 진찬은 신에게 제물을 바치는 행위로 살아계신 부모를 섬기는 것처럼 효의 정성을 다해야 한다.

전폐는 폐백을 올리는 행위이며 헌작은 초헌, 아헌, 종헌으로 세 번의 술잔을 신에게 올리는 행위이다. 독축은 제주의 곁에서 축을 읽는데 이는 신과 제주 사이에서 의사전달을 대신해 주는 중요한 역할을 한다. 가례에서는 초헌을 드리고 나서 독축을 행한다.

셋째, 흠향(歆饗), 강복(降福)의 단계이다. 흠향은 조상신이 제물을 받는 것을 말하며, 강복은 조상신이 제물을 받고 후손에게 복을 내려주는 것을 말한다. 이 단계는 조상신이 후손의 제사를 받고 복을 내려줌으로써 응답하는 단계이다.

넷째, 음복, 송신의 단계이다. 음복은 제사를 지내고 난 뒤에 제주가 제상에 놓인 술을 마시는 것을 말한다. 마무리 과정의 분준과는 달리 제주만이 음복을 한다. 송신은 제사를 지낸 뒤 조상신을 보내는 과정을 말한다. 제관들이 모두 절함으로 조상신을 보낸다.

(3) 마무리 과정

먼저 망료(望燎)는 제사의 본 과정이 끝나고 제사때 신에게 바쳐졌던 제물은 후손들의 복으로 되돌려 받지만 신위로 사용되었던 지방과 신에게 올린 축문, 예물로 드려진 폐백은 신의 것이므로 불태워 신에게 돌아가게 하는 것이다.

마지막으로 분준(分餕)이 있다. 제사의 본 과정에서는 제주만이 음복하였으나 분준에서는 친족이 항렬 순으로 줄지어 재배한 후 손위 어른부터 차례로 음복하는 것을 말한다. 이 단계에서는 제사에서 조상신이 내린 축복의 의미를 함께 나누는 잔치의 성격을 지닌 것으로 제의의 경건함과 축제적 성격이라는 양면성을 동시에 보여 준다.

3) 유교의례에서의 성차별

제례 절차나, 서열체계, 제례 공간상의 성차별이 있는데, 여성들은 제사 역할의 제한, 향제자의 지위 배제, 제장 출입의 제한 등의 차별을 받는다. 제례에서도 남선여후(男先女後)의 원칙이 지켜지는데, 이러한 원칙은 가부장권의 확립에 기여하게 되며 이는 곧 성차별 이데올로기를 외재화하는 것이 된다. 이곳에서는 조상숭배 제의(祭儀)의 본질과 가장 가깝다고 생각되는 기제사(忌祭祀)를 중심으로 살펴보기로 한다.

(1) 제례 절차상의 차별

제례절차상의 여성 차별 내용을 정리하면 먼저 신주를 받들어 모시는 출주(出主)에 단설(單設)인 경우 여자는 참여하지 않고, 참신 단계에서 남자가 2배 하는데 비해 여자는 4배 하며, 아헌은 보통 맏며느리인 총부가 하도록 되어 있지만 제주에 의해 다른 사람으로 결정되는 경향이 있다.[41] 여성은 준비과정에서 진설에 관여하고, 마무리 과정의 철상, 음복 준비에는 주도적으로 관여하나, 가장 중요한 신·인이 교류하는 제사의 본 과정에는 밥그릇을 열고 수저를 꽂는 계반삽시와 아헌을 제외하고는 아예 배제되어 있어 제례는 그 절차에 있어서 상당히 성차별적이다. 제례 절차는 아래 순서와 같다.

---

41) 박영례, 86-89쪽.

가. 출주

날이 밝으려 할 때 신주를 받들어 모시는 의식을 말한다. 제주 이하 제사의 참여자들이 사당 앞에 나아가 차례로 늘어선다. 이때 제주가 동쪽 섬돌로부터 올라가 사당 문을 열고 분향을 한 뒤 고한다. 양위를 모실 때에는 考位를 제주가 모시고, 주부가 비위(妣位)를 각기 인도하여 정침에 모시지만, 기제사인 경우 단설인 집안에서는 원래 여자는 출주에 참석하지 않는다.[42]

나. 진설(陳設)

장만한 제물을 제상에 올리는 과정으로 주부가 음식을 소반에 담아 마루까지 가져다주면 제주가 받아서 제상에 진설한다.

다. 참신(參神)

주인 이하 참여자가 차례로 늘어서서 절을 하되, 남자는 2배하고 여자는 4배하는 것이 보통이다. 참신 이후의 과정은 여성의 참사 여부를 거론하는 준거가 되는데 보통 여성은 역할이 제한된다.

라. 강신(降神)

제주가 분향하고 꿇어앉으면 집사가 술잔에 술을 따라 제주에게 준다. 제주는 두 손으로 받아 왼손으로 잔대를 쥐고 오른손으로 술잔을 들어 모사(茅沙)에 약간 부은 다음 술잔을 집사에게 주고 재배한다. 여성의 역할이 없다.

마. 초헌(初獻)

제주가 신전에 드리는 술잔이다. 제주가 신전에 꿇어앉으면 집사가 잔을 올린다. 제주가 향로 위에서 잔을 세 번 돌려 맑게 한 후에 모사에 조금씩 세 번 부은 후 집사에게 도로 잔을 주면 그는 그것을 考位 앞에 먼저 놓고 다음 잔을 받아 비위 앞에 놓는다.

---

42) 박영례, 87쪽.

바. 아헌(亞獻)

두 번째 술잔은 주부가 드리는 것으로 예서에는 규정되어 있으나 실제는 이와 다르게 행해지는 것이 보통이다.

사. 종헌(終獻)

마지막 술잔을 올리는 의식으로 근친 남자가 드린다.

아. 유식(侑食)

신에게 음식을 권하는 절차이다. 제주가 종헌을 올린 잔에 조금씩 술을 세 번 부어 잔을 채우고, 그 다음에는 향안(香案)의 동남쪽에 선다.

자. 계반삽시

신이 메를 드실 수 있도록 밥그릇을 열고 수저를 꽂아주는 절차이다. 숟가락은 그 바닥이 동쪽으로 가도록 꽂고 젓가락은 자루가 동쪽으로 가도록 하되 접시 가운데 놓는다. 이 계반삽시는 주부가 행하는 것으로 인정하고 있다.

차. 합문

참사자 모두가 제장에서 나와 신이 음식을 들도록 조용히 기다리는 절차이다. 동서 양방에 각기 제주와 주부가, 그들 뒤에는 또한 남자와 여자가 서 있거나 국궁해 있는다.

카. 계문(啓門)

제주가 기침을 세 번 한 후에 참사자들이 제 자리에 돌아가 서는 것을 말한다. 이때 국 그릇을 걷고 숭늉을 신위 앞에 놓기도 한다.

타. 사신(辭神)

신에게 감사하는 절차이다. 참사자 일동이 모두 재배하고 신주는 사당으로 모셔지며 지방과 축문은 소각된다.

파. 철상(撤床)

철상은 제사를 끝낸 후에 제물을 치우는 과정이다. 이 일은 주부가 관장한다.

하. 음복(飮福)

음복은 조상이 주신 음식을 참사자 및 온 가족이 나눠 먹는 절차이다. 이를 위한 준비도 모두 여성이 담당한다.

(2) 서열 체계상의 차별

가. 향제자(享祭者)

제사에서의 서열은 향제자, 봉사자, 일반적인 제사 참여자로 구분하여 볼 수 있다. 먼저 향제자는 제사의 대상이 되는 조상을 말하는데, 제주의 4대 부계(父系) 직계존속친인 경우에는 남녀 관계없이 자격을 갖는다. 부모는 고비(考妣)로서 한 쌍을 이루므로 부의 기제사에는 모의 신주도 합석하여 제사를 받게 한다. 여기에서 향제자의 자격을 부의 직계존속친으로 한정하는 것은 가부장적인 성차별을 드러낸 것이다.

양위가 모셔진 제사과정을 보면 고위(考位)와 비위(妣位) 간의 서열체계가 확연하게 드러난다. 제주가 드린 초헌을 집사가 받아서 먼저 고위 앞에 놓고 그 다음 잔을 비위 앞에 놓는다. 아헌과 종헌도 마찬가지로 고위를 비위보다 우선한다.[43] 돌아가신 분의 서열체계도 남선여후의 원칙이 따른다.

나. 봉사자(奉祀者)

봉사자의 경우는 남녀간에, 그리고 동일한 성 간에도 친소(親疎)간의 구별이 엄격하다. 봉사자는 보통 문중으로 불리는데 이는 부계 혈연자의 집단으로 다음과 같은 특징이 있다.

① 문중은 부계의 공동 조상에게 제사드리기 위하여 조직된 집단이다.
② 이 집단은 부계의 친자손, 즉 4대조의 입장에서 보면 자손, 증손, 현손으로 이루

---

43) 박영례, 89-90쪽.

어진 것이며, 4대손의 입장에서 보면 형제, 사촌, 6촌, 8촌, 백숙부, 당숙, 재당숙, 종조부, 재종조부, 종증조부로 이루어진다. 여기에 사위(婿)와 외손은 제외된다.

③ 이 집단에는 아들과 딸이 모두 없는 경우와 딸만 있는 경우에는 동성동본의 자(子)를 입양시켜 그로 하여금 봉사하게 한다.[44]

조선중기 이후의 봉사자의 서열체계를 보면 적장자가 우선이며 중자, 양자, 첩자의 순으로 되어 있으며, 여자에게는 아예 봉사의 자격이 주어지지 않으므로[45] 매우 성차별적이다.

다. 참사자

제례의 절차에 주부도 부분적으로 참여하게 된다. 예서에 나타난 여성의 참사 내용을 보면 출입례에서 분향, 고축, 재배를 행하며, 참례, 천신례, 고사례에서 출주, 염주를 행하며, 사시례, 이제, 기일제에서 출주, 염주와 아헌을 행한다.[46] 묘제에서는 여성은 아예 제외되어 있다. 예서상으로는 여성의 참여가 어느 정도 보장되지만, 실제 관행에서는 거의 제외되고 있는데, 기제사의 경우 경북 안동과 월성지방 및 충남 섬지방에서만 여성이 나타나고 그 밖의 지역에서는 거의 나타나지 않는다. 경북지방의 자료에서는 주부가 아헌을 드리는데, 그것도 남자가 없을 경우에 또는 제주의 장자가 어릴 때 드리는 것으로 되어 있다.[47] 여성이 제사에 참여하는 경우에도 남성보다 열등한 위치에서 열등한 자격으로 참여하게 된다.

(3) 제례 공간상의 차별

음양론에 근거한 내외의 구분은 제례에서도 공간상의 차별로 나타난다. 제사절차에서 여성들이 참여하는 것은 제사의 준비과정과 마무리과정이므로 제례 공간상으로 보면 제장이 아닌 부엌이나 일상적인 俗의 공간에서 이루어진다. 반면에 남성은 제사의 본 과정을 담당하고 있기 때문에 제장, 즉 성스러운 장소에서 행하게 된다. 이를

---

44) 박영례, 90–92쪽.
45) 위의 책, 같은 면.
46) 위의 책, 92–94쪽.
47) 위의 책, 93쪽.

정리해 보면 남/녀, 성/속, 중심/주변의 이원적 구조들이 서로 유비관계를 이루는 것으로 나타난다.

실제 제사 절차에서 살펴보자. 먼저 진설을 할 때는 주부는 제물을 담은 소반을 들고 제장의 경계까지 가면 남자가 두 팔을 뻗어 제물을 받아 제상에 올린다. 참신의 과정에서도 여성은 설혹 참석하더라도 그 위치가 따로 정해진다. 제장이 방일 경우에는 마루가 되고, 마루일 경우에는 마당이 되거나 안방이 된다. 강신의 과정에서도 향제자의 남녀 구분에 따라 공간 구분이 이루어진다. 양위를 모시는 경우 고위는 제주의 위치에서 좌편에, 비위는 우편에 모셔진다. 사자(死者)의 경우에는 좌편이 우편보다 중요시되기 때문이다. 진찬(進饌)의 경우에도 진설과 마찬가지로 주부는 제장 출입이 제한된다.

합문의 과정에서는 제주 이하가 제장에서 나와 기다리는데, 이때에도 남녀는 동서로 구분 짓는다. 즉 남자는 양(陽)과 의미상으로 연관된 동편에 서고, 여자는 음(陰)과 연관된 서편에 선다. 계문과 사신(辭神)에서도 주부의 제장 출입은 제한된다. 이상과 같은 본 과정이 마무리되면 여성들이 철상을 하며 음복 준비를 하게 된다. 이때에는 성/속 공간 구분이 없어지므로 온 가족이 사랑방과 안방에 모여 음복을 한다. 그러나 여성들이 남성들과 한 상에서 음복을 하는 것이 극히 드물고 남성들이 잔을 물린 후에 먹는 것이 일반적인 예이다.[48]

4. 기독교의 의례

1) 구약

(1) 제사 역할상의 여성차별

구약의 제사의례의 종류는 번제[49], 소제[50], 화목제[51], 속죄제[52], 속건제[53]로 보통

---

48) 위의 책, 94~96쪽.
49) 하나님께 대한 온전한 충성 및 헌신을 상징(레 9:12-14, 16)하는 제사로 가죽을 제외한 제물 전체를 불살라 드린다.
50) 하나님께 대한 순수한 희생적 봉사를 상징(레 7:12)하는 제사며 기름, 유향 등을 섞어 불살라 드린다.
51) 하나님과 경배자의 화목과 화친을 상징하는 제사이며 피를 제단 사면에 뿌린다.(레 3:2)
52) 모든 율법을 범한 죄를 속죄(레 9:8-11)하는 제사로 인간의 근본 죄성을 고백하고 사함을 받는다.(레 8:14-17)
53) 하나님의 성물이나 남의 물건을 범한 죄를 속하는 제사로, 배상의 의미까지 첨가된다.(레 7:1-7)

5대 제사라 한다. 이 제사를 주관하는 책임자인 구약의 제사장은 남자만 담당하였고 여성은 성막에서 수종드는 일을 맡아 하였다. 아론의 아들들(출29:1-9)이 제사장을 맡은 것을 보면 제사장직은 세습직이다. 제사장에 대한 자격요건도 엄격하여 아론의 아들 중에서도 흠있는 자는 안 되며(레22:18-20) 결혼도 이스라엘 처녀에게 하도록 규정되었다. 성막에서 일하는 여성들의 지위는 사무엘의 두 아들이 성막에서 수종드는 여인을 범한 내용이 나오는 것으로 보아 이 여인들의 자유와 권리는 매우 제한되어 있는 것으로 본다.

제사장을 남자만으로 한 것은 신정국가에서 가장 중요한 제사의례를 성별된 남성에게 맡긴다는 이유 외에도, 희생의례 수행이 육체적으로 매우 힘든 일 때문인 것도 그 이유가 될 수 있다. 번제드릴 때 불, 나무 등을 다루고(레1:7-8), 희생물의 각을 뜨고 내장과 정강이를 물로 씻으며(레1:8-9), 화목제는 피를 제단 사면에 뿌리고 불사른다.(레3:8,11) 제사장이 범죄한 후 속죄제를 드릴 때는 직접 희생제물을 잡고 제단에 올리는 힘든 일을 해야 하며(레4:3-12), 속건제, 위임식에는 숫양을 제사장 역할을 하는 모세가 직접 잡고 가슴을 취하여 흔들어(레8:23-29) 드리는 사례도 보인다.

(2) 제사공간상의 여성차별

가. 성막 제사에서 출입제한

이스라엘 여성은 성막 제사에서 출입이 제한된다. 성막이란 하나님이 백성 중에 임재하여 계신 곳을 상징하는 처소로 이스라엘이 하나님의 백성이 되고 하나님은 늘 그들과 동행하겠다는 언약(출19:5-6)의 구체적 상징물이다.54) 성막의 구조는 지성소, 성소, 성소 뜰 순으로 구분되어 있고 거기에 접근하는 자의 자격이 엄격하게 제한되어 있다. 성막에서 하나님이 임재하시는 지성소에는 대제사장이 일 년에 한 번씩만 들어갈 수 있고 성소에도 제사장이 들어갈 수 있는 곳이다. 당시 대제사장과 제사장은 남성만 될 수 있었으므로 지성소와 성소에 대한 여성의 출입은 금지되었다. 그 밖에 성소 뜰에는 이스라엘 백성 누구라도 출입할 수 있었다. 레위기의 예물(레1:2), 소제(2:1) 드리는 규정 등에는 남자만으로 제한하지 않고 사람을 뜻하는 '아담'과 '누구든지'를 뜻하는 '네피쉬'를 사용한 점에서 알 수 있다.55)

---

54) 제자원, 『그랜드 종합주석 2』(성서교재간행사, 1991), 508쪽.

55) 『옥스퍼드 원어성경대전, 레위기』, 44, 76-77쪽.

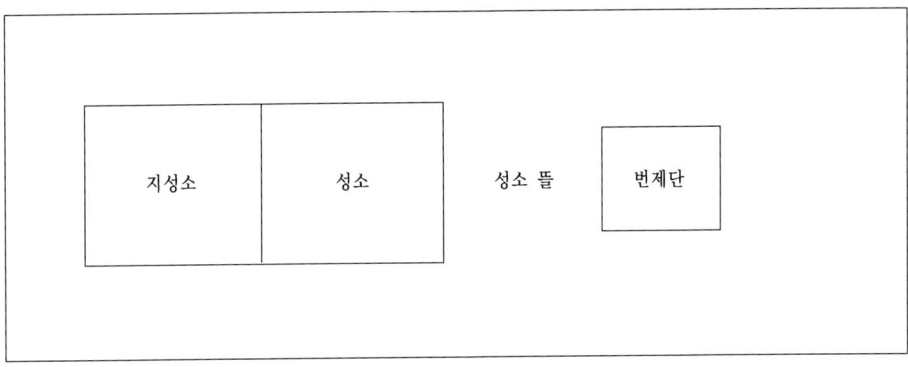

〈그림 6〉 성막 모형

나. 시내산 언약체결시의 출입 제한

하나님이 임재하시는 거룩한 시내산에서의 언약 체결시에 여성의 출입이 제한된다. 시내산에서 모세가 하나님으로부터 10계명을 받기 전에 먼저 백성들의 성결을 지시받는다. 그리고 모세는 하나님이 거하시는 거룩한 장소에 접근하기 위하여 여인과의 접촉을 삼가야 한다고 백성에게 "예비하여 제 삼일을 기다리고 여인을 가까이 말라"(출19:15)라고 명령한다. 여기서 '여인을 가까이 하다'(nagash)는 만지거나(창27:21), 입맞추거나(창27:27), 포옹하거나(창48:10) 등으로도 볼 수 있지만, 성적 접촉, 곧 성교를 의미하는 것으로 보는 것이 적절하다.[56]

이렇게 하나님께 접근하기 위해서 남성들은 삼일 동안 여성과의 접촉으로부터 분리되어야 한다. 여성을 사흘 동안 가까이 하지 않음으로써 '거룩함과의 만남'(hierophany)을 준비하는데, 이는 여성은 거룩한 장소로부터 거리를 두어야 함을 의미한다.[57] 여인과 접촉한 남자들이 거룩한 장소에 이르지 못하는데 여성은 당연히 그곳에 참여하는 것이 제한된다. 이렇게 이스라엘 공동체 안에서 여성들은 무시되고 소외되며, 깨끗한 남성들이 하나님의 계약을 받을 수 있도록 여성은 멀리 격리된다. 계약은 이스라엘 남성들에게 주어지며 여성도 이 계약에 의해 구속은 받지만, 여성 자신의 권리로 계약의 구성원이 되지 못하는 한계가 있다.[58]

---

56) 『옥스퍼드 원어성경대전』 출애굽기 제12-24장, 379-380쪽.

57) R. R. Ruether, 『가이아와 하느님』, 전현식 역 (이화여대출판부, 2000), 144쪽.

58) R. R. Ruether, 212쪽.

(3) 출생의례에서의 성차별

가. 할례(割禮)의식

이스라엘 백성의 선민의식을 상징하는 할례(circumcision)는 남자에게만 주어졌다. 아들이 태어나면 8일 만에 남아의 생식기를 베는 할례의식은 아브라함과 하나님 사이의 언약(창17:12)에 근거한 것이다. 사내아이에게 할례를 행한 것은 이 아이가 할례하는 순간부터 하나님의 자녀로서 특권을 누림과 동시에 의무를 지게 된다는 것을 의미한다. 유대인에게서 남성들은 태어날 때부터 여성과 달리 하나님의 자녀로서의 특권을 부여받게 된다. 그리고 할례를 하는 것은 위생상 인체에 좋은 것으로 현대 의학에서 밝히고 있으며, 출생후 8일 만에 할례를 하는 것은 신생아의 피가 생후 7일 동안 외부 병원균과 싸울 수 있는 면역성이 있으며, 생후 8일 이후부터는 혈액 응고력이 있기 때문으로 현대의학이 밝혔다.[59]

나. 산모의 부정기간

여인이 잉태하여 딸을 낳는 경우에는 아들을 낳는 경우보다 부정한 기간과 산모의 회복기간이 두 배로 길다. 아들을 낳는 경우에는 부정한 기간이 7일, 산모의 회복기간이 33일인데 비해, 딸을 낳는 경우에는 14일과 66일이다. 이에 대하여 죄가 여인을 통하여 들어왔다(창3:6)는 것을 상기시켜 주는 것이라는 주장(H. Jellie, F. Brown)과 여자아이를 낳았을 경우 산모의 회복기간이 사내 아이보다 두 배나 길다는 고대인들의 사상에서 기인했다는 주장(Keil, Coleman) 등이 있다.[60]

> 여호와께서 모세에게 일러 가라사되 이스라엘 자손에게 고하여 이르라 여인이 잉태하여 남자를 낳으면 그는 칠일 동안 부정하리니 곧 경도할 때와 같이 부정할 것이며 제 팔일에는 그 아이의 양피를 벨 것이요 그 여인은 오히려 삼십삼 일을 지나야 산혈이 깨끗하리니 정결케 되는 기한이 차기 전에는 성물을 만지지도 말며 성소에 들어가지도 말 것이며, 여자를 낳으면 그는 이칠일 동안 부정하리니 경도할 때와 같을 것이요 산혈이 깨끗하게 됨은 육십육 일을 지나야 하리라(레12:1-5)

여성을 불결한 존재로 취급하여 '경도할 때와 같이 부정할 것'(레12:2)이라고 표현

---

59) 제자원, 『그랜드 종합주석 2』(성서교재간행사, 1996), 658-659쪽.
60) 위의 책, 659-660쪽.

하기도 했지만, 출산 후의 정결의식을 보면 "여인은 번제를 위하여 일 년 된 어린 양을 취하고 속죄제를 위하여 집비둘기 새끼나 산비둘기를 취하여 회막 문 제사장에게 가져갈 것이요"(레12:6-8)하여 아들과 딸에 관계없이 예물의 규정은 동일하다.

(4) 서원의례에서의 성차별

서원이란 인간이 하나님께 어떤 일을 이행하겠다고 자원하여 서약하는 것을 말한다. 서원할 때 속전을 드리는데 그 값은 남녀가 다르다. 여성은 남성의 3/5 또는 1/2의 속전을 드렸다. 이스라엘 사회는 문화적으로 남성의 가치가 더 존중되는 사회였을 뿐만 아니라 경제적으로도 여자의 가치는 남성의 절반 정도로 매겨지는 사회임을 짐작할 수 있다.[61] 이것은 또한 당시의 사회가 노동력 위주의 남성중심 문화가 편만한 사회임을 보여주는 것이다.

> 여호와께서 모세에게 일러 가라사대 사람을 여호와께 드리기로 서원하였으면 너는 그 값을 정할지니 너의 정한 값은 이십 세로 육십 세까지는 남자이면 성소의 세겔대로 은 오십 세겔로 하고 여자이면 그 값을 삼십 세겔로 하며, 오세로 이십 세까지는 남자이면 그 값을 이십 세겔로 하고 여자이면 십 세겔로 하며, 일개월로 오세까지는 남자이면 그 값을 은 오 세겔로 하고 여자이면 그값을 은 삼 세겔로 하며, 육십 세 이상은 남자이면 십오 세겔로 하고 여자는 십세겔로 하라(레27:1-7)

2) 신약

(1) 제사 공간상의 여성차별

가. 헤롯 성전의 구조

예루살렘에 있는 헤롯 성전은 유대교가 가진 배타적 요소를 간직하며, 죄지은 자는 하나님으로부터 분리되었다는 점과 하나님 앞에 나아가는 것이 어려움을 성전 구조 안에 내포하고 있다.

---

61) 제자원, 『옥스퍼드 원어성경대전 레위기 18-27장』, 612-617쪽.

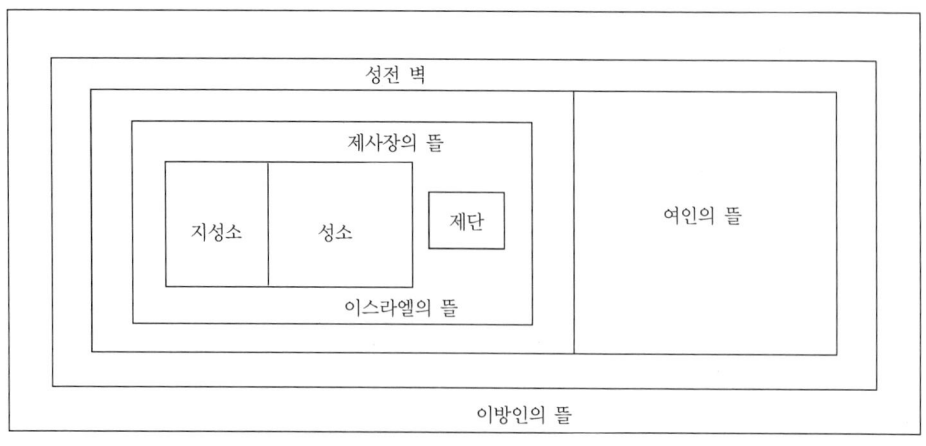

헤롯 성전의 내부 구조는 입구를 포함하여 성전 건물 전체는 여섯 구획으로 이루어 졌으며, 각 구획마다 한 단계씩 높은 위치를 차지하도록 설계되었다.

① 이방인의 뜰

이방인에게 허용된 유일한 장소로서 성전 경내 바깥의 가장 낮은 곳에 위치한다.

② 성전 벽

이방인들이 성전에 못 들어오게 막은 담으로써 높이가 90㎝이며, 이방인들이 이 를 넘어설 경우에는 사형에 처한다는 경고문이 새겨져 있다.

③ 여인의 뜰

이방인의 뜰보다 90㎝ 높은 곳으로서 유대 여인들이 들어갈 수 있는 장소이다.

④ 이스라엘의 뜰

여인의 뜰보다 3m가 더 높으며 유대 남자들이 들어갈 수 있는 장소이다.

⑤ 제사장의 뜰

이스라엘의 뜰 90㎝ 위에 있으며 제사장들에게만 허용되었다.

⑥ 하나님의 전

제사장의 뜰 2.5m 위에 있으며 성소와 지성소라는 두 개의 구획으로 나누어진 다. 성소에는 제사장들이 정해진 때에 자신의 임무를 수행하기 위하여 들어갔으 며, 지성소에는 대제사장만이 일 년에 단 한 번 대속죄일에만 들어가 백성들의

죄를 대속하는 제사를 드렸다.[62]

나. 여성의 출입제한

앞에서 본 바와 같이 헤롯 성전에는 먼저 유대인과 이방인이 출입할 수 있는 장소를 분리하고, 그 다음에 유대인 남성과 유대인 여성이 출입할 수 있는 장소를 따로 구분하였다. '이방인의 뜰'과 '여인의 뜰'과의 높이는 90㎝ 차이밖에 안 되지만, '여인의 뜰'과 유대인 남성들이 들어갈 수 있는 '이스라엘의 뜰'과의 차이는 무려 3m에 달한다. '제사장의 뜰'과 '하나님의 전'에도 남성들인 제사장과 대제사장의 독점 공간이다.

하나님이 거하시는 지성소에 가까울수록 거룩한 장소이다. '제사장의 뜰'은 '이스라엘의 뜰'보다 90㎝ 높은 곳에 위치하므로 유대 남성들은 제사장들이 제단에 제물 드리는 것을 볼 수 있지만, 여성들은 전혀 그렇게 할 수 없다. 이렇게 보면 남성들은 여성들보다 훨씬 더 거룩한 장소에 가까이 접근하게 되며, 이는 남성이 여성보다 더 중요하다는 것을 의미한다. 이와 같이 유대인들은 여성들이 성전의 중심부에 접근하는 것을 제한함으로써 차별하였다. 성전 공간에서의 남녀차별은 사회생활상의 여러 차별 중의 하나에 불과하지만, 신정국가인 이스라엘에서 성전에서의 남녀 차별은 다른 모든 남녀 차별의 기준이 될 수 있기 때문에 매우 중요하다고 본다.

예수가 인류의 죄를 대속하기 위하여 십자가에 달려 죽은 때에 대제사장만 일 년에 한 번 들어가던 지성소와 제사장만 들어가던 성소를 구별하던 휘장이 하나님에 의해 위에서부터 아래로 완전히 찢어진 것은(마27:51) 하나님과 인간 사이의 담이 무너지고 모든 인류가 장소의 구별 없이 예수를 통하여 하나님께 자유롭게 나아갈 수 있음을 의미한다.

(2) 가톨릭 성사(聖事)에서의 여성 참여제한

가톨릭에서는 7성사를 행하고 있다. 곧 세례성사, 견진(堅振)성사, 성체(聖體)성사, 고백(告白)성사, 종부(終傅)성사, 신품(神品)성사, 혼인성사가 그것이다. 개신교는 세례(세례성사)와 성만찬(성체성사) 둘 뿐인데 비해 가톨릭은 다섯 성사가 더 많다. 이 중

---

62) 기독지혜사, 『관주톰슨성경』, 328쪽.

에서 종부성사와 혼인성사는 개신교에도 장례 예식과 혼인 예식으로 행해지고 있지만, 개신교에 없는 성사로 가톨릭에 특유한 견진성사, 고백성사, 신품성사에 대하여 기술한다.

가. 견진성사

견진성사는 영세한 신자에게 은총을 더하기 위하여 주교가 신자의 이마에 성유를 바르고 성신(聖神)과 그의 7은(七恩)을 주는 성사이다. 이 성사를 받음으로써 신자들은 더욱 교회와 결합하고 성신의 특별한 능력을 받아 그리스도의 참된 증인으로서 말과 행동으로 신앙을 전파하고 옹호할 책임을 지게 된다.[63]

로마 전례상 견진성사는 ① 신자의 머리 위에 주교가 안수를 하고 ② 그 이마에 성유로 십자를 그으며 ③ 성령의 임하심을 기도하는 것이 주요 절차이다. 여기서 안수는 사도전승을 이어받은 것으로, 성령이 신자를 거느리고 신앙의 역군으로서 그 사명을 다하도록 축성하는 것을 상징한다. 기름 바름(塗油)은 동방교회의 전통을 살린 것으로 성령이 신자를 왕, 사제, 예언자, 증거자로 축성하는 것을 상징한다. 견진성사의 고유한 집전자는 주교이나 특별한 경우에는 일반사제도 집전할 수 있다. 견진성사의 대상이 될 수 있는 사람은 세례받은 신자로서 사리분별을 할 수 있는 연령에 달해야 한다. 견진을 받은 신자는 대부모를 두어 그리스도의 진정한 증거자로서 생활할 수 있도록 보살핌을 받도록 되어 있다.[64]

나. 고백성사

고백성사는 "그리스도의 권능 하에서 교회가 사제의 권위 있는 선언을 통하여 영세한 후에 범한 죄를 참회할 때 그 죄를 제거해 주는 성사"이다.[65] 신자들이 생활하면서 지은 죄를 하나님께 낱낱이 아뢰고, 자비하신 하느님으로부터 용서를 받으며, 범죄로 상처를 입혔던 교회와 다시 화해하는 성사이다. 이 성사의 순서는 ① 참회자가 양심적으로 성찰을 하여 지은 죄를 생각해 내고 ② 그 죄를 깊이 뉘우치는 통회를 하고, 다시는 이 같은 죄를 짓지 않기로 定改하고 나서 ③ 고해신부 앞에 나아가 죄의

---

63) 문화체육부 종무실, 『한국종교의 의식과 예절』 (문화체육부, 1995), 217쪽.

64) 위의 책, 237-238쪽.

65) 이기정 편, 『중요 교리. 전례. 용어해설』(가톨릭출판사, 1977), 243쪽.

고백을 한다 ④ 고해신부가 죄를 사해주고 보속을 정해주면 참회자는 받은 보속을 실천함으로써 고백성사는 마무리된다.[66]

고백성사의 집전자는 사제이며 그가 사죄권을 행사하기 위해서는 신품성사를 받아야 할 뿐 아니라 재치권을 부여받아야 한다. 죄를 사해주는 과정은 사죄경을 염하는 형식으로 이루어지며 사죄권의 범위는 참회자의 통회를 전제할 때 죄의 종류나 횟수를 묻지 않고 적용되는 것이 원칙이다. 사리를 분별할 수 있는 연령에 달한 모든 신자는 1년에 한 번 이상 죄를 고백하여 용서받을 의무가 있다.[67]

다. 신품성사

신품성사는 사제가 될 사람이 받는 성사로 이 성사를 받은 사람은 하느님의 말씀과 은총으로 교회를 사목하도록 그리스도의 이름으로 선정된다. 이 성사를 받은 자는 그리스도의 대리자로서 교회의 성사를 집행할 수 있는 신권을 부여받는다. 세례받은지 3년이 지난 미혼 남자로서 본당 주임신부와 소속 교구장의 추천 및 인준을 받아 신학교에서 일정한 기간 동안 교육을 받고 교회에서 정하는 여러 품급을 받은 자에 한하여 주교만이 이 성사를 집행할 수 있다. 일정한 기간 동안 공시를 한 후 부적격 사유가 없을 때, 신품성사를 통하여 정결과 순명을 고백함으로써 완전한 사제직에 오를 수 있고 아울러 인호(印號)[68]를 받게 된다.[69]

라. 성사의례에서의 성차별

가톨릭의 성사의례는 고백성사를 제외하고 모든 성사는 의례 장소의 제한이 있다. 지성소에 해당하는 곳에는 남자인 사제들만 출입하는 곳으로 되어 있고 여성들의 출입은 금지되어 있다. 고백성사도 인가된 장소에서만 할 수 있고, 그 장소에는 칸막이가 있어 사죄권을 가진 사제와 고백을 하는 일반 성도 사이에는 장소적 구별이 있다.

또한 모든 성사는 집례자인 주임신부 또는 사제들만이 행할 수 있는데 이 역할을 하는데 여성들은 원천적으로 봉쇄되어 있다. 현행 가톨릭 규정으로는 신부가 될 수

---

66) 문화체육부 종무실, 218쪽.
67) 위의 책, 218-219쪽.
68) '인호(印號)'란 견진 · 세례 · 신품 등의 성사로 받은 보이지 아니하는 표징을 말한다.
69) 문화체육부 종무실, 『한국종교의 의식과 예절』 (문화체육부, 1995), 219-220쪽.

있는 자격이 남성들에게만 부여되어 있기 때문이다.

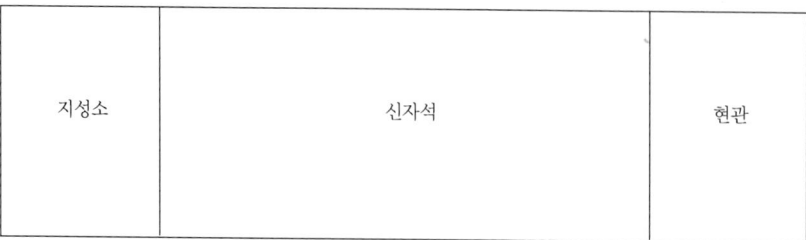

| 지성소 | 신자석 | 현관 |

〈그림 8〉 전례 집전 장소

(3) 개신교 의례에서의 여성 참여제한

가. 세례

세례는 자신이 죄인임을 고백하고 자신의 죄를 대속하신 예수를 구주로 영접한 사람들이 받는 구원의 표지이다. 성만찬과 달리 세례는 신자가 일생에 단 한 번 받는 성례이다.

> 세례는 예수 그리스도에 의해 제정된 신약의 성례이니 수세자를 유형교회에 가입시키기 위한 것만 아니라, 그에게 은혜 언약, 그의 그리스도에 접붙임, 중생, 죄의 용서, 예수 그리스도를 통하여 자기를 하나님께 드려서 새 생명으로 행하는일의 표와 인호로 되게 하기 위한 것이다. 이 성례는 그리스도 자신이 지정에 의해 세상 끝까지 그리스도의 교회 안에 계속될 것이다.[70]

세례는 유대교에서 행한 할례와 질적으로 다르다. 할례가 외적이며 가시적이며, 남성중심이며, 선민의식적인 반면에, 세례는 내적이며 불가시적이며, 양성평등이며, 보편적이다. 세례는 남자와 여자 모두를 포함하며 차별이 없다.[71] "너희가 다 믿음으로 말미암아 그리스도 예수 안에서 하나님의 아들이 되었으니 누구든지 그리스도와 합하여 세례를 받은 자는 그리스도로 옷입었느니라"(갈3:26-27)는 말씀대로 예수를 구주로 믿는 자는 다 하나님의 아들이 되고, 이들은 세례를 통해 그리스도와 한 몸이 되었다. 이들은 모두-유대인이나 헬라인이나, 종이나 자주자나, 남자나 여자 없이-그리스

---

70) 대한예수교장로회 총회, 『헌법』(대한예수교장로회 총회출판부, 2004), 333-334쪽.
71) A. Richardson, 『신약신학개론』, 이한수 역 (크리스챤 다이제스트, 1997), 461쪽.

도 예수 안에서 하나이기 때문이다(갈3:28).

그러나 세례 의식의 진행자는 차별이 있다. 천주교와 마찬가지로 개신교도 세례는 하나님의 사역자로 부름받은 목회자에 의하여 진행된다. 대한예수교장로회 총회 헌법(합동측)에는 세례는 "어떠한 형편을 물론하고 평신도가 베풀 수 없고 반드시 하나님의 사역자로 부르심을 받은 그리스도의 목사가 베푼다"라고 규정하고 있다.[72] 세례 받을 사람의 머리에 물을 뿌리거나, 혹은 물에 잠기게 하는 일은 목사가 행하며, 그가 성부와 성자와 성령의 이름으로 세례를 베푼다. 아직까지 한국교회의 목회자는 대부분이 남성이고 여자 목사는 적은 편이며, 세례 의식 보조자도 남성들이 대부분이다. 그러므로 세례의식은 남성들에 의하여 주관되고 있다고 볼 수 있다.

나. 성만찬(聖晚餐)

성찬식은 예수 그리스도께서 자신의 살과 피를 희생제물로 바친 사건을 기념하는 엄숙하고 거룩한 성례(마26-28)이다. 성찬식에 담긴 깊은 의미는 첫째 모든 성도가 그리스도의 몸에 참예함으로 성도들이 하나로 연합되었음을 확인하는 의식이며, 둘째 세상과 교회를 구별되게 하는 의식이며, 셋째 다른 사람을 위해 자기를 철저히 희생하겠다는 결단의 의식이며,[73] 다섯째 예수가 인간을 대속하기 위해 십자가에 죽으심을 그의 재림 때까지 전하는 의식이다(고전11:26). 성찬식에 참예하는 자는 세례받은 자로서 죄를 끊어버리며 거룩하고 경건한 생활을 하고자 작정하는 자들이어야 한다. 그리고 성찬식은 목사와 장로에 의해 진행되는데 그 절차는 다음과 같다.

> 성찬을 설비한 상은 단정히 덮고 포도즙을 예비한 후 참여할 신자의 자리를 정돈하여 장로는 편리한 장소에 있게 하고 목사가 감사와 기도를 함으로 떡과 포도즙을 성별한 후에 목사가 떡을 취하여 사람 앞에서 떼며 가로되 " '주 예수 그리스도께서 잡히시던 날 밤에 떡을 취하여 축사하시고 떼어 주셨으니' 나도 지금 그의 이름으로 이 떡을 나누어 주니 받아 먹으시오 주께서 가라사대 '이것은 나의 몸이라 너희를 위하여 준 것이니 너희는 이것을 행하여 나를 기념하라' 하셨다 하고 장로에게 주어 나누게 한 후에 또 잔을 들고 말하기를 우리 구주께서 또한 잔을 가지사 축사하신 후에 제자에게 주시며 가라사대 '이 잔은 나의 피로 세운 새 언약이니 많은 사람의 죄사함을 위하여 흘림이라 이것을 행하여 마실 때마다 나를 기념하라' 하셨다 하고 전과 같이 장로에게 주어 나누게 한다.[74]

---

72) 대한예수교장로회 총회, 249쪽.
73) 『옥스퍼드 원어성경대전』 고린도전서 10-16장, 185-198쪽.

성찬식의 집례자는 목사이며, 장로가 분병(分餠)위원과 분잔(分盞)위원으로 떡과 포도주를 나누어 주는 것을 도와 준다. 앞의 성찬식에서 언급한 것과 같이 아직도 한국 개신교의 목사는 대부분 남자이며, 장로도 마찬가지이다. 따라서 거룩한 성찬 예식은 남성들에 의해 주도된다고 볼 수 있다.

5. 한국종교 의례와 성차별 이데올로기의 외재화

1) 한국종교 의례상의 성차별

앞에서 본 바와 같이 한국종교 의례에서는 무교와 유교, 구약의 제사 의례에서 보는 것처럼 의례의 주요 역할을 남성들이 담당하고, 의례 공간의 주요 장소에는 여성의 참여를 배제하며, 식차마나 6법계와 같이 별도의 절차를 부과하는 등의 성차별 사례가 나타난다. 한국 종교의 의례에서 공통적으로 나타나는 여성 차별적 내용을 한마디로 말하면 의례절차에서의 **'참여 제한주의'**라고 말할 수 있다. 종교의례는 공동체의 구성원이 느끼는 종교적 체험을 표현하는 상징적 행위로서 다른 어떤 수단으로도 표현할 수 없는 인간의 고유한 영역으로 전체 구성원이 한 마음이 될 때 그 성스러움과 신비성이 최대로 드러나게 된다.

또한 종교의례는 주기적으로 신앙을 재창조하는 수단이며, 축제적 기능, 오락적 기능 등을 통하여 공동체적 결속력을 강화해 준다. 이러한 종교 의례에서 신자들의 다수를 점하고 있는 여성의 참여를 제한하는 것은 종교 공동체의 통합을 해치는 것이며 종교 창시자의 의도를 무시하는 것이다. 이러한 처사는 성차별적이고 매우 불합리하다.

2) 성차별 이데올로기의 외재화 과정

성차별적 내용이 담긴 종교의례를 구성원들이 정기적, 지속적인 행동으로 표현함으로써 성차별 이데올로기는 외재화된다. '외재화'란 인간이 자신의 정신적, 육체적 활동으로 세계 속에 자신의 존재를 표현하는 과정을 말한다. 인간은 자기가 속한 세

---

74) 대한예수교장로회 총회, 255쪽.

계 속에 그 자신을 끊임없이 쏟아내고 싶은 욕구가 있으므로 외재화는 인간의 본능적인 욕구로 필요 불가결한 것이다. 종교 의례는 종교적 믿음의 육체적 표현이며 교리의 형상화로 외재화의 한 형태이다.

이와 같은 성차별 이데올로기는 사회화 과정을 통하여 외재화가 더욱 확산 된다. '성차별의 사회화'란 여성에 대한 차별을 당연한 것으로 배워서 이에 적응하도록 돕는 과정을 말하는데 종교 의례에 의한 사회화를 통해서도 성차별 이데올로기는 확산된다. 여성을 무능하고 불결한 존재로 보고 종교 의례에서 참여를 배제하거나 제한하는 것은 성차별 이데올로기를 공개적으로 드러내는 것으로 외재화의 한 형태이다.

> 성차별의 종교적 사회화는 종교조직에의 참여에도 이루어진다. 여성들은 영적인 능력이 부족하고 또한 불결하다는 인식은 여성에게 종교의 중심적인의례에의 참여나 종교안에서의 권위적 위치나 상징적 역할에 이르는 길을 제한해 왔다. 많은 종교의 경우 여자들은 어떤 거룩한 장소에 들어오도록 허락되지 않았고, 만일 참여가 허락되더라도 격리되든지 조용히 있어야 했으며, 때때로 그들은 장막이나 베일로 숨겨져야만 했다.[75]

3) 성차별 이데올로기의 외재화와 남성중심 문화

규범문화는 제2장에서 다룬 것처럼 정당화, 제재, 내재화 과정을 거쳐 형성된다. 남성중심 문화도 이와 같은 과정을 밟는다. '참여 제한주의'라는 성차별 이데올로기는 종교기관에 의해 행해지는 반복되는 의례행위로 인하여 외재화되고 정당성을 인정받는다. 이와 같이 종교 의례는 규범문화의 형성과정 중에서도 특히 **'정당화'**와 밀접한 관련을 맺고 있다. 성차별적인 종교 의례가 성차별 이데올로기로 외재화되고, 종교 공동체의 모든 구성원들이 이러한 성차별적 여성 제한을 당연한 것으로 받아들이며 이를 어길 때에는 제재를 받게 된다. 그리고 이러한 행위가 구성원 개개인의 마음 속에 새겨질 때 의례에서의 '참여 제한주의'는 종교 공동체 전체에 당연한 규범으로 자리 잡고 문화로 형성되는 것이다<그림 9>.

---

75) 이원규, 『종교사회학의 이해』, 293쪽.

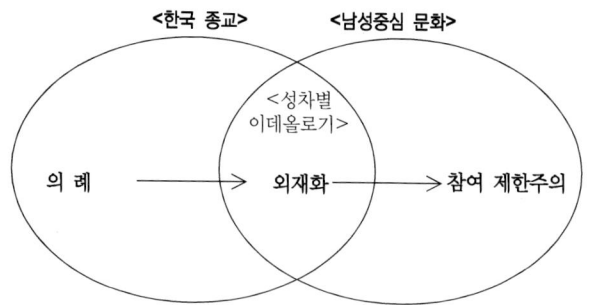

〈그림 9〉 성차별 이데올로기의 외재화와 남성중심 문화

　한번 문화로 고착되어 버리면 이 남성중심 문화는 개인이나 일개 집단의 의사와는 관계없이 관련 되는 모든 사람에게 영향을 미치는 '초개인성'을 갖게 된다.

　전 국민의 54%나 되는 종교 인구가 매주 또는 매달 성차별 이데올로기가 내포된 종교 의례를 정기적으로 반복해서 시행한다면 남성중심 문화는 더욱 확산될 것이다. 그리고 여성의 의례 참여를 제한하는 남성중심 문화가 고착되어 버리면, 이 성차별적인 문화가 사회구성원들-신자와 비신자를 막론하고-의 신념, 가치관을 지배하고, 행동의 표준이 되어 버린다. 파슨스가 말한 대로 '문화의 주된 기능인 전체 사회체계의 평형과 내적 항상성(恒常性, homeostasis)을 유지하는 역할'을 성차별적인 남성중심 문화가 행할 때 이 사회는 그릇된 문화체계로 사회를 통합하고, 정당화하는 과오를 범하게 된다.

제 4 장

한국종교의 성차별적 공동체
활동의 객체화

종교를 구성하는 세 번째 요소는 종교공동체이다. 사회학에서는 공동체(community)를 "지역사회" 또는 "지역 공동체"를 의미하지만,[1] 이 장에서 말하는 '종교공동체'는 "공통된 종교 이념을 가지고 공동의 종교 의례를 지속적으로 수행하는 신자들의 공동체"를 말한다. 종교공동체는 개별 신자들의 집합체로서 신자들로부터 유래되고, 그들에 의해 유지되지만, 신자들과는 독립된 실재를 가진다. '객체화'는 인간의 외재화 산물이 행위자와는 다른 실재성을 획득하는 것을 말하는데, 종교공동체가 바로 개별 신자들의 산물이지만 개별 신자와는 독립된, 개별 신자들의 객체화된 실재이다.

모든 종교는 개인적인 동시에 집단적인 현상으로 나타나지만, 여기서는 종교의 집단적 성격에 초점을 맞춘다. 그리고 이 책에서 다루는 공동체는 연구 범위에서 언급한 것처럼 종교 공동체의 활동 중에서 제도적 측면에 초점을 맞추어 공동체 조직을 중심으로 연구하되 교단 헌법과 공동체 운영 면에서의 성차별도 다루기로 한다.

종교 공동체는 공식적 또는 비공식적으로 조직될 수 있다. 이 공동체는 기독교의 교회와 교단, 불교의 승가(僧伽)[2]와 같이 공식적으로 장기간 존재하기도 하지만, 무교와 유교는 제의 공동체 또는 제사공동체로 제의나 제사를 행할 때 일시적으로 존재하는 '일시적 공동체'이기도 하다.

종교공동체의 기능은 종교적 믿음체계인 교리와 믿음 체계의 실천적 표현인 의례를 공유함으로써 집단의 정체성을 강화해주며, 교리와 의례의 의미를 재확인 시켜준다. 그리고 구성원들의 상호관계를 밀접하게 하는 역할을 한다. 뒤르껭은 종교의 공동체성을 강조하여 종교적 믿음은 집단적으로 공유된 믿음이며, 종교적 의례도 집단적으로 행해지는 의례라고 주장한다. 이렇게 종교 공동체는 교리와 의례와 밀접한 관련을 맺고 상호 영향을 받고 있다.

> 종교적 표상은 집단적 실재를 표현하는 집합표상(collective representations) 이다. 의례는 회집한 집단 가운데서 생겨나는, 그리고 이 집단 가운데서 어떤 정신적 상태를 유발하고 지속하거나 재생산하도록 되어 있는 행위방식이다.[3]

매키버(Maciver)는 종교가 가지는 공동체성은 세 가지 감정을 부여해 준다고 말한

---

1) 김경동, 350쪽.

2) 승가(samgha)는 불교에서 '출가수행자의 敎團'을 말하며, 초기 불교 교단은 4부중으로 구성되었다.(본 논문 5장 2절 "불교의 승가" 참조)

3) E. Durkheim, p. 22.

다. 공동체의 구성원이 서로 하나됨을 느끼는 '우리 감정' (we-feeling)과 구성원 각자가 공동체 안에서 의미있는 몫을 수행한다고 느끼는 '역할감정' (role-feeling), 구성원이 소속된 공동체에 신뢰감을 나타내는 '의존감정' (dependency-feeling)이 그것이다.[4]

1. 무교의 공동체

무교는 영혼과 대화할 수 있다는 샤먼(shaman)을 중심으로 하여 굿이라는 제의가 있을 때마다 모이는 일시적 공동체라고 할 수 있다. 이때의 '샤먼'은 여무(女巫)인 무당과 남무(男巫)인 박수로 나눠지는데 한국 무교에서 '샤먼'은 여무라고 생각할 만큼 여성의 비중이 크다. 또한 굿의 참여자도 여성이 대부분이라 '여성의 종교'라고 말하기도 한다. 무교 공동체에서 성차별적인 내용은 보이지 않으므로 이 책에서 내용 기술은 생략한다.

2. 불교의 승가(僧伽)

불교 공동체인 승단 또는 승가는 석존의 가르침을 신봉하고 실천하는 사람들의 모임을 말한다. 불교 교단이 처음 출현한 것은 석존이 보리수 아래에서 대각을 이룩한 후 바라나시 녹야원에서 다섯 명의 비구들에게 초전법륜을 설법한 데서 시작한다. 처음에는 비구 승가만 조직되었으나, 후에 여성의 출가가 이루어졌고 비구니 승가도 조직되었다. 초기 불교교단은 아래와 같이 4부중(部衆)으로 구성되었다.

① 비구 : 출가 남자 수행승
② 비구니 : 출가 여자 수행승
③ 우바새 : 재가 남자 신도
④ 우바이 : 재가 여자 신도
　그 후 4부중에 아래 셋을 추가하여 7부중으로 확대되었다.
⑤ 사미 : 20세 미만의 남자 출가승

---

4) R. M. MacIver, *Community* (London: Routledge and Kegan Paul, 1951), p. 9.

⑥ 사미니 : 20세 미만의 여자 출가승

⑦ 식차마나 : 비구니의 구족계를 받기 직전 2년간의 여자 출가승[5]

1) 비구니 승가 설립시의 차별문제

비구니 승가의 설립에 관하여는 『구담미래작비구니품(瞿曇彌來作比丘尼品)』, 『구담미경』(중아함경 제28권, 제47경), 『불설구담미기과경』, 『대애도비구니경』, 『구담미품』, 『비구니팔경법』, 『비구니건도』, 『비구니법』, 『5백집법(五百集法)』, 『집법비구오백인』, 『오백비구결집』등 17개 경전에 수록되어 있다.[6] 최초의 비구니 고타미의 출가 과정을 사분율 『비구니건도(揵度)』를 중심으로 살펴본다.

(1) 고타미의 출가 간청에 세 번 거절

대애도 고타미가 500여 석가녀들과 함께 가비라성 니그로다 정원[7]에서 출가를 원했을 때 석존은 '출가하지 말라'고 대답했고, 고타미가 세 번이나 허락을 구했지만 불허했다.

> 그만 두시오. 구담미여, 여인들이 출가하여 도를 닦겠다는 말을 마시오. 왜냐하면 구담미여, 여인들이 불법 중에 출가하여 도를 닦으면 불법이 오래 가지 못하게 되기 때문이오.[8]

(2) 아난존자의 세 번 간청

대애도 고타미의 출가요청을 거절하고 나서 5년 뒤 석존께서 기원정사에 있을 때(당시 55세 경으로 성도 후 20년째) 75세의 고타미[9]는 머리를 깎고 가사를 입고 500여 명의 석가녀들과 함께 부은 다리와 먼지에 덮인 몸을 이끌고 고통스럽게 울면서 아난다 존자에게 찾아 온 이유를 말했다. 아난다 존자는 세 번이나 여성의 출가를 석존께 부탁하였으나 거절당했다.[10]

---

5) 한국종교연구회, 『세계종교사 입문』 (청년사, 1998), 132쪽.

6) 전해주, 『비구니교단의 성립에 관한 고찰』, 『비구니와 여성불교 2-1』(한국비구니연구소, 2003), 7쪽.

7) 석존께서 성도한 후 제15년째 안거를 하신 장소로 알려져 있다.(전해주, 『비구니교단의 성립에 관한 고찰』)

8) 위의 책, 8쪽.

9) 전해주, 10~11쪽.

그만두어라, 여자들을 불법에 출가시켜 도를 닦게 하지 말라. 왜냐하면 여자들을 불법에 출가시켜 구족계를 받게 하면 불법이 오래 가지 못하게 되리라. 비유하건대 어떤 장자의 집에 남자가 적고 여자가 많으면 그 집은 쇠퇴하는 줄 알 수 있는 것같이 여자가 불법에 출가하여 구족계를 받으면 불법이 오래 가지 못하리라. 또 좋은 곡식밭에 서리나 우박이 내리면 즉시 파괴되는 것같이 여자들이 불법에 출가하여 구족계를 받으면 불법이 오래 가지 못하리라.[11]

석존은 6번이나 일관되게 여성의 출가를 거절하였고, 그 이유는 여성이 승가에 들어옴으로 인해 불법이 오래 가지 못한다는 것이다. 불법이 오래 가지 못하는 이유는 비유를 들어 설명했는데 남자보다 여자가 많으면 집이 쇠퇴하고 곡식밭을 파괴하는 우박과 서리를 들었다.

(3) 8경법 수계조건으로 출가 허락

아난존자가 여성의 출가를 석존께 간청했으나 거절당한 후에 그는 다시 석존께 고타미가 의모(義母)로서 석존께 끼친 은혜를 설명하며 재차 간청하였다.

"고타미는 부처님께 큰 은혜를 주었습니다. 부처님의 어머니께서 세상을 떠나신 뒤 세존께 젖을 주어 길렀습니다."[12] 이렇게 하여도 출가를 허락하지 않자 아난존자는 다시 "여자들이 불법 중에 출가하여 계를 받으면 수타원과(須陀洹果) 내지 아라한과(阿羅漢果)를 얻을 수 있습니까?"라고 물었더니 "얻을 수 있다"는 석존의 대답을 듣고 다시 간청하였다.

"만약 여자들이 불법 안에 출가하여 구족계를 받으면 수타원과 내지 아라한과를 얻을 수 있다면 여자들도 출가하여 구족계를 받도록 허락해 주옵소서."[13]

이렇게 간청 드리자, 석존은 팔경법을 새로 제정하면서, "이것은 마치 어떤 사람이 큰 강에다 다리를 놓고 건너는 것과 같으니 이를 목숨이 다하도록 지킨다면 출가를 허락하겠노라"고 하였다.[14] 이리하여 고타미와 500여 석가녀들은 처음 출가를 간청한 지 5년 만에 아난존자의 도움으로 8경법을 지킨다는 조건으로 수계를 허락받았다.[15] 그러나 세존은 여성의 출가로 인해 정법의 유지가 현저히 단축된다고 말한다.

---

10) 백도수, 105쪽.

11) 전해주, 8쪽.

12) 전해주, 8쪽.

13) 전해주, 9쪽.

14) 위의 책, 11쪽.

"만약 아난다여, 여성이 여래께서 설하신 법과 율에서 출가하지 않는다면, 오랫동안 청정행이 있을 것이고, 천년 동안 정법(Saddhamma)이 유지될 것이다. 아난다여, 여성이 여래께서 설하신 법과 율에서 출가하였기 때문에 범행이 오래 가지 않을 것이고, 500년 동안 정법이 유지 된다."[16]

이 책 제3장에서 본 것처럼 팔경법은 매우 성차별적인 내용이 들어 있다. 왜 평등 사상을 추구하는 석존이 이런 불평등 조항을 지킬 것을 조건으로 출가를 허락하였을 까? 석존이 불교 교단에 여성 출가의 허용을 주저한 것은 여성이 남성보다 지적 수준이 낮거나 대각을 이룰 수 없기 때문이 아니라, 비구교단과 비구니교단 사이에 야기될 문제,[17] 비구니와 재가 신도와의 관계, 독신 비구니의 극난한 유행생활, 당시 남성 중심적인 인도사회의 여건 등을 다각적으로 숙고한 결과라고 볼 수 있다. 석존 생존 당시 인도 브라만교에서는 남자의 인생단계를 4주기(四住期: 학생기, 가장기, 임서기, 편력기)로 나누어, 3기 임서기(50세 경)에는 집안 일을 맡기고 숲 속에 은거해 살며, 4기 편력기에는 전 재산을 버리고 탁발고행하며 출가 유행하는 방기의 생활을 한다.[18]

불교에서도 출가승은 탁발 유행생활이 전형적인 삶의 형태로 식생활은 탁발에 의존하고 주거는 일정하게 정해진 데가 없는 고행의 생활이다. 그리고 인도의 기후는 계절풍이 부는 몬순의 영향으로 매년 6월 중순이면 다량의 비가 내가 내리며, 당시 사회 상황은 치안이 확보된 상태가 아니다. 불교 승단은 재가 신도들의 보시행위로 정사가 세워지고 BC 4세기경에야 승원(僧院)이 조직[19]되는데 그 전에는 우기에도 안거생활을 할 수 없는 열악한 상태였다. 이러한 사회 여건 하에서는 남자 출가승들도 유행생활을 견디기 어려운 실정인데, 여자 출가승들은 더욱 어려울 것이라는 점을 석존이 고려한 것으로 본다.

이와 같은 사정을 고려하더라도 팔경법 수계조건과 비구니 승단이 들어옴으로 해서 천년 동안 융성할 불법이 500년으로 단축된다는 것은 성차별적 내용으로 힌두교의 카스트제도를 부정한 석존의 취지에 맞지 않는 것이다.

---

15) 위의 책, 104-105쪽.
16) 위의 책, 108쪽.
17) 리영자, 192쪽.
18) 리영자, 262-264쪽.
19) 위의 책, 277쪽.

2) 구족계(具足戒)의 차별문제

구족계는 비구, 비구니가 받아 지킬 계율로 젊고 튼튼하며 병이 없고 모든 죄과가 없으며, 사미계를 받은 사람에게만 한하며, 나이는 만 20세 이상 70세 미만이어야 한다.[20] 출가여성이 구족계를 받으려면 비구와 달리 2년간 식차마나 단계를 거쳐야 하며, 2부승가 앞에서 구족계를 받아야 하며, 비구보다 많은 계를 지켜야 한다. 『사분율』의 계본[21]에 의하면 이때 비구는 250계, 비구니는 348계를 부과하는데, 여성이 남성보다 98조나 더 많이 지켜야 한다. 이에 대한 이유를 보면 여성의 생리적인 기능을 고려하고, 성범죄를 예방하기 위한 이유도 있겠지만, 경전 결집과정에서의 비구의 영향력이 가장 크다고 본다. 비구 계경(戒經)과 비구니 계경이 차이가 심한 것은 부파 분열 이후에 비구니 계경이 충분히 정립되지 않았고, 전승이 불충분하였기 때문이라고 보는데,[22] 이는 비구니 승의 율이 완성되는 제일 결집과 제이 결집 때에 비구니의 개입은 전혀 없고 비구만으로 이루어졌기 때문이라고 생각한다.

〈표 13〉 각 계본의 계율 수 대조

	南方上座部		法藏部		化地部		薩婆多部係			根本說一切有部				大衆部	
	巴利戒本		四分戒本		五分戒本		十誦戒本		돈황戒本	有部戒本		西藏戒本		僧祇戒本	
	비구	비구니	비구	비구니	비구	비구니	비구	비구니	비구니	비구	비구니	비구	비구니	비구	비구니
波羅夷法	4	8	4	8	4	8	4	8	8	4	8	4	8	4	8
僧殘法	13	17	13	17	13	17	13	17	13	13	20	13	20	13	19
不定法	2		2		2		2			2		2		2	
捨墮法	30	30	30	30	30	30	30	30	30	30	33	30	33	30	30
單墮法	92	166	90	178	91	210	90	178	178	90	180	90	180	92	141
悔過法	4	8	4	8	4	8	4	8	8	4	11	4	11	4	8
衆學法	75	75	100	100	100	100	107	106	110	81	81	107	112	66	77
滅諍法	7	7	7	7	7	缺	7	7	7	7	7	7	7	7	7
합계	227	311	250	348	251	373	257	354	354	249	358	257	371	218	290

---

20) 비구와 비구니가 지켜야 할 구족계는 상호 공통의 조문인 共戒가 200조이고, 나머지는 각각 독자적으로 지켜야 할 계로서 不共戒라고 한다.

21) 『한글대장경』93, 율부(동국대학교 역경원)

22) 리영자, 194-195쪽.

(1) 8파라이법(坡羅夷法)

파라이법을 어긴 것은 극악심중(極惡深重)한 죄로서 비구 또는 비구니가 다시 될 수 없는 벌을 받는다. 여기에서도 비구는 4계만 지키면 되지만 비구니는 8계를 지켜야 한다.

〈표 14〉 비구니계상(戒相) 8파라이법(波羅夷法)

비구니계	戒 條 名 目	비구계	戒 條 名 目의 意譯
1	婬戒	1	음행하지 말라
2	盜戒	2	도둑질하지 말라
3	살인계	3	살인하지 말라
4	大妄語戒	4	거짓말하지 말라
5	摩觸戒		좋지 못한 남자와 서로 몸을 비비지 말라
6	八事成重戒		좋지 못한 남자와 8가지 짓[23]을 하지 말라
7	覆比丘尼重罪戒		다른 비구니의 중한 죄를 숨겨주지 말라
8	順從作擧比丘戒		들려난 비구를 따르지 말라

* 자료: 四分律에 의거

위의 표에서 보면 1-4계는 비구, 비구니 공통이지만, 5-8계는 비구니만 지켜야 될 계명이다. 출가인들이 수행에 있어 가장 참기 힘든 것이 성적 충동으로 보고 승가에서는 이를 경계하는 여러 계명들을 두고 있다. 8파라이법에서도 수도하는 출가인들이 음행으로 인해 파계하는 일을 미연에 방지하고 정에 약한 여성들이 죄인을 감싸주는 일을 막고자 5-8계명을 석존께서 제정하신 것으로 본다. 그렇지만 음행을 야기하는 근원이 여성에게 있는 것으로 보고 5-6계를 여성에게만 지키라고 하는 것은 성차별의 소지가 있다. 또한 7-8계도 비구와 비구니 모두가 지켜야 될 계명인데 비구니에게만 지키도록 한 것은 불합리하다고 본다.

(2) 17승잔법(僧殘法)

승잔은 바라이죄 다음으로 무거운 죄로 승단에 남아 있되 비구와 비구니 각 20명씩 모인 가운데 참회하고 용서의 허락을 받아야만 다시 회복될 수 있는 벌이다. 비구는 13개 계명인데 비구니는 17개 계명을 지켜야 한다. 17개 계명 중 비구와 비구니 공통인 계명은 6개로 ① 중매하지 말라, ② 근거없이 남이 중한 죄를 범했다고 비방하지

---

23) '8가지 짓'이란 서로 도촉(掉觸)하고, 희롱하고, 웃고, 만날 장소를 알리고, 시간을 약속하고, 모양으로 알리고, 서로 사랑하고, 음행할 것을 알리는 것을 말한다.

말라, ③ 근거를 빌려서 비방하지 말라, ④ 대중을 파괴한 이가 충고를 어기도록 돕지 말라, ⑤ 남의 집을 더럽힌 이는 충고를 거역하지 말라, ⑥ 나쁜 성품으로써 대중의 충고를 거역하지 말라와 같다.

이 외에 11개 계명은 비구니만 지켜야 될 계명인데, 이 중에 "혼자서 물을 건너거나 마을에서 숙박하지 말라"(7계명), "좋지 못한 남자에게서 밥을 받거나 밥을 받으라고 권하지 말라(8,9계명)"와 같은 계명은 여성을 보호하는 계명으로 볼 수 있다. 그러나 "관청에 가서 남과 시비하지 말라"(4계명), "가깝게 지내면서 죄를 숨기지 말라"(14계명), "성냄으로 3보(三寶)를 버리지 말라"(16계명), "다투기를 좋아하며 감정을 품고 있지 말라"(17계명) 등은 비구니만 지켜야 될 법이라고 보기가 어려운데 여승에게만 지키도록 하는 것은 차별적이라고 볼 수 있다.

(3) 30사타법(捨墮法)

사타법은 보물, 옷 등 출가 수행승이 가지면 안 될 물건들을 규정한 법으로 30사타법[24]에서 특별히 성차별적 계명은 발견할 수 없다. 이 법을 정한 목적은 물욕으로 인해 범계하여 삼악도에 떨어지는 것을 방지하고 검소, 절약하여 살면서 수행승의 본분을 지키라는 것이다.

(4) 단타법(單墮法)

단타법은 망어, 이간질, 집착심, 번뇌심 등 생활규범을 토대로 구성한 법으로 단지 버리기만 하면 죄가 용서되는 법이다. 비구는 90계를 지켜야 하나 비구니는 그 배에 가까운 178계를 지켜야 된다.

가. 공통 계명

비구, 비구니 공통으로 지켜야 될 법은 "사소한 거짓말을 하지 말라", "욕하지 말라" "이간질하지 말라", "남자와 같이 자지 말라", "구족계를 받지 않은 사람과 함께 경을 외우지 말라", "때 아닌 적에 먹지 말라", "남자와 단 둘이 앉지 말라", "술을 먹

---

24) 30개의 계명 중 비구, 비구니 공통 계명은 "여벌 옷을 가지되 기한(10일)을 넘지 말라", "세 가지 옷 외에 더 가지지 말라(비구는 三衣, 비구니는 五衣)", "돈이나 보물을 저축하지 말라" 등의 18개 계명(1~18계명)이고 나머지 12개 계명("가의 바루를 가지지 말라", "훌륭한 그릇을 많이 가지지 말라", "값비싼 겉옷을 탐내지 말라" 등)은 비구니만 지키는 법이다. 사타법은 비구도 공통 계명 18개 외에 12개 계명은 따로 지켜야 한다.

지 말라", "남을 때리지 말라", "평상 다리를 너무 길게 하지 말라" 등 69개 계명이고,(1-69계명) 나머지 109개 계명은 비구니만 지켜야 하는 계명이다.

나. 비구니 계명

비구니만 지켜야 되는 109개 계명 중에서 제95계명 "봄, 여름, 겨울 세 철에는 나다니지 말라", 제97계명 "변경의 험난한 지대에 다니지 말라", 제98계명 "도성 안의 험난한 지대에 다니지 말라", 제101계명 "강물에서 옷을 벗고 목욕하지 말라", 제119계명 "임신한 여자에게 비구니계를 주지 말라", 제120계명 "아기 있는 여인에게 비구니계를 주지 말라", 제143계명 "비구승이 없는 데서 안거하지 말라", 제161계명 "저물어서 속인의 집에 가지 말라", 제162계명 "일모(日暮)에 절문을 열어 놓고 외출하지 말라", 제163계명 "해가 진 뒤에 절문을 열지 말라" 등과 같이 여성을 보호하는 규정들도 많이 있다.

그러나 제159계명 "수레를 타고 다니지 말라", 제151계명 "참기름을 몸에 바르지 말라" 등과 같이 불필요하다고 생각되는 계명도 있다. 그밖에 제70계명 "마늘을 먹지 말라", 제74계명 "비구니끼리 애무하지 말라", 제79계명 "굿하는 데서 구경하지 말라", 제89계명 "다투고 통곡하지 말라", 제128계명 "위법하게 제자를 두지 말라", 제140계명 "병 없이 교수 받는 일을 어기지 말라" 등과 같이 비구니뿐만 아니라 비구도 공통으로 지켜야 할 계명도 상당수 있다.

다. 성차별적 계명

비구니 계명 중에서 성차별적인 계명은 제131계명과 제174계명 등을 대표적으로 들 수 있다. 제131계명은 "법랍이 12년 미만이면 구족계를 줄 스승이 되지 못한다"라고 했는데 비구는 법랍이 10년이면 구족계를 줄 수 있다. 수계사의 자격을 남녀의 지식, 능력, 인품 등이 아니라 단순히 법랍을 기준으로 한 것도 문제이려니와 비구와 비구니의 차이를 2년씩이나 둔 것은 성차별로 볼 수 있다. 제174계명은 "비구의 절에 (비구니의) 탑을 세우지 말라"이다. 이 계명을 둔 이유는 남성이 여성이 세운 탑에 절을 할 우려가 있기 때문이라는 것이다. 이것은 분명히 남존여비의 사상이며 여성을 차별하는 것으로 볼 수 있다.

또한 제175계명 "새로 된 비구를 업신여기지 말라"는 8경법에도 나오는 내용으로 비구들에게는 '신참 비구니를 업신여기지 말라'는 규정을 두지 않고 비구니들에게만 신참 비구에게 예경을 갖추도록 하는 규정은 불합리하다. 그리고 제122계명 ""2년 동안 계를 배우지 아니한 여인에게는 비구니계를 주지 말라"는 식차마나 규정으로 비구에게는 없는 규정으로 여성에게만 2년간의 수행기간을 따로 규정하는 것은 성차별적 요소가 있다.

(5) 회과법(悔過法)

회과법은 실수로 저지른 죄에 관한 법을 말하며 이를 범하면 한 사람의 스님 앞에 참회하면 된다. 결계 동기(結戒 動機)는 모두 걸식에 따른 것으로 음식에 관련된 규제들이다. 비구는 4계를 지켜야 하나 비구니는 8계를 지켜야 한다.

계율의 내용은 "환자가 아니거든 ① 소락, ② 기름, ③ 꿀, ④ 검은 석밀, ⑤ 우유, ⑥ 낙(酪), ⑦ 물고기, ⑧ 육고기를 구걸하여 먹지 말라"이다. 비구와 비교해 보면 계명은 8개로 2배이나 처벌은 가벼운 편이며 비구율에서는 '밥'에 대해서만 언급하고 '환자가 아니라면'과 같은 단서가 없는데 반하여, 비구니율은 밥 외의 8가지 음식에 대해서 언급하였고, '환자가 아니라면'의 단서가 있어서 환자인 경우에는 위에 언급된 여러 음식도 먹을 수 있도록 규정하였다. 여성의 신체적 조건을 고려한 배려라고 볼 수 있겠다.

(6) 중학법(衆學法)과 멸쟁법(滅諍法)

중학법[25]은 죄의 명칭이 아니라 식사법, 설법, 재가인에게 갈 때의 주의사항을 규정한 것으로 죄가 경미하기 때문에 설사 범계했더라도 마음으로 참회하고 잘 배우기를 다짐만 하면 소멸하는 규정이다. 멸쟁법은 비구, 비구니 공통으로 지켜야 될 7개 계명으로 승단에서 일어나는 논쟁을 없애기 위해 제정한 규정[26]을 말한다. 중학법과 멸쟁법은 비구, 비구니 공통으로 지켜야 할 내용으로 성차별과는 관계가 없는 내용이다.

---

25) 중학법은 100戒의 내용 중 26戒는 불탑 공경에 대한 것이고, 23戒는 신도 집에 들어가는 예의에 대한 것이며, 22戒는 밥 먹는 법에 대한 것이며 그 밖에는 설법, 옷 입는 법 등에 관한 것이다.

26) ① 본인이 앞에 있는데서 다스리라
　　② 생각을 기억시켜 없애 주라
　　③ 정신이상이 회복된 뒤에는 회복되었다고 인정해 주라
　　④ 마땅히 본인의 자백에 의하여 죄를 다스리라
　　⑤ 죄상을 추궁하여 없애주라
　　⑥ 여러 사람이 죄를 다스리라
　　⑦ 풀로 땅을 덮듯 불문에 부치라.

3) 종헌상 비구니의 지위

한국 불교의 여성은 숫자적으로 우세하지만 종헌 상의 지위는 열악한 지경이다. 재가 불자의 70-80%가 여성이며, 대표적 종단인 조계종의 출가 승려 10,744명 중 비구니가 5,331명(비구 5,413명)으로 거의 절반을 차지하고 있다.[27] 그러나 종헌에서 비구니의 직위는 엄격하게 제한되어 있고 총무원, 교육원, 포교원, 선방 등 대부분의 조직에서 남성중심으로 되어 있으며, 조계종 25개 교구본사 중 비구니가 운영하는 사찰은 한군데도 없다. 다행히 2003년 4월 처음으로 비구니 탁연스님을 조계종 문화부장에 임명하였는데 이는 조계종이 총무원 체제로 출범한지 41년 만이다.[28] 현재 조계종 총무원장 산하 부장급으로 총무부장, 기획실장, 재무부장, 문화부장, 사회부장, 호법부장 중 문화부장에만 비구니인 효탄스님이 재임하고 있다.

종헌 제3장 제8조에 "본종은 승려(비구, 비구니)와 신도(우바새, 우바이)로서 구성한다"고 하였고, 제9조 제1항에 "승려는 구족계와 보살계를 수지하고 수도 또는 교화에 전력하는 출가 독신자"로 규정하여 조계종의 승려는 비구, 비구니로 구성됨을 명시하고 있다. 그러나 종헌에서 비구니는 차별을 받고 있으며 종정, 총무원장 등 중요 보직은 비구니가 맡을 수 없도록 규정되어 있다.

(1) 종정

종헌 제6장 제19조에 "종정은 본종의 신성을 상징하며 종통을 승계하는 최고의 권위와 지위를 가진다"라고 하여 조계종 최고의 권위와 지위를 가지고 종통을 승계하는 인물이 종정이다. 그러나 이 중요한 자리에 비구니는 아예 선출될 수 없도록 하였다. 종헌 제20조에는 "종정은 승납 45년 이상, 연령 65세 이상, 법계 대종사의 자격을 구비하고 행해(行解)가 원만한 비구이어야 한다"(조계종 종헌 제20조)고 규정해 놓았다.

(2) 원로회의

원로회의는 종정 추대권, 중앙종회에서 추천한 원로의원 선출권, 종헌 개정안 인준권, 선출된 총무원장에 대한 인준권, 종단 비상시 중앙종회 해산제청권 등의 막강

---

27) 『2008년도 통계자료집』, 대한불교조계종, 2009. 5.

28) 권오문, 24-25쪽.

한 권한(제28조 제1항)을 가지고 있다. 이러한 막강한 힘을 가진 원로회의 구성에 비구니는 아예 참여할 수 없다.

종헌 제7장 제26조 제1항에 "원로회의는 17인 이상 25인 이내의 승납 45년, 연령 70세, 법계 대종사 급의 원로 비구로 구성한다"고 규정하여 비구니는 제외되어 있다.

(3) 중앙종회

입법기구로 중앙종회를 두도록 하였고(제31조), 제36조 규정에 의하여 다음 사항은 중앙종회의 결의를 거치도록 규정하였다.

1. 종헌 종법 개정안, 종법안
2. 교육원장, 포교원장, 호계원장, 호계위원, 법규위원, 중앙선거관리위원, 소청심사위원 선출
3. 원로회의 의원 추천
4. 예산안, 결산서, 원유재산 처분안
8. 각급 종무기관에 대한 감사 등

중앙종회는 "선거법에 의해 선출된 81인 이내의 의원으로 구성한다"(제32조)로 규정하였고, 의원의 자격은 승납 15년 이상, 연령 35세 이상의 승려로 하여(제33조) 남녀 차이가 없는 것 같이 보인다. 그러나 구성원 수에 있어서 '중앙종회의원선거법'에 따로 "중앙종회 의원의 정수는 81인(비구니 10인을 포함)으로 하도록" 규정(법 제13조)[29]하여 비구니 숫자가 비구의 1/7에 불과하다.

(4) 총무원장

조계종을 대표하고 종무행정을 통리하며 종무회의 의장인(제55조 제3항) 총무원장은 다음과 같은 막강한 행정권을 행사한다.(제54조)

> ㅇ 중앙종회에 종헌 종법 개정안, 종법안 제출, 종헌 종법이 정하는 바에 따라 각 사찰의 주지 임면권,
> ㅇ 종단과 사찰에 속한 재산감독 및 처분승인권, 중요사찰의 예산승인권 및 예산조권 등

총무원장은 사찰의 주지 임면권, 중요 사찰의 예산승인권 등 구체적이고 실질적인

---

29) 중앙종회의원선거법의 본 조는 1998년 9월8일 개정하고 1998년 9월16일 공포함.

행정권의 수반인데 이 총무원장의 자격은 "승납 30년 연령 50세 법계 종사급 이상의 비구로 한다"(제53조 제1항)로 하여 여성의 진출을 원천적으로 봉쇄하고 있다.

(5) 교육원장 등

교육원장은 "승납 30년, 연령 50세, 법계 종사급 이상의 학덕을 겸비한 비구로 한다"(제59조)로 규정하였고, 총림의 방장은 "선, 교, 율을 겸비한 승납 40년 이상의 본분종사라야 한다"(제105조)로 실제 비구로 제한되어 있고, 그 밖에 포교원장(제67조), 호계원장(제73조)과 법규위원회 위원(제80조)도 비구만이 선출될 수 있도록 규정되어 있다.

4) 비구니 승가의 불평등 실태

(1) 성차별 경험의 실재

『한국 비구니승가의 성불평등 의식연구』를 보면 비구니는 상당한 성차별을 당하고 있다. "비구니가 비구로부터 차별을 받은 경험이 있는가?"에는 74.1%가 "있다"로, 25.9%는 "없다"로 응답하였다. 구체적인 사례를 분석해 보면 총 83개의 응답 사례 중 28개 사례(33.7%)가 인격적인 모독이었는데, 예를 들면 "팔경법을 운운하면서 깍듯이 대접할 것을 요구한다", "감히 비구니가…" 등 이었다. 그 다음 12개 사례(14.5%)는 의사결정권을 가지지 못한 점이었고, 11개 사례(13.3%)는 자리 배치를 통한 차별 경험 등이었다. 특기할만한 사실은 비구로부터의 차별은 재가 신도들로부터의 차별로 이어진다는 것이다. "불자들로부터 비구와 비구니를 차별하는 것을 경험한 적이 있는가?"에는 "매우 많았다"가 10.9%, "많은 편이었다"가 17.4%, "드물었지만 가끔 있었다"가 47.8%로 전체 응답자의 77%가 차별을 경험하였다고 답하였다.[30]

전체 불교 신자들의 3/4이 넘는 불자들이 비구니를 차별하는 이 같은 사실은 한국의 불자들의 대다수를 차지하는 여성들이 비구니보다 비구를 더 선호하는 것을 보여주는데, 이는 여성 불자들이 여성(비구니)을 차별하는 모순을 보여준다. 그리고 재가 불자들이 비구니보다 비구를 따른다는 사실은 곧 비구 사찰과 비구니 사찰의 신도 수

---

30) 유승무, 『한국 비구니승가의 성불평등 의식연구』, 『비구니와 여승불교 1』 (한국비구니연구소, 2003), 354-356쪽.

차이로 연결되어짐도 유추할 수 있다.

(2) 성차별에 대한 인식

위와 같은 성차별 경험은 삐에르 부르디외(P. Bourdieu)가 말하는 '상징권력(symbolic power)'으로 구조화되어 승가 내 구성원들의 의식을 규정하고 있다. "비구니들이 스스로 차별을 시인하거나 강조한 것을 경험한 적이 있느냐?" 질문에 75.4%가 "있다"라고 대답하였고, "없다"는 24.6%였다.

이 때 " '있다'라고 응답한 이유가 무엇이냐?"라는 질문에 56.7%가 "업과 복의 차이다", 23.8%는 "나도 비구가 되고 싶다"라고 응답하는 등 비구니의 대부분이 이미 차별을 당연한 것으로 받아들이고 있다.[31]

이러한 사실에서 승가 공동체의 성차별적 구조가 일상의 성차별 경험으로 이어지고, 이는 다시 사회구성원들의 의식과 태도를 결정하여 구조화된 문화로 형성됨을 보여 준다. 한국 불교계의 성차별이 이제는 비구니가 '비구가 되기를 소원'하는 성차별적 문화로 자리 잡았음을 알려 준다.

(3) 성차별 계율에 관한 의식

승가 내부의 대표적인 성차별 계율인 '팔경법'을 비구니 자신이 어떻게 생각하고 있는가를 살펴보자. 먼저 "비구니 팔경법을 알고 있느냐?"는 질문에 89.2%가 "예"라고 대답하였고, "아니오"는 10.8%였다. "팔경법에 대하여 어떻게 생각하느냐?"는 질문에 "부정적으로 생각한다"가 59.2%, "긍정도 부정도 아니다" 32.0%, "긍정적으로 생각한다" 8.0%로 나타났다.[32] 여기에서 놀라운 사실은 예상과는 달리 40%의 비구니는 팔경법에 대해서 부정적으로 보지 않는다는 것이다. 이같은 사실에서도 승가공동체 내부의 성차별 구조가 성차별 의식의 내면화로 이어지고 있다는 것을 알 수 있다.

"팔경법을 부정적으로 보는 이유는 무엇인가?" 질문에는 응답자의 63.0%가 "불교의 평등사상에 맞지 않기 때문"이라고 했고, 28.3%는 "현실 사회환경과 맞지 않기 때문"이라고 응답했다.

(4) 성차별 제도에 대한 의식

---

31) 위의 책, 357-358쪽.
32) 유승무, 359-360쪽.

조계종 종헌에는 종정, 총무원장을 비롯하여 종단기구의 주요 교역직의 종무원 이상의 자격은 거의 다 비구에 한정되고 있고, 실제 관행을 보더라도 비구니 교구 본사가 하나도 없고 중앙 종무기관이나 교구 본사의 주요 보직을 모두 비구가 맡고 있는 것이 현실이다. 이러한 차별에 대해서 비구니의 의식을 조사한 결과는 다음과 같다.

"현재 중앙종무기관의 주요 소임을 비구들만 맡고 있는 것에 어떻게 생각하느냐?"에 "부당한 측면이 있다"가 54.6%, "매우 부당하다"가 35.5%, "어느 정도 타당하다"가 9.2%, "매우 타당하다"가 0.7%로 90.1%가 성차별적 제도에 대해 불만을 나타냈다. 부당하다고 생각하는 응답자에게 그 이유를 물었더니 "비구니의 특수성과 권익을 대변해 주지 못하기 때문"이라고 한 것이 26.8%, "능력주의 원칙에 맞지 않아서"가 18.3%, "형평성에 맞지 않아서"가 14.6%, "비구가 제대로 못하므로"가 12.2%, "불교의 평등사상에 어긋나므로"가 11.0%로 나타났다.[33]

이상의 조사 결과를 보면 비구니들의 90% 이상이 비구들이 주요 보직을 독점하고 있는 것에 불만을 나타내고 있고, 그 이유로 '비구니의 무능력'이라고 비구니의 책임론을 주장하는 비구니는 12%에 불과하고 나머지는 다 비구니의 권익과 능력 등을 제대로 대변하여 주지 못하는 현재의 '비구 중심의 집권체제'에 있다고 보는데 이에 대한 개선책이 마련되어야 한다고 본다.

3. 유교의 가정공동체

유교의 공동체가 있느냐에 대해서 논란이 있으나, 제1장 '연구의 범위'에서 언급한 대로 유교도 공동체가 있다고 본다. 금장태는 유교의 공동체를 가정공동체, 학문공동체, 지역공동체로 크게 나눈다. 첫째 자연적 공동체로서 부모와 자식의 결합을 기준으로 하는 가정(家) 공동체가 있고, 둘째 유교적 가치관과 도덕의식을 계승하고 연마하는 문화적 공동체로서 학문(學) 공동체가 있고, 셋째 작게는 향촌으로부터 크게는 국가차원으로 확대되는 사회적 공동체로서 지역(鄕·國) 공동체가 있다.[34] 현대에서도 한국인의 의식 속에 깊이 뿌리박힌 혈연(血緣)·학연(學緣)·지연(地緣)은 유교공동체의 세 차원과 연결되어 있다. 학문공동체[35]와 지역공동체[36]는 조선시대에 성행하

---

33) 유승무, 362-363쪽.

34) 금장태, 『유교의 사상과 의례』(예문서원, 2000년), 192쪽.

다가 현재는 소멸되었으므로 가정공동체를 중심으로 다루기로 한다.

1) 종법제도

가정공동체의 조직은 고대 유교의 사회전통으로서 종법제도가 기준이 되고 있으며, 이 종법 조직은 부계적(父系的)인 장자상속 제도에 의하여 뒷받침되고 있다.[37] 우리나라에 전래된 종법제는 주(周)나라 때 형성된 종법제에 기초한 것인데, 가계 계승과 제사를 핵심내용으로 하는 종법은 크게 대종(大宗)[38]과 소종(小宗)으로 구별하고 친족관계는 소종과 밀접하게 관련되어 있다. 소종은 부, 조부, 증조, 고조의 후손으로 이루어진 8촌 이내의 친족을 말한다.

유교의 친족 역시 두 가지 면에서 종교공동체의 성격을 띠고 있다고 할 수 있다. 첫째 이념적인 면에서 볼 때 이 친족은 생물학적 의미를 벗어나 유교의 가장 기본적인 이념인 인(仁)을 실현하는 장이다. 둘째 의례적인 면에서 볼 때 소종의 범위는 가장 기본적인 제사공동체가 되기 때문이다.[39] 적장자로 이어지는 가장이 제사 주관자이며 가족 구성원은 신도가 되며, 집은 제장(祭場)이 된다.

(1) 중국종법의 수용과 조선종법의 특징

종법의 필요성에 대해 『예기』는 친친(親親), 종조(尊祖), 경종(敬宗)과 종묘, 사직의 위엄 등을 들면서 종(宗)을 공경하는 종법을 잘 지키는 것이 집안의 안정뿐만 아니라 국가의 안정으로 이어짐을 다음과 같이 말하고 있다.

---

35) 학문공동체의 선비들은 스승을 찾아가 배우기를 청할 때의 의례인 '집지례(執贄禮)', 선비들 사이의 만남에서 행하는 '사상견례(士相見禮)', 선비들이 함께 어울려 술을 마시며 서로에 대한 공경을 표명하는 '향음주례(鄉飲酒禮)', 선비들이 모여 활을 쏘며 서로 겸양의 덕을 드러내는 '향사례(鄉射禮)'를 행하였다.
위의 책, 194쪽.

36) 지역공동체로는 넓게는 국가공동체도 있지만 일반적인 것은 향촌중심의 공동체로서 '鄉約'을 통해 향촌을 결집시켰다. 이 때 향약은 여대균이 제정한 "呂氏鄉約"의 4강령(德業相勸, 過失相規, 禮俗相交, 患難相恤)을 기준으로 한다.
위의 책 195쪽.

37) 금장태, 『유교의 사상과 의례』, 193쪽.

38) 제후의 아들 중에 적장자를 제외한 아들을 別子라고 하며 이들이 각각 하나의 대종의 시조가 되고, 이 시조의 적장자들은 시조를 잇는 자로서 대종이 된다.

39) 한국종교연구회 편, 338-339쪽.

어버이와 친하면 조상을 존중하게 되고 조상을 존중하면 宗을 공경하게 되며, 종을 공경하게 되면 친족을 거둘 수 있으며, 친족이 거두어지면 종묘가 엄격해 지며, 종묘가 엄격해지면 사직이 중해지며 사직이 중해지면 백성을 사랑하게 된다.[40]

『주자가례(朱子家禮)』는 사당, 관례, 혼례, 상례, 제례 등을 규정한 책으로 송대(宋代)의 종법이 구체적으로 어떻게 실행되었는지를 밝히고 있다. 이 책은 성리학의 도입과 시기를 같이하며 고려 말의 유학자 정몽주, 조준, 이숭인 등에 의해 언급되기 시작하여 조선 건국 후에는 본격적으로 그 전파가 장려되었다. 조선 종법은 중국과는 달리 적서차별을 강화하고 입후(立後)를 선호하는 등의 특징을 갖고 있는데 이는 가부장의 권한 강화와 반비례하여 여성의 권한은 저하되고 있음을 보여준다. 조선 종법의 특징을 정리하여 보면 그 내용은 다음과 같다.[41]

첫째 적서(嫡庶)의 차별이 강하게 드러났다. 유처취처(有妻娶妻) 구분에 의하여 처와 첩을 분명하게 구분하였고 적자와 서자의 구분을 엄격히 하였다.

둘째 입후를 둘러싸고 끊임없는 논쟁이 있었다. 『경국대전』봉사조(奉祀條)에는 적장자(嫡長子)나 중자(衆子)에게 아들이 없으면 첩자(妾子)가 봉사할 수 있도록 하고 있으나, 조선초기 종법이 도입되는 시기부터 첩자 봉사를 기피하는 현상이 나타나 일반 소종의 경우에도 입후를 하는 경향이 나타났다.

셋째 『주자가례』에서는 4대봉사를 규정하였지만, 조선에서는 이를 간소화하였다. 『경국대전』봉사조주(奉祀條註)에 "문·무관 6품 이상은 부모·조부모·증조부모의 3대를 제사하고, 7품 이하는 2대를 제사하며, 서인은 단지 죽은 부모만을 제사한다"라고 규정하였다. 조선시대의 기본법전인『경국대전』에 제사의 간소화를 규정하였지만, 조선의 양반들은 『주자가례』의 예법대로 4대봉사를 끈질기게 주장하였고 조선 후기에는 모두 이를 지키게 되었다.[42] 양반들의 사대봉사는 서민들에게도 영향을 미쳐 지금도 이를 지키는 사람들이 있을 정도이다.

---

40) 『예기』권16 대전 16.

41) 이순구, 『조선초기 종법의 수용과 여성지위의 변화』(한국정신문화연구원 한국학대학원, 박사학위논문, 1994), 26~42쪽.

42) 위의 책, 36~38쪽.

(2) 종법의 수용과 혼인제도의 변화

가. 유처취처(有妻娶妻)의 금지

유처취처란 처가 있는 상태에서 다시 처를 얻어 정식 부인이 둘 이상이 된 경우를 말한다. 조선 초기에 법제화된 유처취처의 금지는 일부일처제의 시행이라기보다는 고려말기 이후의 다처병축(多妻並畜) 현상을 종법의식으로 재단하여 처첩제(妻妾制)라는 변형된 형태의 다처제로 정착시킨 것에 불과하다.[43]

이 법은 적처(嫡妻)의 권리보호에 주안점이 있는 것이 아니라 종사(宗祀)의 가부장적 질서를 확고하게 하기 위한 것이며, 이러한 종법적 의식이 강화됨에 따라 여성의 지위는 점차 위축되게 되었다.

나. 재가 금지(再嫁 禁止)

조선초기에 여인들의 재가를 금지한 이유는 유교 윤리의 보급, 풍속의 교화, 재가녀의 자녀문제 등을 들 수 있다. 남성 위주로 가계 계승이 이루어지는 사회에서는 재가녀의 자녀가 어머니를 따라가든 따라가지 않든 모두 복잡한 문제를 야기하게 된다.[44]

그러나 이러한 이유는 표면적인 이유에 불과하고 구체적인 이유는 여자의 정절을 강조하여 가계 계승의 질서를 공고히 하자는 종법적인 의식이 그 배경에 작용하고 있다. 가계 계승에 있어서 혈통의 순수성은 매우 중요한 사항으로 인식되었기 때문이다.

다. 친영(親迎)제도의 확산

혼인 후에 남자가 여자 집에 머물며 생활하는 남귀여가(男歸女家) 제도는 조선 후기 친영제도가 정착되기 까지 우리 사회의 보편적인 혼례 양식이었다. 고구려시대에도 데릴사위제가 있었고, 고려시대에도 신랑은 처가에서 거주하였으며 아들 또는 손자까지도 종종 처가에서 낳고 길렀다.[45] 이는 아내의 재산취득과 사위로 인한 사회적 지위확보라는 쌍방의 이해가 일치하여 고려시대에도 일반화되었다. 조선시대에 와서 남귀여가 제도를 금지하고 강력하게 친영제도를 실시하는 이유는 사대주의 사상과

---

43) 이순구, 44-56쪽.

44) 위의 책, 58-64쪽.

45) M. Deuchler, 102-103쪽.

여필종부 사상이 그 배경이다.

> 정부가 의논하여 아뢰기를 "중국의 예의가 비롯되는 것은 바로 혼인의 예입니다. 바르게 음(陰)이 양(陽)을 쫓아 여자가 남자의 집으로 가서 아들과 손자를 낳아 내가(內家)에서 자라게 하니 본종(本宗)의 중요함을 알게 되고 아버지가 양인이면 모두 양인이 됩니다. 그러나 우리 동방은 전장문물(典章文物)을 모두 중국을 본받으면서 오직 혼인례는 굳이 옛 습속을 따라 양이 음을 쫓아 남자가 여자 집으로 가서 아들과 손자를 낳고 외가에서 자라게 하니, 사람들이 본종이 중한 줄을 알지 못하고 어머니가 천하면 모두 천해집니다.[46]

그밖에도 외조부모나 처부모에 대한 상복을 중히 여기는 관습을 시정하는 것과, 딸혹은 외손 봉사의 확산을 막으려는 것도 친영제도를 실시하는 이유이다. 그러나 친영제를 실시하고자하는 가장 중요한 이유는 남자가 여자를 따를 수 없다는 종법적인 사고 때문이다.[47] 친영제를 시행하기 위하여 조정에서는 왕실[48]과 사대부의 시범 실시, 사법기관의 규찰 등도 논의하였지만 민간에서는 제대로 실행되지 않자 중종 때 반친영제(半親迎制)[49]를 실시하는 등의 우여곡절을 거쳐 명종 때에 와서 친영제가 정착되었다.[50]

여권을 억제하고 종법사상을 고취시키기 위하여 국가에서 강제로 남귀여가제를 폐지하고 친영제도를 실시하였는데 양성평등이 통용되는 오늘날은 이 제도에 대한 재검토가 필요하다고 본다. 노인자살률이 세계 최고수준에 달하고 있고 고령화 문제와 저출산문제로 어려움을 겪는 국가적 과제를 해결하기 위하여 남귀여가제를 권장하는 것도 한 방법이 될 수 있다.

(3) 여성 봉사권의 변화

딸이 봉사권을 가질 수 있는가의 문제는 가계계승 의식과 반비례하므로 종법과 불가분의 관계가 있다. 조선 초기에는 상례(喪禮)를 불교적인 의례로 행하는 것이 일반화되었는데 이 때 주최자는 여성인 경우가 많았다. 종법에 의한 제사는 반드시 아들

---

46) 『태종실록』권27, 태종 14년 1월.

47) 이순구, 66–77쪽.

48) 우리나라 친영제는 세종의 의지로 재위 17년 (1435년) 3월 파원군 윤평(尹坪)과 숙진옹주와의 혼인에서 시작되었다고 본다. (『세종실록』권67, 세종 17년 3월 丙子)

49) 혼례는 여전히 여자집에서 치르나, 혼례 후 여자 집에서 머무는 기간을 대폭 줄여 2–3일로 하는 제도.

50) 이순구, 69–77쪽.

이 주관해야 하지만 불교식 제사는 절에 의뢰하여 수륙제(水陸齋) 등의 형태로 행해지므로 꼭 아들일 필요는 없었다. 조선 세종 때도 "지금 세속에서는 봉사할 아들이 없더라도 여손이 있으면 어느 누구도 다른 사람의 자식을 빌어 후사로 삼지는 아니 한다"는 기록이 나오는데, 조선 초기에는 아들이 없는 경우 딸의 봉사와 함께 외손의 봉사도 일반적인 것으로 행해졌다.[51] 그러나 이는 과도기적인 현상이고 아들이 없는 경우 종법을 세우기 위하여 입후를 선호하여 딸이나 외손의 봉사는 조선 중기부터는 점점 소멸되어 갔다.

맏며느리인 총부(冢婦)도 제사와 빈객대접의 역할을 감당하였다. 종자(宗子)가 아들 없이 죽은 경우 형망제급(兄亡弟及)을 하게 되면 봉사권은 바로 차적(次嫡)에게로 넘어가지만, 입후(立後)를 선호할 경우 제사권은 입후가 결정되기까지 총부에 의해 유지될 것이며 입후에 대한 총부의 권한도 일시적으로 강화될 수 있을 것이다. 그러나 조선 후대로 갈수록 입후를 선호하는 경향이 강화되고 총부에 의한 제사 주관 기간도 짧아지며 그 권한도 줄어들게 되었다. 조선 후기로 갈수록 총부에 의한 제사 주관이 부정되고 입후를 해야 한다는 주장이 강해지는 것은 이러한 맥락에서 파악될 수 있다.[52] 한마디로 말하면 종법제의 시행이 강화될수록 여성의 봉사권은 위축되어 갔다.

(4) 여성 재산상속권의 변화

조선 초기뿐만 아니라 조선 중기까지도 상속에서는 자녀균분 상속이 행해졌다. 『경국대전』에는 적처(嫡妻)의 소생일 경우 장자, 중자(衆子), 딸의 구별 없이 모두 같은 양의 재산을 분배하고 그 가운데 승중자(承重子)에 한해서 상속분의 1/5을 더해 준다. 그리고 첩에게서 난 자식이 있을 때, 그가 양첩(良妾) 소생일 경우에는 적자녀(嫡子女)의 1/7, 천첩(賤妾) 소생일 경우에는 1/10만을 분배한다는 규정이 부가되어 있는데, 이 때에도 아들과 딸 간에는 균등분배를 행하도록 되어 있다.[53] 『경국대전』에 남자만이 제사권을 상속할 수 있도록 하여 종법제를 고수하는 경향에서 재산상속 문제만은 예외적인 현상이었다.

그러나 17세기를 지나면서 조선사회에는 여성의 재산권이 축소되는 현상이 일어나

---

51) 이순구, 83–84쪽.
52) 위의 책, 90–91쪽.
53) 위의 책, 100쪽.

기 시작하였다. 균분 상속에서 차등 상속으로 바뀌어져 갔다. 1600년대 중반을 기점으로 하여 균분제를 택하는 가정이 많기는 하지만, 장자우대, 남녀차별 등의 차등 상속을 하는 가족이 증가하는 경향이 나타난다.

여자에게 차등 상속를 하게 되면 차액만큼의 상속분은 대개 장남에게 돌아가는 실정이었다. 이렇게 장자를 우대하는 이유는 장자가 승중(承重) 즉 가계를 계승하며 제사를 받드는 주체자라는 데 있다. 물론 『경국대전』에 '승중자에게 다른 자녀에 비해 1/5의 봉사조'가 따로 책정되어 있지만, 그 비율에 그치지 않고 점점 늘어나는 경향이 있었다. 봉사를 위한 몫이 후대로 갈수록 많아져 조선 말기에 이르면, 심지어 장자의 본래 상속분과 봉사조(奉祀條)를 구분하지 않고 일괄하여 장자가 재산을 상속하는 경향으로까지 변화하게 된다.[54] 이와 같이 여성 상속재산의 축소는 봉사조의 증가를 가져오고, 이는 제사를 중시하는 의식에서 비롯된 것이며, 제사를 중시한다는 것은 결국 종법사상에 기인한다고 볼 수 있다. 조선의 17세기는 족보의 발달, 동족 부락의 형성, 종중의 출현으로 이미 종법이 사회윤리의 기준으로 자리 잡는 시기이며, 종법이 일반화되는 시기라고 볼 수 있다.

이러한 남성 우대사상은 최근까지 지속되다가 2005년 7월21일 대법원에서"성인 여성도 종중 회원으로 인정된다"는 새 판례를 남김으로써, 성인 남성만을 종전 회원으로 인정했던 판례를 47년 만에 깨고 여성에게도 종중 재산에 대한 상속의 길이 열리게 되었다.

2) 내외법(內外法)

(1) 내외의 연원과 내외법 강화의 요인

'내외'란 말은 조선시대에 상당히 광범하게 사용된 용어로서, '안'과 '밖'이라는 단순한 자의적(字意的) 의미에서 발전하여 '부부', '남녀'와 같이 양성을 가리키는 경우와 친족의 범위에서 '부계·모계'를 뜻하는 경우, 가옥 구조상 '내사(內舍)·외사(外舍)'을 의미하는 경우, 관제상 '경(京)·외(外)'를 구분하는 경우와 같이 다양한 의미로 사용되었다. 여기서는 '남녀', '부부'로부터 '남녀를 구분한다' 그리고 보다 구체적인 의미로

---

54) 이순구, 107-111쪽.

'남녀간에 자유스러운 접촉을 금한다'는 관습 및 법의 의미로 사용하고자 한다.[55]

유교 사상에서는 남녀의 정상적인 결합, 즉 부부관계를 모든 인류의 첫 마디로 보고 있는 만큼 남녀의 관계 및 그 접촉에 대해 중요한 의미를 부여하고 그 내용을 예제로 규정하였다. '내외'의 연원이 될 수 있는 『예기』에서는 내외의 구별을 말하면서 부부간에 지켜야 할 예의 내용을 다음과 같이 말한다.

> 禮는 부부가 서로 삼가는 것부터 시작된다. 그러므로 궁실을 만들어 밖과 안을 구별하여 남자는 외실에 있고 여자는 내실에 있어 서로 궁을 깊이 하고 문을 굳게 하는데, 문지기가 이를 지킨다. 남자는 여자의 방에 들어가지 않고 여자는 자기 방에서 나오지 않는다.[56]

아래 예문은 부부간의 예절에서 출발하여 일반적인 남녀관계의 예절을 말하고 있는데, 유교적인 '내외'의 개념은 남녀간에 예의를 지키는 것이며 역할을 분담하고 그것에 따라 공간을 분리하는 것이다.

> 남자는 집안 일을 말하지 않고 여자는 바깥 일을 말하지 않으며, 제사 때나 상중(喪中)이 아니면 그릇을 주거나 받지 않는다. 부득이한 경우라면 여자는 대바구니에 넣어서 준다. 대바구니가 없을 때는 남녀가 모두 꿇어앉아 주는 자가 이를 땅바닥에 놓으면 받는 자가 이를 집는다. 또 남녀는 우물을 함께 쓰지 않으며 욕실에서 목욕을 함께 하지 않으며 잠자리를 서로 바꿔 쓰지 않는다.[57]

위에서는 남녀 모두에게 공통되는 사항으로 자율성을 띠나, 다음 예문은 강제성을 띠며 여성에게 국한되고 있다. 여자는 10살이 되면 규문(閨門)을 나가지 말고 온순하고 순종하며 여성에게 국한된 직조하는 일을 수행해야 한다고 『예기』에서는 말한다.

> 일곱 살이 되면 남녀는 자리를 함께 하지 않고, 음식을 같이 먹지 않는다.[58] 여자는 10살이 되면 규문을 나가지 않고 선생에게 부드럽게 듣고 따르는 법을 배우고 직조하는 일을 수행한다.[59]

---

55) 이순구, 131쪽.

56) 『예기』『內則』제12.

57) 위의 책,『內則』제12.

58) "七年　男女不同席　不共食"『예기』『內則』제12.

59) 위의 책,『內則』제12.

『맹자』에서는 경제적 생산에 있어서 남자는 밖에 나가 농사를 짓고, 여자는 집안에서 누에쳐 옷감짜는 것을 기술하면서 남자의 업과 여자의 업을 구분하였다.『예기』에서는 천자후(天子后)는 여러 후궁과 비빈들을 통하여 천하의 내치를 듣고 천자는 6관(官)과 3공9경 등을 통하여 천하의 외치를 듣도록 규정하였다.

> 천자후는 6궁(宮), 3부인, 9빈(嬪), 71세부(世婦), 81어처(御妻)를 두어 천하의 내치를 듣고, 천자는 6관(官), 3공, 9경, 27대부, 81원사(元士)를 두어 천하의 외치를 듣는다.[60]

내외법 강화의 요인은 단순한 예제상의 문제가 아니라 근친상간을 포함한 간통사건 때문으로 본다. 세종 연간의 실록 기사를 보면 간통사건의 기록이 60여건이 넘는데, 이러한 간통사건들은 모두 중앙정부에서 문제가 된 것이니 만큼 사소한 사건으로 볼 수는 없다. 세종 18년 4월의 실록을 보면 "근자에 관찰사 이귀산의 처, 유귀수의 딸 감동, 양가의 딸인 금음동과 동자, 유장의 딸, 이춘의 딸이 간통"을 행했다고 기술하고 있다.[61] 근자의 기간이 정확하게 얼마동안인지는 알 수 없으나, 이 기간에 무려 6건이나 간통사건이 일어났다는 것은 여성의 정절을 중시하는 가부장적인 조선사회에서 예사 일이 아니라고 본다. 이러한 간통사건이 사회문제로 대두되자 그 사건의 원인이 여성에게 있다고 보고 갖가지 여성 차별적인 시책을 강구하였다.

(2) 내외법 강화에 따른 여성차별

조선의 내외법은 중국의 『예기』에서 볼 수 있는 본래적 의미의 내외 개념과는 차이가 있다. 그 차이점은 첫째, 조선의 내외법은 자율성을 전제로 한 윤리 덕목에 그치는 것이 아니라, 위반할 때는 형벌이 따르는 강제적인 규제조치였다는 점이다. 둘째 위와 같은 규제는 남녀 모두에게 공히 적용되는 규정이라기보다 대부분 여성에게만 일방적으로 강요되는 규제였다는 점에서 매우 성차별적인 내용이라는 점이다.

내외법에 따른 구체적인 성차별 내용을 보면 여성들의 집 바깥 출입을 제한하며, 외간 남자를 마음대로 만날 수 없도록 규정한 점이 특색이다. 조선시대의 여성들이 접촉할 수 있는 남자들의 범위는 三寸 이내의 친족으로 한정되었다. 태종조에 편찬된

---

60) 위의 책,『婚儀』제44.

61) 이순구, 160~161쪽.

『경제육전』예전(禮典)에 의하면 양반 부녀자가 자유로이 방문할 수 있는 친족의 범위를 3촌으로 한정하고, 이를 위반한 경우는 실행(失行)으로 논한다고 규정하였다.[62] 또한 여자들이 절에 출입하는 것을 금지하는 부녀 상사(上寺) 금지, 여자들의 바깥 출입시 남녀 접촉을 금지하기 위한 교자(轎子)사용의 의무화, 여성의 행락 금지, 여성의 문밖 출입시 폐면(蔽面)[63] 강제, 주인 처와 노(奴)간의 간통에 대한 강력한 규제 등이다.[64]

이러한 구체적인 성차별 내용은 여성들의 바깥 출입 제한과 대외활동 제한으로 요약할 수 있다. 내외법에 따른 여성의 출입 제한과 대외활동 제한은 조선시대에만 영향을 미친 것이 아니라 그 이후 현대에까지 영향을 미쳤다고 본다. 제2장의 "남성중심 문화 실태"에서 보는 것처럼 최근에 여성들의 대외적인 활동이 매우 활발해졌지만, 여성의 경제활동 참가율은 49.4%에 불과하여 남성(73.0%)에 비해 매우 떨어지는데, 이는 아직도 과반수의 여성이 집안에서 지내고 있다는 것을 알려준다. 그리고 "계열별 학위 취득자" 통계를 보면, 대외적인 활동이 많은 사회계와 자연계 진출 여성이 특히 떨어지고 있다. 2004년 여성의 석사학위 취득자 중 사회계는 34.2%, 자연계는 44.9%로 남성의 65.8%, 55.1%에 비해 떨어지며, 여성의 박사학위 취득자는 사회계 17.8%, 자연계 30.2%로 남성(82.2%와 69.8%)에 비해 더욱 떨어진 실정이다. 정부에서는 최근까지 여성의 진출이 활발하지 못한 분야의 여성활동을 지원하기 위하여 각종 법을 제정하였다. 그 중에서도 『여성기업지원에관한 법률』(1999. 2.5 제정), 『여성과학기술인 육성 및 지원에 관한 법률』(2002. 12.18 제정), 『여성농어업인 육성법』(2002. 12.18 제정)이 대표적인 법이다.

4. 기독교 공동체

기독교 공동체인 교회는 헬라어로 '에클레시아'(εκκλησια)라고 부르는데 이는 '세상으로부터 부름받은 성도들의 모임'을 말한다. 이 교회는 인간의 죄를 대속하기 위해 십자가에 죽었다가 부활한 예수를 머리로 하고, 그를 구주(救主)로 고백하는 모든 신자들을 지체(肢體)로 하여 구성된 공동체이다. 이 때 신자들은 모두 평등하며 공동

---

62) 이순구, 167쪽.
63) 『예기』권12, 內則.
64) 이순구, 168-186쪽.

체를 유지하기 위하여 성령의 은사에 따라 직무상의 차이가 있을 뿐이다.

베드로는 모든 신자들을 "택하신 족속이요 왕같은 제사장들"(벧전2:9)이라고 만인 제사장직을 강조하고 있으나, 기독교 공동체는 지금도 남성중심의 조직과 여성의 성직제한 등으로 여성의 활동을 제한하고 있다.

1) 남성중심의 집권적인 교회 조직

류터(Rosemary Radford Ruether)는 가정집이나 창고 혹은 교회 건물 등 어디에서 집회를 갖든지 간에 참된 교회를 나타내는 표상은 똑같은 것이라고 하면서 바람직한 교회 모습을 다음과 같이 설정하나 우리의 현실은 그렇지 못하다.

> 교회는 성차별주의로부터 해방이라는 기쁜 소식이 전해지는 곳이며, 성령이 우리로 하여금 가부장제를 부정할 수 있도록 함을 주기 위하여 역사하는 곳이기도 하며, 새로운 삶의 상호성에 동참한 공동체가 함께 모여 커가는 곳이며, 또한 공동체에 이러한 전망을 확산시키고 다른 사람들과 투쟁을 전개하는 곳이기도 하다.[65]

(1) 초대교회 당시의 교회조직

예수가 공생애를 시작한 AD 32년경부터 35년까지 예수가 '교회'라는 단어를 사용한 것은 한번 정도[66]로 나타나며, 제자들에게 성도들의 공동체인 '교회'를 세우라고 말한 적도 없다.[67] 예수는 12제자와 그를 따르는 여자들과 함께 일정한 장소에 매이지 않고 아무 조직도 없이 이스라엘 전역을 돌아다니며 전도활동을 했다. 이 때 예수는 "크고자 하는 자는 섬기는 자가 되고 으뜸이 되고자 하는 자는 종이 되어야 한다"고 하며 겸손과 섬김을 강조했다. 예수가 죽고 나서 십자가에 죽었다가 살아난 예수를 핍박 속에서도 증거하며 예루살렘 교회를 비롯하여 각 지역에 공동체를 만들기 시작했는데, AD 40년경부터 예루살렘 공동체에 장로가 있었다고 보며 동시에 안수하는 습관도 채택되었다고 본다.[68] 초대 교회 공동체에는 성차별과 관련된 내용이 없었으나, 점차 교세가 불어나면서 집권적인 교회 조직과 여성안수 문제, 예배포 문제가 대

---

65) R. R. Ruether, 『성차별과 신학』, 안상님 역 (대한기독교출판사, 1985), 227쪽.

66) "내가 이 반석 위에 내 교회를 세우리니 음부의 권세가 이기지 못하리라"(마16:18)

67) Hans Küng, 『가톨릭교회』, 배국원 역 (을유문화사, 2003), 27쪽.

68) 위의 책, 35쪽.

두되었다. 이러한 여성관련 문제는 가톨릭과 개신교가 다르고 개신교도 교단별로 다르게 나타난다.

(2) 가톨릭 교회조직

가. 교황제도의 시초

가톨릭 교회는 제1대 교황을 베드로라고 한다. 예수로부터 '반석'이라는 별명을 받은 베드로는 원래 어부였고, 12제자들과 같이 초기 예루살렘 공동체의 지도자였다. 예수 당시에도 변화산 사건(마17:1-8)처럼 중요한 일에는 야고보, 요한과 같이 예수와 함께 하기도 하였다. 그는 '주는 그리스도요 살아계신 하나님의 아들'이라는 믿음의 고백을 통하여 예수로부터 칭찬도 받았지만, 예수가 행하는 하나님의 사역을 방해했을 때 "사탄아 물러가라"(마16:23, 막8:33)는 심한 꾸중도 들었다. 마태복음에서 예수가 말한 "내가 **이 반석 위에 내 교회**를 세우리니"에서 '이 반석'(πετρα, '磐石'(Rock)이라는 여성명사)은 인간 베드로(πετρος, '돌'(stone)이라는 남성명사)가 아니라 '주는 그리스도'라는 베드로의 신앙고백임이 명백하다.

> 시몬 베드로가 대답하여 가로되 주는 그리스도시오 살아 계신 하나님의 아들이시니이다 예수께서 대답하여 가라사대 바요나 시몬아 네가 복이 있도다 이를 네게 알게 한 이는 혈육이 아니요 하늘에 계신 내 아버지시니라 또 내가 네게 이르노니 너는 베드로(πετρος)라 내가 이 반석(πετρα) 위에 내 교회를 세우리니 음부의 권세가 이기지 못하리라 내가 천국 열쇠를 네게 주리니 네가 땅에서 무엇이든지 매면 하늘에서도 매일 것이요 네가 땅에서 무엇이든지 풀면 하늘에서도 풀리리라(마16:16-19)

초대교회에서 베드로는 특별한 권위를 가진 지도자였지만 그는 언제나 다른 사람들과 더불어 그 권위를 행사하는 겸손한 예수의 제자였다. 자신을 다른 장로들과 동일한 장로요 복음 전파를 위하여 직접 고난을 당했고(벧전5:1), 예수 그리스도의 종이요(벧후1:1), 양무리의 본(벧전5:3)이 되는 충성스러운 일꾼이었다.

> 너희 중 장로들에게 권하노니 나는 함께 장로된 자요 그리스도의 고난의 증인이요 나타날 영광에 참예할 자로라 너희 중에 있는 하나님의 양무리를 치되 부득이함으로 하지 말고 오직 하나님의 뜻을 좇아 자원함으로 하며 더러운 利를 위하여 하지 말고 오직 즐거운 뜻으로 하며 맡기운 자들에게 주장하는 자세를 하지 말고 오직 양무리

의 본이 되라(벧전5:1-3)예수 그리스도의 종과 사도인 시몬 베드로는 우리 하나님과 구주 예수 그리스도의 의(義)를 힘입어 동일하게 보배로운 믿음을 우리와 같이 받은 자들에게 편지하노니(벧후1:1)

가톨릭 신학자 한스 큉(Hans Küng)은 베드로에 대해서 신약성경에는 베드로가 로마에 갔다는 기록이 없으나, 베드로가 로마에 체류하다가 순교하였다는 전승이 있음을 말하고, "주는 그리스도요 살아 계신 하나님의 아들"이라는 고백이 교회의 기초라고 밝히면서 이에 대해서는 전문학자들 사이에 광범위한 동의가 이루어지고 있다고 한다.

1. 유대교 율법을 적용하는 문제에 관해 바울로와 논쟁을 벌였던 안디오크 (Antioch)에 베드로도 분명히 같이 있었다. 또한 그는 게바(Cephas), 곧 베드로에게 충성하는 무리가 있었던 고린도에도 있었던 것 같다. 그러나 신약성서 어디에도 베드로가 로마에 갔다는 기록은 찾을 수 없다
2. 신약성서에서 베드로가 후계자(또는 로마교회의 후계자)라는 것에 관한 증거를 찾는 것은 더 어렵다. 여하튼 반석에 관한 발언의 논리는 오히려 그 반대를 입증하는 듯하다. 다시 말해 그리스도에 대한 베드로의 믿음(마16:16)이야말로 교회의 변하지 않는 기초였다는 사실에 틀림없다.
3. 90년경 "클레멘스의 편지"와 110년경 안티오크의 주교 이그나티우스 (Ignatius)는 베드로가 로마에 체류했으며 거기서 순교했다고 증언하고 있다.…… 그의 생애 마지막 순간에 베드로는 로마에 있었으며[69] 네로 황제의 박해 과정에서 순교한 듯하다. 그러나 오늘날 바티칸 성당 밑에서 그의 묘지를 확인하려는 고고학적 노력은 실패하고 말았다.[70]

이상의 기술에서 알 수 있듯이 베드로는 한 번도 자신을 그리스도의 종인 '장로' 직위에서 벗어난 행동을 한 적이 없고, 자신을 교황이라 칭한 적도 없다. 이에 대해서는 아우구스티누스(Aurelius Augustinus)도 모든 감독들은 근본적으로 동등하며 교회의 기초가 되는 것은 베드로나 그의 후계자들이 아니라 예수 그리스도와 그에 대한 믿음이라고 말했다.

모든 감독들은 근본적으로 동등하다. 비록 로마가 제국과 교회의 중심이라고 생각하긴 했어도 아우구스티누스는 교황주의를 지지하지 않았다. 로마교회가 통치나 재판

---

69) 이에 대해서는 베드로전서에서도 '바벨론에 있는 교회'(벧전5:13) 언급에서 암시하고 있으며, 베드로가 본 서신을 쓰면서 그의 말년을 보낸 장소가 로마이며, 체류 시기는 AD 62-68년으로 추정한다.
『옥스퍼드 원어성경대전』베드로전·후서, 22, 399-400쪽.

70) Hans Küng, 37-38쪽.

권의 우위성을 가진다고는 결코 생각하지 않았다. 왜냐하면 교회의 기초가 되는 것은 베드로 자신이나 그의 후계자들이 아니라 바로 그리스도와 그에 대한 믿음이기 때문이다.[71]

'하나님의 하인 중의 하인'이라고 자신을 표방한 겸손한 교부 그레고리 1세는 교황을 상징하는 "유일한 감독"이라는 칭호 자체가 세속적이며, 모독적이고 적 그리스도의 선봉이라고 강력히 반대했고, '유일한 감독'이라고 불리는 사람이 넘어지면 교회 전체가 그 지위에서 전락한다고 말했다.[72]

우리의 형제요 동료인 감독이 유일한 감독이라는 이름을 가지고 다른 모든 감독들을 경멸한다는 것은 참을 수 없는 대단히 슬픈 일이다. 그러나 이 교만은 적그리스도의 시대가 이미 가까이 왔다는 뜻이 아니고 무엇인가? 천사들과의 동료관계를 멸시하고 최고의 특이한 자리에 오르려고 한 자를 그는 분명히 본받고 있기 때문이다[73]

라틴교회의 마지막 교부이자 동시에 첫 번째 중세 교황은『그레고리(Gregorius) 1세』(재위 590-604)로 부르는데 그는 앞에서 본 바와 같이 교황제도 자체를 배척하였다. 그리고 제1대 교황이라고 부르는 베드로와는 전혀 관련이 없다. 또한 교황 직위를 남성들만의 전유물로 지금까지 사용하여왔는데 이에 대한 성경적 근거는 전혀 없으므로 양성을 평등하게 창조하신 하나님의 관점에 서서 '교황 남성독점권'에 대한 재검토가 필요하다고 본다.

교황(pope) 칭호는 사악한 황제 포카스(Phocas)에 의해서 604년에 처음으로 그레고리 1세에게 주어졌으나, 이 포카스는 그의 전임자 황제 모리스 (Mauritius)를 암살하도록 만들었고 이 때문에 콘스탄티노플 주교에게 파문당한 자이다. 그레고리는 자기에게 주어진 이 칭호를 거절하였으나, 그의 두 번째 계승자 보니페이스(Bonifacius) 3세는 이 칭호를 당연하게 받아들였고, 지금까지 이 칭호는 로마 주교들의 명칭으로 계승되고 있다.[74]

나. 집권적인 교계(教階)제도와 여성의 배제

로마 교황은 지상에서 그리스도의 대리자로서 세계의 통치자이며, 로마 교회 그 자체뿐만 아니라 모든 왕들, 대통령들, 그리고 시민의 지배자들, 참으로 모든 사람과 국

---

71) 위의 책, 82쪽.
72) John Calvin, 『기독교강요 下』, 김종흡 외 역 (생명의말씀사, 1994), 145쪽.
73) 위의 책, 145쪽.
74) R. Voetner, 『로마 카톨릭 사상 평가』, 이송훈 역 (기독교문서선교회, 1992), 177-178쪽.

가들 위에 군림하는 최고의 통치자[75]라고 말한다. 제2차 바티칸공의회 문헌 중의 하나인 『교회에 관한 교의헌장』(제22항)에서도 교황의 지위를 "로마교황은 그리스도의 대리자요, 전 세계의 목자로서 교회에 대하여 직책상으로 완전한 지상권을 가지며 언제나 자유로이 이 권한을 행사할 수 있다"라고 규정하고 있다.

> 교황의 사목 권한은 신법에 저촉되지 않는 한 교회 내에서 한정이 없으며 최고로 높고, 전 세계 교회에 대해 행사할 수 있는 보편성을 가지며, 그 권한은 남에게 위임받는 것이 아니고 자기 스스로 권한을 갖는 것이며 중간에 어떤 사람이 꼭 끼어야 하는 것이 아니고 직접적인 권한을 갖고 있다.[76]

교황제도는 강력한 중앙집권적인 교계제도를 형성하여 교황을 정점으로 주교, 사제, 부제, 평신도의 계층구조로 되어 있다.

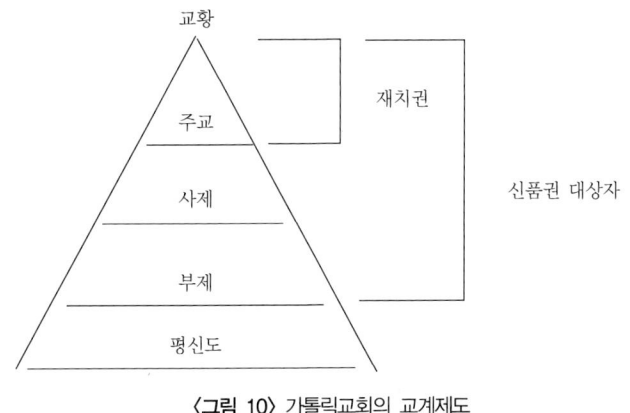

〈그림 10〉 가톨릭교회의 교계제도

가톨릭교회에서 교계제도는 신품권(神品權)과 재치권(裁治權)에 의하여 다스려진다. 신품권은 신품성사를 행하는 주교의 권리를 말하며 신품성사의 대상자는 미사집전과 관련되는 주교(bishop), 사제(priest), 부제(deacon) 세 계층에 한한다. 재치권은 "그리스도의 몸을 건설하기 위하여 교회를 다스리는 권한"을 말하며, 교회 내의 입법·사법·행정에 관련된 주교의 권한을 말한다. 이 재치권은 주교에 의하여 '사제'와 '부제'에게도 위임될 수 있다. 신품권과 재치권을 행사하는 막강한 권한을 가진 주교는 교황,

---

75) R. Voetner, 181쪽.
76) 이기정 편, 114쪽.

추기경, 총대주교, 주교로 세분되며, 사제는 지목구장, 지구장신부, 교회구 주임신부, 보좌신부로 나누어진다.

여성과 관련하여 중요한 사실은 가톨릭교회에서 사목권은 신품성사를 받은 주교, 사제, 부제에게만 주어지는데 여성은 신품성사를 받을 수 없다는데 있다. 바울시대에는 여성의 활동이 두드러진다. 겐그레아 교회의 일꾼(διακονος)인 '뵈뵈'(Phoebe)를 보자(롬16:1). '교회의 일꾼'으로 번역된 희랍어 '디아코노스(διακονος)'는 '단순한 봉사자'로 볼 것이 아니라, 개신교에서 'διακονος'를 직무 명칭인 '집사'로 번역한 것처럼 '부제'로 보는 것이 합당하다. 한미라는 이 '디아코노스'를 일반적으로 교회를 섬기는 집사를 의미하기도 하나(딤전3:8), 어떤 경우에는 사도적 위치를 의미하는 데 사용한다고 한다.[77] 겐그레아 교회는 항구지역의 도시교회로 불경건한 문화를 갖고 있는 지역에 있으며, 남자들도 사역하기 어려운 척박한 복음 선교지로 이 교회에서 뵈뵈는 사도급 위치에서 충실하게 교회를 이끌어왔다. 그래서 뵈뵈는 바울로부터 '겐그레아 교회의 일꾼'(롬16:1), '나(바울)의 보호자'(롬16:2)라는 칭찬을 듣게 된다. 한스 큉도 "여자들을 사제보다 한 단계 아래인 부제로 임명하는 것은 5세기 때에 흔하였으나 중세에 와서 폐지되었는데, 이는 여성들에 대한 비성경적인 적대감이 교회 내에서 증대하는 한 형태를 보여주는 것"이라고 말한다.[78] 이러한 사실은 초대교회 때 사도들을 도와 교회 설립, 복음 전파, 제자 양육 등의 다양한 일을 적극적으로 행하던 여성들의 사역이 중세에 와서 남성중심의 집권적인 교황제도의 성장과 함께 위축되어 감을 알 수 있다.

현재 가톨릭교회의 부제는 "교회의 봉사직으로 서품을 받은 남자로서 설교, 세례, 결혼식 주관, 본당의 운영, 기타 사제를 보좌하는 역할을 하는 자"로 분명히 남자만 하도록 규정해 놓고 있다. 대한성공회에서 1999년에 이미 여성 성직을 허용하였고, 구세군 대한본영은 1908년 한국에 들어올 때부터 남녀 사관에게 동등한 대우를 하였으며, 개신교 여러 교단에서 목사 안수를 해주는 현 상황에서 가톨릭교회가 아직 까지 여성 부제의 서품조차 거부하는 것은 여성의 권익에 대하여 무관심한 조치라고 본다.

---

77) 한미라, 216-218쪽.
78) Hans Küng, 94-95쪽.

다. 여성관련 교황선언 및 교부들의 견해

2005년 4월2일 선종한 요한 바오르 2세는 여성 신부 서품을 영원히 금지한다고 하면서 교황의 무류적(無謬的) 결정이라고 선언하였다.[79] 한스 큉은 이러한 결정에 대해서 가톨릭교회가 매우 성차별적인 기관이며 사회와 정치를 양 극단으로 분열시키는 단체라고 비판한다.

> 피임금지, 성직자 결혼금지, 여자사제 서품 금지 등의 방법으로 여성을 이처럼 차별하는 기관도 없을 것이다. ……마치 하느님 자신의 의지라도 되는 양 결코 오류가 있을 수 없다는 교황 무류성(papal infallibility)의 후광으로 감싼 그와 같은 태도 때문에 이처럼 세계적으로 사회와 정치를 양 극단으로 분열시키는 단체는 카톨릭 교회 이외에는 없을 것이다.[80]

현 교황 베네딕트 16세도 매우 보수적인 교황으로 본인이 요제프 라칭거 추기경이던 2002년 유럽에서 사제 서품을 받은 여성 7명을 파문시킨 바 있다.[81] 아우구스티누스(A. Augustinus, 354-430)는 "남성은 혼자서도 충분히 하나님의 형상이지만, 여성은 그 자체로는 하나님의 형상이 아니며, 여성의 머리인 남성과 같이 있을 때만이 하나님의 형상이 된다"고 하였다. 그 이유는 하와가 아담의 갈비뼈에서 나왔기 때문이라고 한다.[82] 그는 또 "출산의 임무를 제외하고는 여자가 남자에게 도움이 되는 일이 아무 것도 없다"라고 말했는데, 이 말은 그 당시의 일반적인 견해를 대표한 것이라고 볼 수 있다.[83] 터툴리아누스(Tertullianus)도 여성을 인간 타락의 주범(창세기 3장)으로 여기면서 다음과 같이 말한다.

> "여자는 지옥으로 가는 문이다. 여자는 선악을 알게 하는 열매를 따먹었다. 여자는 하나님의 법을 처음으로 어긴 위반자이다. 여자는 하나님의 형상인 남자를 멸망시켰다. 여자가 하나님을 거역한 죄의 결과로 죽음이 오게 되었고, 하나님의 아들까지 죽어야만 되었다."[84]

---

79) Hans Küng, 236쪽.
80) 위의 책, 19쪽.
81) 중앙일보 2005년 7월27일자.
82) R. R. Ruether, *Religion and Woman* (New York: Simonand Schuster, 1974), p. 156.
83) R. R. Ruether 외, 『여성해방과 성의 혁명』, 최광복 역 (일월서각, 1983), 184쪽.
84) A. L. Hageman and R. R. Ruether, *Sexist Religion and Woman in the Church* (New York: Association Press, 1974), p. 97.

'황금의 입'이라고 칭하는 위대한 설교가 요안네스 크리소스토무스(John Chrysostom) 도 "온갖 야수들 중에서도 여자보다 더 해로운 것은 찾아볼 수 없다"[85]고 하여 여성을 야수보다 더 못된 존재로 취급하였다. 『신학대전』을 저술하고 평생을 신학교수로 봉직하였던 중세의 위대한 신학자 토마스 아퀴나스(Thomas Aquinas, 1224-1274)는 "제2차적인 의미에서 하느님의 모습은 남자에게서만 발견되고 여자에게서는 찾아볼 수 없다. 왜냐하면 하느님이 만물의 시작이며 끝이듯이 남자는 여자의 시작이며 끝이기 때문이다"라고 여성의 인격을 무시하고 남성에게 종속된 존재로 파악했다.[86] 그리고 여성은 자녀 생산에서도 수동적 역할만 감당하고 여자를 불완전하고 실패한 존재로 취급하였을 뿐만 아니라 여성의 사제 서품도 강하게 반대했다.

> 토마스 아퀴나스는 아우구스티누스의 여성비하에 대한 사고를 약화시키는데 실패하였을 뿐만 아니라 오히려 여성비하를 조장했다는 비난을 받게 되었다. 특히 아리스토텔레스의 영향 아래 토마스는 정액을 배출하는 남자만이 '자녀 생산'에서 능동적 역할을 하여 여자는 철저히 수동적 역할만 감당한다고 생각했다. 따라서 토마스는 여자를 '불완전하고 실패한' 존재, 정말로 예기치 않게 불완전한 '실패한 인간'(mas occasionatus)으로 묘사했다. 그는 또한 여성의 사제 서품에 강하게 반대했다.[87]

(3) 개신교 교회 및 총회조직

개신교 조직에 관해서는 개신교의 200여 교단 중 보수적인 성격이 강한 대한예수교장로회 합동측 헌법과 사례를 중심으로 살펴본다.

가. 목회자 중심주의

한국 개신교의 특징 중의 하나는 목회자 중심주의이며, 그 목회자가 주도적으로 개교회를 통솔하고 성장 발전시켜 나간다. 10만 목회자라고 하는데 이는 800만 성도에 비하면 1.2%에 불과하다. 이 1.2%에 해당하는 목회자가 교회의 인사 등의 중요한 결정과 설교, 세례와 성만찬, 치리 등 중요한 직무를 행한다. 나머지 99%에 해당하는 평신도들은 대부분이 방관자이거나 목회자의 보조자 역할만 행하고 있는 것이 현실이다. 이 99%의 평신도 중에 여성들이 60% 이상을 차지하는데, 여성들의 대부분은 교

---

85) J. Bommer, 『여성사제론』『사목』50호, 정한교 역 (1977/3-4), 82쪽.

86) R. R. Ruether 외, 『여성해방과 성의 혁명』, 185쪽.

87) Hans Küng, 139쪽.

회의 중요 결정이나 중요한 직무에는 참여가 제한되어 있다.

시대상황은 급변하고 있는데 한국교회는 이 변화에 적절하게 대응하지 못하고 남성 목회자들이 교회 공동체를 주도하고 있다. 이은선은 우리 시대의 근본적인 변화를 첫째 현대 과학 지식의 도래로 우리와 자연과의 관계가 크게 변하였고, 둘째 페미니즘의 도전으로 전통적 가부장제가 붕괴되고 있으며, 셋째 지구촌 시대를 맞이하여 기독교문화가 본격적으로 다원적 문화와 맞닥뜨리게 되었다고 말한다. 그리고 남성 목회자들이 이끌어 온 한국교회 공동체의 문제점을 해결하기 위한 대안으로 "여성 목회"를 제안한다.[88]

나. 남성중심의 당회제도

(가) 당회의 조직

대부분의 개신교회는 당회 조직이 있다. 대한예수교장로회 합동측 헌법을 보면 당회의 조직은 "지교회 목사와 치리 장로로 조직하되 세례교인 25인 이상을 요하고 장로의 증원도 이에 준한다"(헌법 IV '정치' 9장1조)고 규정했고, 당회장은 "지 교회의 담임목사가 될 것이나 특별한 경우에는 당회의 결의로 본 교회 목사가 그 노회에 속한 목사 1인을 청하여 대리 회장이 되게 할 수 있으며 본 교회 목사가 신병이 있거나 출타한 때에도 그러하다"(9장3조)로 규정되었다. 이에 의하면 당회는 목사와 장로로 구성되는데 아직 합동측은 여성에게 목사와 장로 안수를 주지 않으므로 당회원 중에 여성은 한 사람도 없다. 여성들의 당회 진입 자체가 봉쇄된 것은 명백한 성차별이다.

(나) 당회의 직무

합동측 교단 헌법 '정치' 9장5조에 당회의 직무가 규정되어 있다.

① 교인의 신앙과 행위를 총괄
② 교인의 입회와 퇴회
③ 예배와 성례 거행
④ 장로와 집사 임직
⑤ 각 항 헌금 수집하는 일을 주장

---

88) 이은선, 『한국여성 조직신학 탐구』(대한기독교서회, 2004), 181쪽.

⑥ 권징하는 일
⑦ 신령적 유익을 도모하며 각 기관을 감독
⑧ 노회에 총대를 파송하며 청원과 보고[89)

당회에서 인사문제, 재정문제 등 교회의 중요사항이 결정된 후에 제직회에 올려진다. 당회에서 결정된 사항은 제직회에서 대부분 그대로 통과되므로 당회의 결정은 매우 중요하다.

그런데 이 당회 조직이 여성들은 빠진 채 남성들만으로 구성되어 있으므로 교회의 대부분을 차지하는 여성들의 의견이 반영되지 못하고 있으며 이는 교회에서의 여성 권익이 제대로 행사되지 못하는 단초가 되며, 이러한 행위는 바로 성차별이다.

다. 남성중심의 총회조직

(가) 총회의 조직

개신교 각 교단은 모든 지교회 및 치리회의 최고회로 총회를 두고 있는데, 총회조직도 남성중심으로 구성되어 있다. 합동측 헌법에 의하면 "총회의 조직은 각 노회에서 파송한 목사와 장로로서 조직하되 목사와 장로는 그 수를 같게 하고 총대는 각 노회 지방의 매 7당회에서 목사 1인, 장로 1인씩 파송한다"고 규정되어 있다(제12장제2조). 예수교 장로회 합동측 2010년 통계를 보면 총대가 될 수 있는 목사 18,611명과 장로 20,158명 중에서 여성은 한 사람도 없는 것으로 파악된다.

임원회 구성에서도 총회장, 부회장, 총무, 서기, 회계 등 9인의 임원 중 여성은 한 명도 없고, 상비부 산하 정치부, 교육부 등 21개 부(部)의 부장, 서기, 회계, 총무 83명 중 모두가 남성 목사와 장로로 구성되어 있고 여성은 한 명도 없다.[90)

(나) 총회의 권한

① 총회는 교회 헌법을 해석할 전권이 있고 교리와 권징에 관한 쟁론을 판단하고 지교회와 노회의 오해와 부도덕한 행위를 경책하며 권계하며 변증한다.

② 총회는 노회, 대회를 설립, 합병, 분립하기도 하며 폐지하는 것과 구역을 작정

---

89) 대한예수교장로회 총회, 『헌법』 (총회출판부, 2004), 164-165쪽.

90) 대한예수교장로회 합동측 홈페이지(http://www.gapck.org) 참조.

하며 강도사 지원자를 고시하며 전국 교회를 통솔하며, 본 총회와 다른 교파 교회 간에 정한 규례에 의하여 교통한다.

③ 교회를 분열하게 쟁단을 진압하여 전교회를 위하여 품행을 단정하게 하고, 인애와 성실과 성결한 덕을 권장하기 위하여 의안을 제출한다.

2) 여성안수 문제

(1) 안수문제의 성경적 배경

안수(ordination)란 공동체가 개인에게 어떤 지도자의 역할을 하도록 임명하는 의식을 말한다. 여성이 교회 지도자로서의 역할을 감당하기 위해서는 안수를 받는 것이 필수적 요소이므로 구약과 신약 여러 곳에서 그 사례가 나타난다. 구약에서는 하나님을 대신한 공동체의 대표자가 왕, 선지자, 제사장에게 기름을 머리에 붓고 안수해 줌으로써 안수 받은 자는 사역을 시작하게 된다.

신약에서는 감독, 장로, 집사 등 교회 지도자에게 안수를 해주고 있다. 이러한 안수 제도는 교회 공동체 안에서 여성의 지위와 밀접한 관련이 있으므로 1세기 초대교회 당시의 일곱 집사 안수(행6:5-6)와 바울 서신에 기록된 이후부터 논의가 시작되었다.

가. 구약과 신약의 여성지도자

(가) 구약

여선지자 미리암은 모세의 누이로서 모든 여인을 통솔하는 능력을 가진 지도자였다. 출애굽 당시 하나님의 능력으로 이스라엘 백성을 추격하던 바로의 말과 병거와 마병이 모두 홍해에 빠져 죽자 미리암은 맨 먼저 소고를 잡고 하나님을 찬양하였다. 그러자 미리암을 따라 이스라엘 모든 여인이 소고를 잡고 춤을 추니 미리암이 하나님 찬송으로 화답하였다고 성경은 전한다.(출15:20-21)

여자 예언자인 드보라도 용맹스러운 이스라엘 사사(士師)로 활약하였다. 당시 이스라엘 군대장관 바락은 드보라가 동행하지 않으면 가나안과의 전쟁에 나서지 않겠다고 주장하여 드보라가 전쟁터에 나간 결과 철병거를 가진 가나안을 진멸하고 40년 동안 태평시대를 가져왔다.(삿4:4-31)

여선지자 훌다(대하34:22-28)는 요시아 왕이 발견한 율법책이 진정한 하나님의 말씀인 것을 밝히고 율법책에 기록된 대로 "하나님을 떠나 다른 신을 섬긴 백성은 저주를 받고, 율법에 순종하며 겸비하여 옷을 찢고 통곡한 요시아 왕은 평안히 묘실에 들어갈 것"임을 힐기야와 왕이 보낸 사람들에게 예언해 주었다.

이스라엘 여인으로 페르시아 아하수에로 왕(BC 485-464)의 왕후가 된 에스더는 아각 사람 대신 하만의 모함으로 페르시아 제국에 있는 모든 유다 민족이 멸절될 위기에 처해 있을 때 모든 동족을 그 위경에서 구해 내었다.(에3장-9장) 그녀는 삼일 동안 먹지도 않고 마시지도 않고 '죽으면 죽으리라'는 결사 각오로 왕 앞에 나아가 하만의 간계를 지혜롭게 왕께 고하여 모함한 하만과 그의 열 아들과 유다 민족을 대적하던 무리들을 다 죽이고 유다 민족의 명성을 널리 알렸다.

(나) 신약

예수의 공식적인 12제자 중에 여자는 없는데 이는 시대적 상황이 고려된 것으로 보인다. 그러나 자발적으로 예수를 따른 여러 여자들이 성경에 나온다. 예수가 각 성과 촌에 두루 다니며 하나님의 나라와 복음을 전파할 때 12제자와 함께 일곱 귀신이 나간 자 막달라 마리아와 헤롯의 청지기 구사의 아내 요안나와 수산나와 다른 여러 여자가 함께 하여 그녀들의 소유로 예수와 제자들을 섬겼다(눅8:1-3)

바울을 돕는 사람들 중에는 겐그레아 교회의 일꾼이며 바울의 보호자인 뵈뵈(롬16:1), 바울의 동역자인 브리스가(롬16:3), 마리아(롬16:6), 유니아(롬16:7), 루디아 등 수없는 여성 일꾼들이 나온다. 일정한 모임장소가 없던 초대교회 당시에는 이 여성들의 집이 바로 예배당이고, 이 여성들이 곧 설교자요, 세례자였다. 피오렌자(E. S. Fiorenza)는 가정교회 지도자로서의 여성들에 대해 이렇게 말한다.

> 가정교회들이 공동체를 위한 공간, 후원, 실제적 지도권을 제공하는 한 선교운동에 있어서 결정적 요인을 갖고 있었다. 그 가정교회들은 초기 크리스천들이 주의 만찬을 거행하고 복음을 선포한 장소였다. 신학적으로 그 공동체는 하나님의 영이 거하는 '하나님의 집', '새로운 성전'으로 불리운다. 여성들이 부유한 또 탁월한 개종자들 가운데 있었기 때문에 (행 17:4, 12) 그들은 그러한 가정교회들의 설립·유지·발전에서 중요한 역할을 행사했다.[91]

---

91) E. S. Fiorenza, 『크리스천 기원의 여성신학적 재건』, 김애영 역 (종로서적, 1986), 222쪽.

초대 교회의 여성 일꾼들은 세례 사역도 감당한 것으로 본다. 예수는 따르는 모든 제자들에게 하나님과 아들과 성령의 이름으로 세례를 줄 수 있다고 말한다. "너희는 가서"(마28:19)에서 세례를 준 '너희'는 직접적으로 승천 직전 예수의 말씀을 들은 제자들을 지칭하지만, 보다 궁극적으로는 주님을 따르는 모든 그리스도인들을 지칭한다.[92] 교역자만 세례를 주고 가르치는 것이 아니라 여성을 포함하여 예수를 구주로 고백하는 모든 신자들이 다 세례를 주고 가르칠 수 있다고 본다.

> 예수께서 나아와 일러 가라사대 하늘과 땅의 모든 권세를 내게 주셨으니 그러므로 **너희는 가서** 모든 족속으로 제자를 삼아 아버지와 아들과 성령의 이름으로 세례를 주고 내가 너희에게 분부한 모든 것을 가르쳐 지키게 하라. 볼지어다 내가 세상 끝날 까지 너희와 항상 함께 있으리라(마28:18-20)

나. 여성안수 관련 성경 구절과 해석

바울은 고린도교회에 "여자의 머리는 남자"라고 지적하면서 "여자의 가르치는 것과 남자를 주관 하는 것을 불허하며 오직 종용(quietness)하라"고 당부하였다. 이는 비록 남성과 여성이 그리스도 안에서 차별은 없지만 역할은 분명히 다른 것을 암시하고 있다. 즉 하나님이 교회안의 여성에게 남자를 주관하는 위치를 주시지 않았다는 것이다.

바울은 에베소교회에서 목회하는 영적 아들 디모데에게도 여성의 가르치는 것과 남자를 주관하는 것을 금지하며 여자들은 순종함으로 종용히 배우라고 당부한다.(딤전2:11-12) 그 이유로 남자가 먼저 창조된 점과 여자가 뱀의 유혹을 받아 범죄한 것을 든다. 이는 여성이 남자를 다스리는 교회 공동체 지도자의 자리에 앉을 수 없다는 것을 의미한다. 고린도교회의 여성들이 영적 열광주의에 사로잡혀 본분을 잃고 교회 질서를 어지럽힌데 대해 바울이 '잠잠하라'고 명령한 것같이 에베소교회에서도 이와 같은 상황을 만든데 대해 교훈하는 것으로 본다.[93]

바울은 교회의 지도자인 감독과 장로, 집사에 대한 자격을 말하면서, 교회 지도자는 기본적으로 가정생활과 사회생활에서 모범을 보여야 한다고 말한다. 특히 감독과 장로는 한 아내의 남편으로 결혼생활에 신실해야 하며 자기 아내를 버리거나 여러 아내를 둔 사람은 자격이 없다. 여자들은 감독과 장로의 지위를 가질 수 없다. 그러나

---

92) 『옥스퍼드 원어성경대전』마태복음 제21-28장, 761쪽.
93) 『옥스퍼드 원어성경대전』디모데전후서, 130-131쪽.

집사는 찬반 논란이 있으나, 디모데전서 3장11절과 '겐그레아 교회의 일꾼(diakonos) 뵈뵈(Phoebe)(롬16:1-2)의 구절을 근거로 여성도 할 수 있다고 본다.[94]

> **감독**은 하나님의 청지기로서 책망할 것이 없고 제 고집대로 하지 아니하며 급히 분 내지 아니하며 술을 즐기지 아니하며 구타하지 아니하며 더러운 이를 탐하지 아니하 며(딛1:7)
> 사람이 **감독**의 직분을 얻으려 하면 선한 일을 사모한다 함이로다. 그러므로 감독은 책망할 것이 없으며 한 아내의 남편이 되며 절제하며 근신하며 아담하며 나그네를 대접하며 가르치기를 잘하며, 술을 즐기지 아니하며, 구타하지 아니하며(딤전3:1-3)
> **장로**들을 세우게 하려 함이니 책망할 것이 없고 한 아내의 남편이며 방탕하다 하는 비방이나 불순종하는 일이 없는 믿는 자녀를 둔 자라야 할찌라(딛1:5-6)
> ……이와 같이 **집사**들도 단정하고 일구이언을 하지 아니하고 술에 인박이지 아니하고 더러운 이를 탐하지 아니하고……**여자들도** 이와 같이 단정하고 참소하지 말며 절제하 며 모든 일에 충성된 자라야 할찌니라(딤전3:8,11)

(2) 가톨릭의 여성안수 문제

가톨릭은 여성 사제 안수를 인정하지 않고 있다. 여성에게 사제직을 거부하는 이유 는 다양하지만, 요약하면 교회의 전통, 사도성, 사제의 그리스도적 특성을 들 수 있으며 이에 대해서는 다양한 비판이 있을 수 있다.[95] 첫째 교회 전통과 관련하여 교황청은 다음과 같이 말한다. "여성 사제직 문제에 관한 교회의 전통은 오랜 시기를 통하여 확 고하였고, 동방교회들도 같은 전통을 보전해 왔다. 교부들은 성자의 신비에 밀접히 결 합되신 마리아께서 사제직을 받지 않으셨다는 것을 의미심장한 사실로 지적하였다"[96]

이에 대해 먼저 1세기 초대교회 시절의 여성들의 활약상을 말하고자 한다. 바울을 돕는 사람들 중에는 겐그레아 교회의 일꾼이며 바울의 보호자인 뵈뵈(롬16:1), 바울의 동역자인 브리스가(롬16:3)와 마리아(롬16:6), 유니아(롬16:7) 등 수없는 여성 일꾼들이 나온다. 이들은 모임장소가 없던 초대교회 당시에 자신의 집을 예배당으로 제공하였 고, 교회 지도자가 없는 상황에서 자신들이 교회를 이끌었다. 이후에 남성교부들의 역할이 증대하고, 교황체제가 굳어짐으로써 남성들에게만 사제 안수를 하는 관습이 정착되었다고 본다. 교회 전통은 초대 교회를 본받아야 한다. 집권화된 남성중심의 교황체제를 본받는 것은 남녀를 평등하게 창조하신 하나님의 뜻을 어기는 것이다. 그

---

94) 『옥스퍼드 원어성경대전』로마서 9-16장, 562-566쪽.

95) 도재선, 『가톨릭교회의 여성직무에 관한 고찰』(서강대학교대학원, 석사학위논문, 1998), 65-77쪽.

96) 信仰敎理聖省, 『여성교역 사제직 불허선언』, 『사목 50호』, 105쪽.

리고 마리아가 사제직을 받지 않은 것은 어떤 성사적 사제직과도 비교할 수 없이 우월한 구속주(救贖主)이신 예수 그리스도의 어머니라는 지위를 보유하셨기 때문이다. 둘째 예수께서 12사도의 직분(마10:2-4, 막3;16-19, 눅6;13-16, 행1:13)을 여성들에게 맡기지 않은 것은 당시 예수공동체의 열악한 상황과 당시 문화를 고려한 때문이라고 본다. 당시 예수공동체는 때때로 잠잘 곳이 없고(마8:20), 먹을 것이 없을 정도(마12:1)의 열악한 상황으로 이러한 떠돌이 공동체에 여성들이 함께 하기는 어려웠을 것이다. 그리고 당시 문화도 여성들이 남성들과 함께 공동체 생활을 하거나, 적극적으로 타인에게 전도활동을 하거나, 타지로 전도 여행을 하는 것 등을 용납하지 않았다.

셋째 사제는 예수 그리스도를 대리하고 그리스도는 사제를 통해서 일하므로 여성이 남성인 그리스도의 역할을 행할 수 없다고 말한다. 본래 하나님이신 예수 그리스도(빌2:6)가 이 땅에 인간으로 와서 하신 일은 다양하지만, 죄인들을 구원하기 위하여(눅19:10) 복음을 전파하고, 가르치고, 제자를 양육하는 일이 주된 일이었다. 이 일을 하는데 남녀의 차별이 없다. 성경과 교회 역사를 보면 참으로 많은 여성들이 주님의 일을 성실하게 수행하였고 탁월한 성과를 내 놓았다. 여성들이라고 예수의 역할을 감당하지 못한다는 것은 이치에 어긋난 말이다. 예수는 마지막 유언으로 "너희는 가서 모든 족속으로 제자를 삼아 아버지와 아들과 성령의 이름으로 세례를 주고 내가 너희에게 분부한 모든 것을 가르쳐 지키게 하라"고 명령하신다. 이 명령의 대상자는 남성들만이 아니라 여성을 포함한 모든 신자들이다.

(3) 개신교의 여성안수 문제

가. 한국 교회에서의 여성안수 논쟁사

1885년 창립된 한국 장로교와 감리교는 선교 초기에는 안수문제에 대하여 별 다른 논의가 없었지만, 1930년에 들어와서 활발하게 다루기 시작했다. 감리교에서는 이미 1930년에 14명의 여성 목사를 배출하여 여성 안수를 공식화했지만, 장로교는 미국 장로교의 근본주의 성향을 이어받아 여성 안수를 배제한 헌법 정치 제5장 제3조를 계속 강조하였다.

(가) 김춘배목사의 주장

1934년에 장로교 내부에서도 자유주의 신학의 바람이 불어 당시 김재준 목사의 창세기의 모세 저작권 부인설과 함께 김춘배 목사는 교회 안에서의 여권 문제에 대해 자유주의 신학적 견해를 적극적으로 제기하게 되었다. 김목사는 자신이 시무하는 함북 성진중앙교회를 비롯하여 함남노회 22개 교회 여성 신도들이 여장로직 청원서를 23회 총회에 제출하였을 때 이들을 지지하는 "장로회 총회에 올리는 말씀"을 기독신보에 기고하면서 장로회 헌법 '정치 제5장 제3조'를 차별적인 법으로 판단하여 이 법 조항을 계속 유지하는 것은 교회 발전을 막는 것으로 결론 내렸다.

김목사는 교회 안에서의 여권 문제를 다룰 때마다 주로 인용되는 "여자는 교회 안에서 잠잠하라"(고전14:34)는 사도 바울의 말씀을 지금까지의 보수적인 해석과는 달리 문화적인 측면에서 해석하면서 그런 관행은 "2000년 전의 한 지방교회의 교훈과 풍습이요, 만고불변의 진리는 아니라"고 하면서 당시로서는 혁명적인 주장을 하였다.

(나) 박형룡 교수의 주장

1934년 평양에서 열렸던 제23회 장로교 총회에서는 이 사건을 신중하게 다루고 이 문제를 다룰 연구위원을 선정하여 조사 보고케 하였다. 1년이 지난 후에 24회 장로교 총회에서는 연구위원의 보고를 만장일치로 통과시켰는데, 여자들의 교회 안에서의 교권 문제에 대해 당시 연구위원중 한 사람이었던 박형룡 평양신학교 교수는 아래와 같이 보고하였다.

> 성진중앙교회 목사 김춘배 씨가 바울이 '여자는 조용하라 여자는 가르치지 말라'고 한 것은 '2천년 전의 한 지방교회의 풍습이요 만고불변의 진리가 아니라'는 의미의 성경 해석을 술한 것은 큰 오류라고 인정하나이다. 사도 바울이 고린도전서와 디모데전서에서 여자의 교회의 교권을 불허한 말씀은 2천년전의 한 지방교회의 교훈과 풍속을 의미한 것이 아니라 만고불변의 진리입니다. ……바울은 고린도전서 14장 34절 하반에 '너희 율법에 이른 것과 같이 오직 복종할 것이요'하여 여자에게 교권을 불허하는 규율의 성경적 근거를 지시하였으니, 그것은 창세기 3장16절에 '여자는 남자의 주관한 바 되리라'한 말씀이 여자의 종속적 지위를 의미하는 말씀임을 인정하고 개설함이 있읍니다.……이렇게 성경을 경멸히 여기는 인물들은 성경을 하나님의 말씀이요, 신앙과 본분의 정확무오한 유일의 법칙으로 믿는 우리 장로교회의 교역자로 용납할 수 없나이다. 그런 인물들은 우리교회 신조 제일조를 위반하는 자임으로 우리 교회 교역자됨을 거절함이 가하나이다.[97]

박형룡 교수는 여자가 교권을 가질 수 없는 이유를 ① 남자가 여자보다 먼저 창조되었고 '여자는 남자의 협조자'라는 것과 ② 하와가 먼저 범죄한 것으로 보아 선천적으로 여자는 교도의 재능이 결핍하다는 이유를 든다. 결국 장로교 총회는 김춘배 목사의 잘못을 인식하고 성명서를 제출하여 면직시키려 했으나 김목사는 자기 주장을 철회하여 면직은 면하게 되었다. 그리하여 여성의 교권에 대한 한국장로교회의 본격적인 논쟁은 보수적 견해의 승리로 종지부를 찍게 되었다.

(다) 최근의 여성 안수 찬성론

김세윤 교수는 원칙적, 중심적 가르침과 문화적, 주변적 요소들을 구분하여 해석해야 하고 비본질적, 상황적인 권면에 매이지 말고 문자보다는 정신에 따라 해석해야 한다고 주장한다.

> 남녀관계에 대한 성경의 가르침에 대해 해석할 때 해석자는 자신의 취향에 따라 몇몇 구절만 인용해서 그들을 율법적으로 해석하고 적용하려고 할 것이 아니라 성경의 가르침 전체를 살펴야 한다. 특히 원칙적이고 중심적인 가르침과 문화적이고 주변적인 요소들을 구분하여야 하며 성경말씀의 문자보다는 그 정신을 따라야 한다.(고후 3:6)[98]

(라) 여성 안수 반대론

서창원 목사는 남녀는 평등하지만 수행하는 역할에는 차이가 있으며, 바울이 말한 '여성은 교회에서 잠잠하라'는 정확무오한 하나님의 영감을 받은 말씀으로 지금도 지켜야 할 내용이라고 말한다.

> 남성과 여성은 하나님의 형상으로 지음 받은 평등한 자이지만 수행하는 역할 차원에서 결코 동등한 것이 아니다. 그것은 우열의 문제가 아니라 질서의 구분을 나타내는 권위의 문제이기 때문이다. 여성 안수가 성경적으로 그리고 교회 역사적으로 지지를 받을 수 있는 가르침이 아니다. 시대적 조류에 편승하려는 일부 신학자들과 목사들의 현란한 지적 논리로 교회를 혼란케 하지 말아야 한다. 부활소식을 처음 접한 여성들이었다고 해서 그것이 부활의 메시지를 전파할 설교권까지 여성에게 허락한 것이 아니었다.…… 다만 필자의 논지는 성경에 명확하지도 않을 뿐 아니라 그 증거가 전혀 없는 성직 허용을 해서는 안된다는 것이다. 사람을 기쁘게 하는 이들은 그리스도의

97) 김량선, 『한국기독교해방십년사』(대한예수교장로회총회, 1956), 181쪽.
98) 『기독신문』홈페이지 "교회는 여성의 역할을 어떻게 볼 것인가?" (1501호) 참조.

일군이 아니다. 고린도전서 14:34-35과 디모데전서 2:11-12 말씀은 후대의 어떤 사람이 삽입한 것이 아니다. 사도 바울을 통하여 성령께서 영감으로 주신 주님의 명령이다. 교회 제도와 교리는 이미 주어진 계시에 의해서 신앙과 행위의 유일한 규범으로 믿는 성경에 기초할 뿐이다.[99]

(마) 종합적 견해

위에서 본 여성 안수의 찬반 논쟁은 다 일리가 있다. 그렇지만 이 문제는 종합적인 시각에서 당시 교회의 특수 사정과 당시의 헬라문화를 고려해야 한다고 본다. 이 구절이 쓰인 1세기 말엽에는 영지주의가 교회를 어지럽히던 시대였다. 고린도교회와 에베소교회에서 영지주의에 물든 여신도들이 물의를 일으키는 상황에서 바울은 교회의 질서를 바로잡기 위하여 '여자는 교회에서 잠잠하라'고 권면했다고 본다. 바울은 로마서, 고린도전후서, 갈라디아서, 에베소서, 빌립보서, 골로새서, 데살로니가전후서, 디모데전후서, 디도서, 빌레몬서 등 13편의 서신을 쓰고 8개의 교회에 편지를 보냈는데 여성안수에 대한 편지는 고린도교회와 에베소교회, 디도가 목회하던 그레데교회에만 보내졌다. 모든 교회에 여성 안수 불가를 전한 것이 아니라 세 군데 교회에만 전한 것으로 보아 고린도교회 등의 특수성 때문인 것으로 본다.

바울은 다른 서신에서 남녀평등을 주장하는 여러 글을 남겼다. 그 대표적인 것이 갈라디아서의 "너희는 유대인이나 헬라인이나 종이나 자주자나 남자나 여자 없이 다 그리스도 예수 안에서 하나이니라"(갈3:28)는 내용이다. 여기서는 인종간, 계층간, 남녀간 일체의 차별 없이 '예수 안에서 모두 하나'라고 선포한다. 그밖에 "여자가 남자에게 난 것같이 남자도 여자로 말미암아 났다"(고전11:11-12), "남편들도 아내 사랑하기를 제 몸같이 하라"(엡5:28-33), "남편은 아내에게 대한 의무를 다하라"(고전7:3) 등에서 남녀평등을 말하고 있다.

또한 바울의 권면은 복음전파를 위해 당시 문화에 적응한 것으로 본다. 스트라크(H. L. Strack)와 빌러백(P. Billerbeck)은 당시 남성중심의 문화를 이렇게 전한다.

정숙한 여인의 팔뿐만 아니라 목소리도 드러나서는 안 된다. 그녀는 옷을 벗을 때처럼 말을 할 때 부끄러움을 느껴야 한다. …그녀는 남편에게 말을 하거나 남편을 통해서 말해야 한다…. 예배를 위한 모임에서 고대 회당은 여자들이 공적으로 말하는 것을 원칙적으로 금지하지는 않았지만 실제로는 금지하였다.[100]

---

99) 『기독신문』홈페이지, (1501호).

이와 같은 성차별적인 당시 문화를 고려해 보면, 교회에서 여자들의 돌출 행동은 사람들의 거부감을 불러일으켰을 뿐만 아니라 예배 진행에도 방해가 된 것으로 본다. 이러한 점은 복음 전파를 지상명령(至上命令)으로 실천하는 바울에게는 매우 심각한 문제로 대두되었기에 이의 해결에 적극적으로 나선 것이다. "유대인들에게는 내가 유대인과 같이 된 것은 유대인들을 얻고자 함이요 율법 아래 있는 자들에게는 내가 율법 아래 있지 아니하나 율법 아래 있는 자같이 된 것은 율법 아래 있는 자들을 얻고자 함이요"(고전9:20) 처럼 바울은 복음 전파를 위해 당시 문화에 적응하는 의도도 다분히 있었다.

나. 교단별 여성안수 현황

(가) 기독교대한감리회

우리나라 최초로 1930년에 여목사 제도를 인정하고 1931년 『교리와 장정』의 '교직자 자격'에 "남녀의 구별이 없음"이라고 명시하고 그해 6월 외국인 여선교사 14명에게 안수를 주었다.

한국 여자로는 1955년 전밀라와 명화용이 최초로 여목사가 되었으나, 1972년에 "결혼한 여자목사는 교회 담임은 계속할 수 없으나 기관에서는 시무할 수 있다"는 규정이 삽입되어 교역에 장애가 되었다. 그 후 1989년 교단 총회에서 목사 안수 성차별 조항이 삭제되었다. 2003년 현재 여목사 282명, 여전도사 600여명이 활동하고 있다.[101]

(나) 한국기독교장로회

1957년 정기총회에 여목사제도를 청원하여 1974년 총회에서 여성 안수가 인준되었고 1977년에 양정신이 처음으로 목사 안수를 받았다. 진보적인 교단으로 여성이 안수받는데 지장은 없으나, 일선 교회가 여성 목사를 기피하는 실정이므로 기관 목회나 부교역자 등에 머무르는 실정이다.

2005년 8월 기독교장로회 여교역자협의회, 여신도회 전국연합회, 여장로회 전국연합회, 한신여동문회 등 4개 단체로 구성된 여성연대는 '기장총회 결의기구 개혁을 위

100) 『옥스퍼드 원어성경대전』고린도전서 10-16장, 403-404쪽.
101) 이정숙, 『한국개신교 여교역자의 인권』, 『아시아여성연구』제42호, (2003), 135-136쪽.

한 공개토론회'를 열고 여성의 교회 활동을 높이기 위해 교회 내 장로의 1/3을 여성에게 할당하고 총회 안에 여성부를 신설해야 한다는 의견을 제시했다. 발제에 나선 향린교회 조현정 목사는 "성경에서 여성은 예수의 부활을 알린 전달자가 아니라 남성을 깨우치는 역할을 감당했다"며 "오늘날 교회의 여성 참여율을 높이기 위해 총회 차원에서 제도적 장치를 마련해야 한다"고 주장했다.[102] 여성연대는 이날 토론을 토대로 90회 총회에서 교단 헌법 개정을 이끌어내기로 했다.

(다) 대한예수교장로회(통합측)

1932년 경안노회에서 제기된 여성 안수에 대한 질의를 기점으로 1933년 함남노회에서 청원하였으나 총회에서 부결되었다. 1989년에는 찬성 표가 2표 많았으나 기권표가 있어 과반수를 넘지 못하고 부결되었다. 1995년에 여성 안수가 통과되고 1996년에 처음으로 여성 목사가 배출된 이래 2003년 봄 노회까지 임직 받은 여목사는 402명이다.[103]

(라) 예수교 대한성결교회

1907년 5월에 첫 선교가 시작된 성결교회는 1961년 4월 초교파 연합기관인 NAI(National Association of Evangelicals)와 NCC(교회협의회) 탈퇴를 주장하는 보수측 총대들이 그 해 '복음진리 수호동지회'를 결성하였고, 1962년 4월에 1921년의 명칭인 "예수교 대한성결교회"로 교단명을 새로 지었다.[104]

에큐메니칼 운동을 반대했고 보수적인 경향이 농후한 교단으로 알려졌으나, 기독교 성결교회보다 먼저 2003년 4월 제82회 정기총회에서 여성 목사 안수를 전격적으로 통과시킴으로써 다른 보수 교단들에게 충격을 주었다. 여성 목사 안수 논의는 지난 10년간 꾸준히 논의하였으나, 번번이 부결되었고, 2002년 총회에서는 부결에 이어 이 문제의 재론조차 3년 뒤로 미뤄진 바 있어 이번 통과는 절차상의 논란도 제기되었다. 교단신문인 성결신문은 논평을 통해 이번 안수 결정은 성경적, 신학적 근거에 의한 결정이라기보다는 교단의 발전과 장기적인 목회자 수급문제에 대한 현실적인 필요를 염두에 둔 결정이라고 분석하였다.[105]

---

102) 국민일보 2005년 8월 22일자.

103) 이정숙, 137쪽.

104) 민경배, 『한국기독교회사』 (연대출판부, 1996), 282, 546-547쪽.

(마) 한국독립교회·선교단체 연합회

무수히 난립된 한국교회 교단들의 병폐에 도전하는 독립교회들이 점차 성장하여 1999년에 독립교회와 선교단체들의 연합회가 결성되었고, 1년에 한번(첫 두해), 또는 두 번씩(3년째부터) 남녀 구분 없이 안수를 행해 왔다.

안수의 자격은 본 연합회의 신앙고백에 동의하여 가입한 독립교회나 선교단체에서 사역하는 자 중에서 M. Div(목회학 석사) 과정을 마친 사람들이다. 현재까지 안수받은 사람은 2010년 10월에 안수 받은 148명을 포함하여 1,962명이며 이 중에 509명이 여성이다. 안수 받은 여성목사 비율은 25.9%로 다른 교단에 비하여 비교적 높은 편이다.

(바) 한국기독교대학대학원 협의회(KANSCU)

한국교회의 성장과 단설 대학원 설립 요건의 완화에 맞추어 최근에 급속히 초교파 신학대학원들이 설립되었다. 이들도 한국교회의 교단주의에 대한 도전으로 2000년에 협의회를 창립하였고 그 해 12월에 안수위원회를 구성하였다. 2002년에 처음으로 여자 7명을 포함하여 13명에게 안수를 주었고, 2003년에는 7명(이 중 여성 3명)에게 안수를 주어 현재 안수자 65명 중 60% 이상이 여성이다.

안수의 자격은 본 협의회 소속 신학교 출신이나 외국 신학대학원에서 학위를 받은 자들로 목회사역에 전임이나 그에 준하는 자격으로 활동하는 자들에게 안수를 주는 것을 원칙으로 하고 있다.

(사) 기독교 대한성결교회

성결교회의 장자교회인 기독교 대한성결교회는 2005년 3월29일 교단 창립 98년 만에 처음으로 여성 목사 안수식이 열려 박남형 전도사를 비롯한 36명이 목사 안수를 받았다. 진보적인 NAE 등의 탈퇴문제로 갈라진 보수적인 예수교 대한성결교회 보다 2년 늦게 여성 목사 안수를 행하게 된 셈이다. 여성 목사 안수자 가운데 최고령인 박남형 목사는 전도사에서 목사가 되기까지 무려 40년이 걸렸다.

기독교 성결교회에서 여성안수 문제가 처음 거론된 것은 1998년이었으며 2000년 총회에서와 같이 2002년 9월 총회에서도 부결되었는데 찬반 토론 내용은 다음과 같

---

105) 성결신문, 2003년 4월4일, 5월 3일자. 이정숙, 138쪽에서 재인용

다. 반대측은 '여성 안수에 대한 구체적인 성서적 입장이 없고 한국교회에서 여성 목사를 모시는 남성 장로가 있겠느냐'고 주장했고, 찬성측은 '남녀 차별이 없는 교단이 되어야 한다는 당위성과 남성 대의원들이 여성 안수를 논한다는 것 자체가 성 폭력적'이라고 주장했다.

기독교 신문인 국민일보는 금년 여성 안수와 관련한 기사를 통해 "한국교회의 모순 가운데 하나가 성차별이며 교회 성도의 60% 이상이 여성임에도 불구하고 역할은 남성의 보조 역할에 머무르는 실정"임을 지적하였고 "기독 여성들이 영적 리더쉽을 가지고 사회변혁의 주체로 참여해야 하며, '나만의 가정' '나만의 교회'에서 벗어나 건강한 사회를 만드는데 적극 참여해야 함"을 강조하였다.[106]

(아) 기타 여성안수 인정교단

위의 교단이나 단체 이외에도 여성 안수를 허용하는 교단이 여럿 있다. 구세군 대한본영은 1908년에 우리나라에 들어 왔는데 초기부터 '남녀 사관은 동등한 대우를 받는다'라고 군령 군율에 명시하여 여사관이 많이 배출되었고 남녀 사관의 성비는 50:50이며 대부분 부부가 함께 영문에서 같은 자격으로 종사한다. 대한성공회도 1999년도에 전국 의회에서 여성 성직을 허용하였지만, 임명권을 가진 남성 주교들이 여성 부제에게 신부 서품을 꺼리는 실정이다.

그밖에 대한예수교 합동 정신, 복음교회, 순복음 하나님의 성회, 대한예수교 오순절 성결교회, 순복음교단 한국총회 등이 여성 안수를 행하고 있다.[107]

(자) 여성 안수 불인정 교단

여성 안수를 금하고 있는 교단으로 대한예수교장로회 합동, 고신, 개혁, 침례교 등이 있으며 이 중 가장 대표적인 교단인 대한예수교 장로회 합동측인데 이들의 불인정 이유는 다음과 같다.[108]

첫째, 여성 안수는 분명히 성경의 가르침을 위배하고 성경의 권위를 손상시킨다고 주장한다. "남자의 머리됨"을 강조하는 고전 11:2-10과 "여자의 가르치는 것과 남자를

---

106) 국민일보, 2005년 4월15일자.

107) 이정숙, 139쪽.

108) "대한예수교장로회" 합동측 홈페이지((http://www.gapck.org) "여성안수 조사위원회 보고서" 참조.

주관하는 것을 허락지 않는다"고 말한 딤전2:12-14을 전거(典據)로 든다. 교회안의 여성지위 문제는 문화적 개념이 아니라 계시적 차원에서 이해해야 하며, 대표성의 원리와 창조의 원리에 의해 남성의 지도력에 순종해야 한다는 것이다. 남자가 여자를 대표하게 된 것은 남자 창조의 우선성과 여성을 지으실 때 남성을 '돕는 자'로서 창조하셨다는 인식을 바탕으로 한다.

둘째, 교회가 여성의 안수 문제를 허락할 수 없으나 여성의 사역은 전문화되어야 한다고 주장한다. 한국교회가 유교 문화의 영향을 받아 남성위주의 사역에 머물렀던 점을 개선하고, 여성 사역의 중요성을 인식하면서 활성화, 극대화를 추진해야 한다는 것을 강조한다. 그렇지만 이 교단은 목사, 장로 등 교회의 재정, 인사와 예배 인도 등 실질적인 권한을 행사하는 지위는 여성에게 자리를 부여하지 않고 교육사, 상담사, 선교사 사역에 여성이 종사할 것을 제안하고 있다. 교단의 남성중심 문화의 일단을 보여주고 있다.

3) 예배포 문제

(1) 여성의 예배포(head covering) 착용문제

예배포는 헬라사회에서 여인들이 외출하거나 공적인 모임에 참석할 때 머리에 쓰는 수건을 말한다. 여자들 머리에 베일을 쓰는 것은 희랍과 근동지방의 풍습으로 당시 여인들에게는 보편적인 현상이었다. 또한 수건을 쓴 여자는 안전을 누리며, 보호받을 수 있음을 나타내기도 하였다. 그러나 창녀나 노예는 법적으로 베일을 쓸 수 없었으며, 맨 머리는 창녀나 노예 등으로 모욕과 무시를 당하는 대상이 되었다. 여자가 베일을 쓰는 문제는 당시의 사회적·문화적 배경과 밀접한 관계가 있으며, 여자가 남자의 권위 아래 있다는 당시 남성 우월사상의 반영이기도 하였다.[109]

그런데 고린도교회에서 일단의 여성들이 그리스도인의 자유를 근거로 하여 더 이상 사회적 관습에 속박 당하지 않겠다며 교회에서 머리에 베일을 쓰지 않는 사건이 발생함으로써 교회의 문제로 대두되었다. 여성도들이 베일을 쓰지 않는 것은 그리스도인들의 자유를 모르는 불신자들에게 교회가 마치 부도덕한 자들의 집합소로 오인

---

109) 『옥스퍼드 원어성경대전』고린도전서 10-16장, 120-121쪽.

하게 만들 수 있었다.[110] 한국의 천주교는 지금도 예배포를 사용하고 있지만 개신교
는 전래 당시부터 쓰지 않았다.

(2) 예배포 관련 성경 내용

바울은 교회의 문제로 대두된 예배포 문제에 대해 고린도 교회에 보낸 편지에서 예
배포를 쓰도록 권면하고 있다.

> 나는 너희가 알기를 원하노니 각 남자의 머리는 그리스도요 여자의 머리는 남자요
> 그리스도의 머리는 하나님이시라. 무릇 남자로서 머리에 무엇을 쓰고 기도나 예언을
> 하는 자는 그 머리를 욕되게 하는 것이요 무릇 여자로서 머리에 쓴 것을 벗고 기도나
> 예언을 하는 자는 그 머리를 욕되게 하는 것이니 이는 머리 민 것과 다름이 없음이니
> 라(고전11:3-5)

바울은 예배포를 써야하는 이유로 첫째 '여자의 머리는 남자'라는 것을 든다. 여자
의 머리가 남자이며 남자의 머리는 그리스도이며 그리스도의 머리는 하나님이라고
말한다. 이 때의 '머리'는 절대 복종을 의미하는 통치권적 차원의 문제가 아니라, 권
위와 복종의 차원에서 우선순위가 있다는 존재론적 차원에서의 문제라고 본다.

둘째 '여자가 남자에게서 났다'는 창조교리를 든다. 창세기는 남자가 먼저 창조되
었고 그 다음에 남자의 갈비뼈로 여자가 창조되었다(창2:22)고 기록한다. 창조 질서상
남자는 하나님의 형상을 지닌 존재로 먼저 창조되었고 여자는 '돕는 배필'로 뒤에 창
조되었으므로 여자는 '남자의 영광'을 위하여 베일을 써야 한다고 바울은 권면한다.[111]

> 남자는 하나님의 형상과 영광이니 그 머리에 마땅히 쓰지 않거니와 여자는
> 남자의 영광이니라. 남자가 여자에게서 난 것이 아니요 여자가 남자에게서
> 났으며 또 남자가 여자를 위하여 지음을 받지 아니하고 여자가 남자를 위하
> 여 지음을 받은 것이니(고전11:7-9)

(3) 예배포의 적용문제

위에 인용한 고린도전서의 내용을 근거로 성경이 남성우월주의를 주장한다고 보는
것은 적절하지 않다. 바울은 존재론적 차원에서 남자가 우선권이 있으며, 창조 질서

---

110) 위의 책, 같은 면.

111) 옥스퍼드 원어성경대전 고린도전서 10-16장, 131-133쪽.

상 여자는 남자의 영광이라는 주장을 편다. 그러나 바울은 고린도전서의 다음 구절에서 남성과 여성은 모두 하나님께 속한 존재이며 상호간에 필수불가결한 존재임을 말하고 있다.

> 그러나 주 안에는 남자 없이 여자만 있지 않고 여자 없이 남자만 있지 아니하니라. 여자가 남자에게서 난 것같이 남자도 여자로 말미암아 났으나 모든 것이 하나님에게서 났느니라(고전11:11-12)

이를 보면 남녀가 창조과정에서 선후가 있지만 한 하나님으로부터 창조되었으므로 근본적으로 남녀는 동등하다는 의미를 내포하고 있다. 예배포를 쓰는 문제는 당시 고린도사회의 문화가 반영되었고 또한 고린도 교회의 특수한 사정도 반영된 것으로 본다. 종교는 언제나 당시 문화와 밀접한 관계를 맺고 있었으며 상호 교류를 통하여 서로에게 영향을 미치고 있다.

바울이 그가 쓴 13개 서신 중에서 오직 고린도전서에만 이 문제를 다룬 것을 보면 예배포 문제는 고린도교회의 특수한 사정 때문에 생긴 것으로 보인다. 여자들이 베일을 쓰는 당시 헬라문화를 거스르는 자유분방한 고린도교회 여성들의 일탈을 바울은 분명하게 경계하였다. 이는 교회가 부도덕한 집단으로 인식되어 복음전파에 방해가 되는 것을 막으려는 바울의 호교론적인 의도도 있다고 본다. 이러한 당시 문화와 고린도교회의 특수한 사정을 고려하지 않고 지금도 여성에게 예배포를 쓰게 하는 것은 검토의 여지가 있다고 본다.

4) 여교역자들의 불평등 실태

(1) 한국 여교역자 실태조사 결과[112]

한국여신학자협의회 목회위원회에서 『한국여교역자 실태조사보고서』(1988년)를 출간하였는데, 이 조사의 대상 교단은 예장 통합(930명), 예장 합동(100명), 기감(427명), 기장(18명), 예장 대신(50명), 기타 소교단(10명)이다. 조사결과 여교역자들의 56.6%가 담임목사나 동역자의 소개로 선발된 것으로 밝혀 채용과정에서 인맥 중시현상이 나

---

112) 한국여신학자협의회 목회위원회편,『한국여교역자 실태조사보고서』(한국여신학자 협의회, 1988), 27-41쪽. 이정숙, 143-147쪽에서 재인용.

타나고 이는 채용 후에도 담임목사 개인을 위해 일해야 하는 부담감을 안게 된다.

한 달 사례비는 20-29만원 사이가 39.7%로 가장 높으며, 다음이 30-39만원으로 26%를 차지한다. 이를 보면 20-39만원 사이가 전체의 65.7%를 차지한다는 통계가 나온다. 당시 도시 근로자 최저 생계비 20만원에 미치지 못하는 사례비를 받는 여교역자도 29.1%나 되어 매우 열악한 상황을 드러내 준다.

사역 내용에 있어서도 여교역자들의 사역은 심방이 59.3%로 제일 많고 그 다음이 설교로 17.2%, 교육은 11.7%, 성서 연구 3.4%로 나타났다. 남성 교역자들이 설교나 교육을 통해 교회 전체의 지도자 역할을 하는 것에 비하면, 여성 교역자들은 가정이나 구역단위의 지도자로서 심방과 주일학교 등 학생부 교육으로 대별되고 있다.

(2) 여성 신학교육 개선을 위한 여성교역자 등 조사결과

전국 기독교대학협의회와 한국신학교육연구원의 위촉으로 1988년에 한미라가 여성교역자 및 여성사회기관 종사자들을 대상으로 '직무내용, 정책결정 과정의 참여도, 신학교육과 교역현장의 일치성 및 성차별 의식'을 알아보는 설문조사를 행하였다. 이 조사에 참여한 교단은 기감, 예장통합, 기성, 기장, 오순절이었고, 기관종사자로는 감리교신학대학, 장로회 신학대학, 서울신학대학, 이화여대, 한신대학의 신학과와 기독교학과 여자졸업생을 중심으로 연구하였다.

이 조사에서도 여교역자와 여성 사회기관 종사자들의 처우가 앞의 한국여신학자협의회(이하 '여신협')의 조사와 유사하게 나타났다. 우선 월 사례비 조사에서 21-30만원이 전체의 35.9%로 가장 많고, 11-20만원이 19.3%, 31-40만원 16%, 41만원 이상 6.1%로 전체의 51.9%가 40만원 이하의 사례비를 받는 것으로 조사되었다. 여교역자의 교역내용을 살펴보면 심방이 77.9%, 주일학교 교육 5.0%, 설교 3.3%[113] 등으로 심방의 비중이 '여신협'의 조사보다 훨씬 높게 나타나고 설교의 비중은 매우 낮게 나타났다.

(3) 예장 통합 전국여교역자 실태조사 결과

예장 통합의 전국여교역자 연합회에서 3차에 걸쳐 여교역자 실태조사를 실시하였다. 1986년에는 훈련 프로그램에 참고할 목적으로 실시했고, 1992년에는 여성교역자

---

113) 한미라, 『여성신학교육 개선을 위한 정책연구』(전국기독교대학협의회, 1988), 48-49쪽.

실태와 여교역자들의 사회의식 조사 등을 목적으로 조사하였고, 2002년에는 1996년 처음 배출된 여성 목사가 교회에 미친 영향 등을 조사하였다.

1992년 조사에서 월 사례비를 보면 31-40만원이 11.1%, 41-50만원 23.8%, 51-60만원 20.3%, 61-70만원 8.7%, 71-80만원 2.7%, 81-90만원 1.2%, 91-100만원 1.0%, 100만원 이상 1.2%로 나타났다.[114] 60만원 이하가 55.2%로 한미라의 조사 때보다는 조금 나아졌지만 열악한 실정이다.

2002년 월 사례비 조사에서는 31-40만원이 4.8%, 41-50만원 7.5%, 51-60만원 10.0%, 61-70만원 11.8%, 71-80만원 8.8%, 81-90만원 7.3%, 91-100만원 10.0%, 100만원 이상 21.5%로 나타났다.[115] 이 조사에서도 100만원 이하가 전체 여교역자의 60.2%로 1992년의 조사에 비해 조금씩 나아지고 있지만 처우가 빈약한 것은 여전한 실정이다. 그러나 목사 안수를 받음으로 인해 월 사례비 100만원 이상이 92년 1.2%에 비해 2002년 21.5%로 늘어난 것은 고무적인 일이다.

여교역자들의 교역내용을 보면 심방이 29.4%로 제일 많고, 설교 19.9%, 교회학교 교육 19.3%, 상담 10.9%, 성경공부 8.8%, 행정 4.2%, 특수 선교사역 4.2% 등으로 조사되고 있다. 1992년과 비교하면 심방이 77%에서 29.4%로 줄어들고 설교 등이 늘어난 것은 여성 안수가 교역 내용의 변화도 가져옴을 나타내 준다.

(4) 4개 교단 여교역자 실태조사 결과(2003년)

이정숙에 의한 4개 교단 실태조사는 여성 교역자의 지위와 대우문제를 중심으로 2003년 6월 실시되었다. "한국여교역자 연합 큰 모임"에 참여했던 여교역자(안수 받은 자와 안 받은 자는 반반임)들을 대상으로 조사하였고, 설문지 참여자는 4개 교단 78명이었고, 기장 10명, 기감 16명, 예장통합 50명, 예장합동 정통 2명이었다. 월 사례비 조사에서는 무보수 4.9%, 30만원 이하 3.6%, 50만원 이하 8.5%, 70만원 이하 8.6%, 90만원 이하 22.0%, 100만원 이상 48.8%로 나타났다.[116] 90만원 이하가 전체 여교역자의 47.6%으로 노동청이 발표한 법률·사회서비스 및 종교 전문가 여성의 평균 월 급여액 1,285,248원과, 같은 직종 남성의 월 급여액 2,267,289원에 비하면 매우 낮은

---

114) 대한예수교장로회 전국여교역자연합회, 『여교역자 실태조사보고서』(전국여교역자연합회, 1993), 29쪽.
115) 위의 책, 2002년판, 21쪽.
116) 이정숙, 148쪽.

실정이다.[117] 또한 당시 정부가 책정한 4인 가족 최저생계비가 월 98만원과 비교해 보면 거의 절반의 여교역자가 최저생계비 이하의 월급을 받는 셈이다.

채용과정에서도 담임 목사가 선발한 경우 21.2%, 동역자들의 소개 22.4%로 안면에 의한 소개로 인한 채용이 전체의 43.6%로 공개채용 16.5%보다 월등하게 높으며 이는 채용 후 사역에서도 대인적 부담으로 작용될 우려가 있다.   사역 내용에서도 심방 28.4%, 설교 22.9%, 상담 19.1%, 주일학교 15.8%, 특수선교 11.5%로 여전히 심방이 많은 편이고, 전체 교인을 대상으로 하는 설교는 여전히 적은 편이다. 그리고 여교역자이기 때문에 느끼는 가장 큰 문제점을 '여성 차별'이라고 대답한 수치가 30.4%로 제일 높으며, 그밖에 목회정보 부족 17.4%, 목회능력 부족 14.5%로 나타나고 있다.[118]

5. 한국종교 공동체와 성차별 이데올로기의 객체화

1) 한국종교 공동체상의 성차별

앞에서 본 바와 같이 무교를 제외한 한국의 종교는 공동체 활동에서도 성차별적 내용이 나타난다. 각 종교는 공통적으로 교단 헌법이나 종헌 등을 통하여 여성의 종교 공동체 활동이 제한되고, 직무 활동에서도 차별대우가 드러난다. 이를 한 마디로 말하면 남성에 의한 **'직무 독점주의'**라고 말할 수 있다. 이러한 남성중심의 직무활동은 상대적으로 여성의 권익이 제한된다. 불교에서의 종정, 총무원장, 천주교에서의 교황, 신부 등은 여성의 임직이 원천적으로 제한되어 있고, 개신교에서의 총회장, 당회장, 목사 등에는 아직도 여성의 임직이 대부분 제한되어 있다.

직무 내용에 있어서도 성차별은 상당하다. 개신교 교역실태에서 보는 것처럼 여성은 심방, 영접, 음식 같은 보조적인 사역을 주로 담당하는데 비해, 남성들은 인사, 재정, 기획 등 핵심 직무를 담당하고 있다. 그리고 여성의 보수는 같은 직종 남성의 절반 정도 밖에 받지 못하는 등 그 처우도 매우 차별적이다.

---

117) 노동청, 『임금구조 기본통계조사보고서, 200년』 (서울 노동청, 2002), 598쪽.
118) 이정숙, 157-170쪽.

2) 성차별 이데올로기의 객체화 과정

한국종교의 공동체 활동은 성차별적 내용을 가지고 있으며 이들은 반복되는 종교 행위를 통하여 성차별 이데올로기를 객체화시킨다. '객체화'는 "인간 활동의 외재화 된 산물들이 객관성이란 특성을 지니게 되는 과정"을 말한다.[119] 이는 세계 속에 쏟 아 낸 인간 활동(외재화)의 산물들이 본래의 행위자에 외재하여 전혀 다른 실재성을 획득하는 것을 말한다. 제도적 세계는 인간 활동을 객체화시키며 또한 개개의 단일한 제도도 마찬가지이다. 외재화와 객체화는 끊임없는 변증법적 과정 속의 한 순간들이 다. 이 관계를 버거는 이렇게 표현한다.

> 사회현실에서 세 가지 변증법적 단계의 근본적 관계를 볼 수 있다. 그것들은 각기 사 회세계의 근본적인 특성화에 일치한다. '사회는 인간의 산물이다.(외재화) 사회는 객 관적인 현실이다.(객체화) 인간은 사회적 산물이다.'(내재화) 이 세가지 요소 중에 어 떤 것이라도 생략되면 사회세계의 분석은 왜곡될것이라는 사실은 이미 분명한 일이다.[120]

객체화는 제도화와 합법화의 두 과정을 거쳐서 형성 된다. 두 과정은 모두 사회의 공동체와 관련된 내용이다.

> 과정으로서의 합법화는 '2차적 질서'라는 의미의 객체화로서 가장 잘 묘사 될 수 있다. 합법화는 본질적으로 다른 제도적 과정에 이미 붙여진 의미들을 통합시키는 새로운 의미들을 만들어 낸다. 합법화의 기능은 제도화된 '1차 질서'의 객체화를 객관적으로는 이용가능하게, 주관적으로는 그럴 듯하게 만 드는 것이다.[121]

1차적 질서인 '제도화'는 여러 형태의 행위자들에 의해 습관화된 행동들의 상호적 전형화를 말하며, 이 때의 제도는 공유된 역사와 사회적 통제를 의미하며, 전형화를 말한다.[122] 2차적 질서인 '합법화'는 '설명과 정당화의 과정'이며 옳고 그른 행동을 정의하는 역할이며, 개인에게 그가 공동체 안에서 다른 행동이 아닌 바로 그 행동을 해야만 하는 이유를 말해 주는 것이다.[123] 이는 다 공동체와 관련된 것이며 공동체를

---

119) P. Berger and T. Luckmann, 『지식형성의 사회학』, 93쪽.

120) 위의 책, 93쪽.

121) P. Berger and T. Luckmann, 『지식형성의 사회학』, 131쪽.

122) 위의 책, 83~85쪽.

효율적으로 이끌어 가기 위한 방편들이다.

이를 종교 공동체와 관련시켜 보면 1차적으로 여러 유형의 구성원들을 통제하기 위한 전형화된 규정을 마련하여 2차적으로 이의 필요성과 정당성을 설명해 주고 의(義)와 불의(不義)를 구분해 주고 이에 대한 잘·잘못을 제재하는 것이다. 성차별 이데올로기의 객체화는 이러한 제도화와 합법화의 과정을 통하여 형성된다. 예를 들면 불교 승가에서 성차별적인 구족계를 만들어 이를 지키지 않으면 벌을 주고 지키면 상을 줄 때 성차별적 이데올로기는 객체화된다. 이와 같이 성차별적 규정에 대해 종교 공동체가 제재 과정을 거칠 때 성차별 이데올로기는 객체화된다.

또한 성차별 이데올로기는 종교 공동체의 사회화 과정을 통해 객체화된다. 종교 공동체의 구성원들이 일상적으로 지키는 성차별적 규정과 행위가 종교 공동체에 의해 체계적, 조직적으로 학습하게 될 때 성차별 이데올로기는 객체화된다. 특히 초신자들은 이런 학습에 의하여 여성에 대한 차별을 당연한 것으로 배우고 이에 적응하게 된다. 종교공동체 구성원들에게 익숙하게 된 성차별 이데올로기는 일반사회의 구성원들에게도 확산된다.

3) 성차별 이데올로기의 객체화와 남성중심 문화

무교를 제외한 한국종교의 공동체 활동에는 공동체 조직, 법제, 운영 등에서 상당한 성차별적 요소들이 보인다. 이러한 한국종교의 성차별적 공동체 활동을 '직무 독점주의'라고 요약할 수 있다. 이 '직무 독점주의'가 종교 구성원들에 의해 정기적으로 반복 시행됨으로 인해 성차별 이데올로기로 객체화된다.

---

123) 위의 책, 130-133쪽.

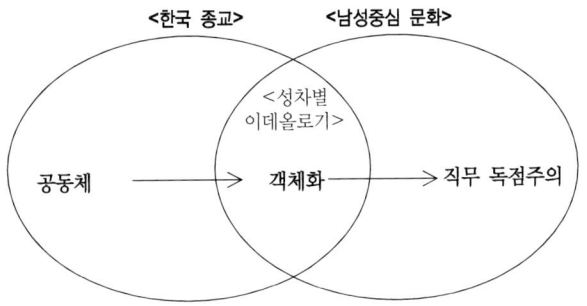

〈그림 11〉 성차별 이데올로기의 객체화와 남성중심 문화와의 관계

그리고 이렇게 고착된 성차별 이데올로기가 ① 정당화 과정과 ② 제재과정, ③ 내재화 과정을 거침으로써 남성중심 문화로 형성된다<그림11 참조>.

이 중에서 특히 제재과정은 종교 공동체와 밀접한 관련을 맺고 있으며, 공동체를 운영하기 위해서 필수 불가결한 내용이다. 공동체는 합의를 통한 정당성을 바탕으로 구성원들의 행동을 지시, 통제, 처벌하는 제재를 함으로써 공동체의 결속을 강화한다. 이 때의 제재는 억제하고 벌을 준다는 부정적인 측면도 있지만, 재가한다는 적극적인 측면도 내포한다.[124] 매도 때리지만, 때때로 떡으로 다스릴 때도 있다. 제재의 가장 원초적인 모습은 힘이다. 그러나 공동체 생활에서 물리적인 힘을 사용하지 않더라도 상벌, 존경, 인정, 칭찬 등의 행위나, 배척, 고립, 비난, 비판 등을 행함으로써도 목적을 달성할 수 있다. 이렇게 당근과 채찍을 적절히 구사할 때 '직무 독점주의'라는 성차별 이데올로기는 남성중심 문화로 더욱 공고하게 자리매김한다.

이렇게 성차별적 남성중심 문화가 한번 형성되어 버리면 문화의 속성인 공유성, 초개인성, 학습성, 영속성 등을 가지게 되고, 이러한 문화가 전체로서 하나의 통합된 체계를 이루게 된다. 그리고 그러한 문화를 만든 인간에게 행동양식과 가치관을 교시해주고 이러한 남성중심 문화에 인간이 적응하도록 그 방법을 가르쳐 준다.[125] 모든 문화가 인간의 주관적 의식에서 유래되고 또 그것에 뿌리를 두고 있지만 일단 형성되어 버리면 문화는 인간 개개인의 의지와는 별개의 객체적 실재의 성격을 갖게 된다.[126] 이렇게 바람직하지 못한 문화가 형성되어 버리면 그 문화를 변혁하기가 매우 어려우며, 그 폐해 또한 막대하다.

---

124) 김경동, 47쪽.

125) 본 논문 제2장 1절 중 "문화의 기능" 참조.

126) P. L. Berger, 『종교와 사회』, 20쪽.

제 5 장

한국종교의 성차별적 교리의 내재화

종교를 구성하는 첫 번째 요소가 교리(doctrine)이다. 종교의 핵심적인 구성요소인 교리(또는 믿음체계(beliefs))는 종교적 경험을 이론적, 인지적으로 표현한 것으로 종교적 경험의 실천적 표현인 의례와 종교적 경험의 사회학적 표현인 공동체와 밀접한 관련이 있다. 의례는 교리의 실천적 표현, 즉 "교리의 외재화"라고 볼 수 있으며, 공동체는 교리를 기준으로 신자 개개인과는 별개의 독립된 실재로서 "교리의 객체화"라고 할 수 있다. 교리는 일반적으로 "종교적인 원리나 이치, 각 종교의 종파가 진리라고 규정한 신앙의 체계"를 이른다. 이 교리는 신앙의 대상이나 종교의 성격, 기원을 설명하고, 궁극적 실재 또는 거룩한 존재가 어떻게 인간과 의미 있게 관계되어 있는가를 설명해 준다. 교리는 인간행동의 의미와 기준을 마련해 주는 기능을 하는데, 파슨스는 "종교적 믿음은 행동에 대한 의미를 부여하면서 인지적 정향체계(cognitive orientation system)의 통합을 위한 중심점이 된다"[1]고 말한다.

이러한 교리의 내용과 범위는 종교별·사회별·시대별로 매우 다양할 수 있다. 예를 들면 절대자 혹은 '성스러움'에 대한 관점은 정령신앙, 토템신앙, 주술신앙과 다신론, 단일신론, 유일신론 등으로 나타난다. 그리고 믿음체계가 원시적이거나, 덜 공식적일 때는 신화, 이미지, 규범, 가치로 나타나지만, 문명 수준이거나, 공식적일 때는 교리나 신조로 나타난다.[2] 교리는 보통 그 종교의 경전[3]에 수록되어 있고, 그 경전을 해석하고 체계화하여 따로 교리서를 만들어 놓은 종교도 있다. 한국의 전통 종교 중 무교는 종교적 경험을 '교리'와 같이 공식적으로 표현한 것은 없지만, 단순하기는 하지만 '신화' 등으로 나타난 신앙체계는 가지고 있다. 유교도 공식적인 교리는 없다. 그러나 유교에서는 교리와 같은 기능을 하고 신봉자들이 믿고 따라야 하는 규범이 있는데, 삼강오륜, 가부장제, 삼종지도, 인의예지(仁義禮智) 등이 그것이다.

1. 무교의 신앙체계

무교는 불교, 기독교와 같은 명문화된 경전이나 교리는 없지만, 무교의 신앙체계는 신화에 담겨져 있다. 신화는 초월적인 종교적 사실을 이 세상적인 표상으로 표현한

---

1) 이원규, 『종교사회학의 이해』, 59쪽.
2) M. B. McGuire, 『종교사회학』, 김기대, 최종렬 역 (민족사, 1994), 31쪽.
3) 이때의 "경전"은 한 종교의 교리체계를 담은 성스러운 문헌을 의미한다.

것으로 태초의 신적인 행위나 사건에 관한 이야기이다. 엘리아데(M. Eliade)는 신화의 주요 기능을 "모든 의례와 인간의 모든 중요한 활동 곧 식사, 성생활, 노동, 교육 등등에 대한 규범적 전형(典型, paradigmatic models)을 확립하는 일"이라고 말한다.[4] 따라서 모든 의례와 생활은 신화가 제시하는 신적인 모델, 곧 조형(祖型)을 반복하고 재현하는 것이며, 그렇게 함으로써 역사에 실재성을 부여하고 생활을 창조하여 나갔다.

1) 무조(巫祖) 바리공주 신화

(1) 바리공주 무가의 내용과 구조

무조신(巫祖神) 전설이라 일컫는 바리공주(바리떼기, 오구풀이) 무가는 전개 순서에 따라 창조, 죽음, 재창조 세 부분으로 나눌 수 있다.

가. 창조로서의 신화적 결혼담

신화는 원초시대의 창조설화이며, 이 신화는 단군신화 등 시조신화에서 보는 것처럼 신과 인간과의 결혼을 통하여 시작된다. 제주도 본향당신(本鄕堂神) 本解(본풀이)에는 풍신 인문관(風神 印文官)과 미인 고산국의 결혼담으로 시작하고, 성조본해(成造本解)도 천대목신(天大木神) 성주(成主)님과 지신(地神) 지달부인의 백년가약으로 시작하는데, 무조 바리공주 신화에서는 이와 달리 왕자의 결혼담으로 시작된다.

> 대왕 양전하(兩殿下)가 이미 늙었는데 세자대군(업비대왕)의 나이는 겨우 15세였다. 만 신박사들이 명년 대길년을 기다려서 길례를 올리도록 충고가 있었으나 일각이 삼추와 같아 기다리지 못하고 간택하여 길례를 올렸다. 옥체에 이상이 있어 문복(問卜)하였더니 "명년 상길년에 길례를 하셨더면 세자대군이 탄생하야 세 나라 왕을 봉할 것을 폐길년(閉吉年)에 길례를 하셨으므로 초공주(初公主)를 보시리라"고 한다. 드디어 초공주를 낳게 되니 이름을 지어 '홍도공주'라 했고 별호를 '달이장아씨'라 했다. 그 후 계속하여 태어나는 일곱 아기들도 세자가 아니라 다 공주들이었다.[5]

나. 죽음의 체험으로서의 시련담

결혼은 일차적 창조의 원동력이요 자연적 질서의 원동력으로 여기서 태어나는 존

---

4) M. Eliade, 『성과 속』, 이동하 역 (학민사, 1999), 87쪽.

5) 유동식, 『한국무교의 역사와 구조』(연대출판부, 1975), 337–338쪽.

재는 자연적 질서로서의 속된 존재이다. 이 속된 존재에서 창조적 능력이 나올 수 없다. 그래서 일차적 창조질서에 속한 존재는 일단 죽고 다시 태어나는 이중탄생(二重誕生)을 필요로 한다.

왕비 길대마마는 일곱 번째 아이를 임신하고 꿈을 꾸었는데, 청룡·황룡·보라매·백마·흑 거북·일월이었다. 대왕은 "이번 몽사는 세자대군 얻을 몽사로다"라면서 잔뜩 기대하였으나, 왕위를 계승할 아들과는 관계없는 딸이 출생하자 일곱째 딸을 버리라고 명령한다

> 나는 전생에 무삼 죄가 그다지 많아서 하날이 일곱 딸을 점지하였는고
> 향로향합(香爐香盒) 헤치시고 가묘사직을 뉘게 전하리오……
> 시녀 상궁들아 삼턴 궁녀들아 그 아기를 어서 후원에 갖다 바여라.[6]

대왕은 공주를 후원에 내다 버렸다가 불쌍히 여겨 다시 데려다가 이번에는 옥함에 넣어서 사해용왕에게 진상 보낸다고 다시 바다에 띄워 버렸다. 공주의 이름은 '바리다 바리덕이 더지다 더지덕이'로 불렀다. 공주는 까막까치의 인도로 황천강을 넘어 어디론가 사라졌다.

다. 신위(神位)로서의 재창조

죽었다가 다시 살아나는 것은 차원을 달리한 또 하나의 새로운 창조를 의미한다. 버림받아 바다에 버려진 바리공주는 죽음의 체험을 통해 거룩한 천자와 결혼하기 위한 준비로 정화 수련을 한 후 무상신선(無上神仙)과 결혼한 후 나중에는 만신(萬神)의 왕인 무조신(巫祖神)이 된다.

사해를 구경나왔던 석가세존은 함 속의 공주를 발견하였다. 그리고 지옥노래를 부르며 다니던 늙은 산지기 걸식공덕(乞食功德) 부부에게 부탁하여 바리공주를 기르게 했다. 공주는 글을 배우지도 않았지만 상통천문(上通天文) 하달지리(下達地理)하더니 세월이 흘러 어느덧 15세가 되었다. 병이 든 국왕 양전하에게 옥황상제의 명을 받들고 온 하늘의 청의동자(靑衣童子)가 아기를 내다 버린 죄로 한 날 한 시에 병으로 죽게 될 것이라 했다. 왕이 구원될 길이 없는가고 묻자 동자는 구원의 길을 가르쳐 준다.

---

6) 위의 책, 338쪽.

발인 아기를 찾아들여 삼신산(三神山) 불사약(不死藥) 무상신(無上神) 약령수(藥靈水) 동해용왕 비레주(酒) 봉래산 가얌초(草) 안악산 수루취를 구해다 잡수시면 回靑하실이다.[7]

버린 아기인 공주를 찾을 길이 막막했으나, 예대신(禮大臣)이 황천강을 넘어 공주를 찾아 데리고 왔다. 공주는 오자마자 대왕전의 병이 위중하여 무상신의 약령수를 구하려 다시 떠나게 된다. 바리공주는 저승 지옥을 굽이굽이 돌아서 무상신선이 서 있는 곳까지 왔다. 약수를 얻으러 왔다고 했더니 "그대하고 나하고 백년가약을 맺어 일곱 아들 받아주고 가면 어떠하뇨"하고 제안한다. "부모보양할 수 있다면 그리하성이다." 하고 대답한 후 바리공주는 일곱 아들을 낳아 주고 약령수와 "살살이 뼈살이나무"를 얻어가지고 귀향길에 올랐다. 무상신선과 일곱 아들까지 데리고 황천강과 유사강(流砂江)을 건너 궁으로 돌아가던 길에 이미 죽어서 나가는 왕의 상여를 만나게 된다. 공주는 달려가서 상여를 멈추고 관 뚜껑을 열어 제친 후 약령수를 시신의 입에 넣어 부모를 회생시킨다. 살아난 업비대왕은 댓가로 나라의 절반을 주겠다고 했지만, 바리공주는 죽은 자를 황천으로 인도하는 무조신이 되겠다고 소원했고 나중에 만신 무당의 몸주가 되어 무조신이 되었다.

(2) 바리공주 무가 속의 성차별 내용

가. 남아선호 사상

첫째, 아들 낳기를 간절히 소원한다. 업비대왕은 일곱째 자식만은 아들이 태어나기를 간절히 원했다. 왕비가 꾼 꿈에도 여섯 공주를 낳을 때의 태몽과는 달리 아들을 상징하는 백마와 보라매, 장수를 상징하는 거북이, 빛을 상징하는 일월이 나타나서 기대가 매우 컸다.

둘째, 아들이 아닌 딸이 태어나자 버려 버린다. 기대했던 것과 달리 일곱 번째도 딸이 태어나자 대왕은 핏덩이 딸을 버리라고 명령한다. 그 이유는 가묘사직(家廟 社稷)에 제사지낼 아들이 아니라는 것과 자신의 대를 이어 왕이 될 세자가 아니라는 것이다. 남성중심의 가부장제 사상으로 꽉 차 있다.

---

7) 유동식, 『한국무교의 역사와 구조』, 339쪽.

셋째, 딸 태어난 것을 통탄한다. 대왕은 일곱 공주 낳은 것을 전생에 지은 죄 때문이라고 하면서 통탄하고 있다. 무가에서는 "나는 전생에 무삼 죄가 그다지 많아서 하날이 일곱 딸을 점지하였는고 향로향합(香爐香盒) 헤치시고 가묘사직을 뉘게 전할이요"라고 표현하고 있다.

나. 변성남자성불설(變性男子成佛說)과 관련

바리공주 무가에서 죽은 망자가 칠공주를 좇아가면 다음 세상에서는 남자로 태어나 연화대로 간다는 내용이 나온다.

> 우여 슬프다 선후망(先後亡)의 아모 망자 칠공주 뒤를 좇이면은
> 서방정토 극락세계 후세발원 남자 되어 연화대로 가시는 날이로성이다.[8]

서방정토 극락세계에는 여성으로서는 못가고 남성으로 태어나야 갈 수 있다는 내용으로 이는 곧 불교의 변성남자성불설과 합치되는 것이다. 이 설은 불교에서도 여성을 차별하는 중요한 이론으로 논의되고 있다. 불교 교리가 무교에 습합되는 현상으로 한국 고래의 전통 종교인 무교에 외래 종교인 불교가 영향을 미쳐 불교 교리가 무교에 혼합된 것으로 볼 수 있다.

2) 단군신화

단군신화의 핵심 인물인 '단군왕검'은 천신 하느님을 뜻하는 'Tengri-kam'에서 유래된 명칭으로 보이고, 이는 신인(神人) 또는 무군(巫君)을 뜻하는 말이다. 또한 단군은 생산과 수명을 다스리다가 산신이 되었는데 이는 무속의 산신신앙과 일치하는 것으로 이능화도 이런 이유로 한국 무속의 기원을 단군신화에서 찾는다.[9] 유동식도 단군신화의 산신신앙과 무속의 산신신앙의 일치 등을 근거로 단군신화에서 한국 무속의 기원을 찾는다.

단군은 오늘의 무당들과 마찬가지로 생산과 수명과 질병들을 다스렸고 좌우했다. 그

---

8) 유동식, 『한국무교의 역사와 구조』, 340쪽.
9) 이능화, 『조선무속고』(한국문화인류학회, 1968), 1쪽.

리고 그는 1,500년간이나 세상을 다스리다가 산신이 되었다고 한다. 즉 산신은 이 세상에 강림한 하느님의 아들이요, 농사와 인생을 지배하는 단군신이기도 하다. 이것 역시 오늘날 무속에서 흔히 보는 산신신앙과 일치하고 있다. 따라서 한국 무속의 기원을 단군신화에서 찾는 것이 통례로 되어 있다.[10]

(1) 단군신화의 내용

단군신화는 삼국유사, 제왕운기, 세종실록지리지, 응제시주, 동국여지승람 등에 기록되어 있는데, 여기서는 삼국유사에 있는 고조선의 시조 단군에 대한 내용을 인용한다.

> 위서(魏書)에 말하기를 지금으로부터 2천년 전에 단군왕검이 있었는데 그는 도읍을 아사달에 정하고 나라를 열되 이를 조선이라 부르니 그 때는 요(堯) 임금과 같은 시대라 하였다. 옛글에 말하기를 옛날에 환인(桓因, 帝釋을 말함)의 아들 환웅(桓雄)이 있었는데 항상 천하에 뜻을 두고 인간세상을 탐내거늘 아버지가 아들의 뜻을 알고 세 높은 산 중의 하나인 태백산(太佰山)을 내려다보니 인간을 널리 이롭게 할 만 하였다. 이에 천부인(天符印) 세 개를주고 가서 다스리게 하였다. 환웅이 무리 3천 명을 이끌고 태백산 꼭대기 신단수 밑에 내려와서 거기를 신의 고을이라 부르니 그가 곧 환웅천왕이었다. 그는 풍백(風伯), 우사(雨師), 운사(雲師)를 거느리고 곡식, 수명, 질환, 형벌, 선악 등 무릇 인간의 360여 가지 일을 맡아서 다스리고 교화하였다.
> 그 때에 한 곰과 한 호랑이가 같은 굴에서 살며 항상 환웅에게 빌기를 "원컨대 사람으로 변화하게 해 주소서" 하였다. 한번은 신령님이 쑥 한 다발과 마늘 20개를 주며 말하기를 "너희들이 이것을 먹고 백날 동 안 햇빛을 보지 아니하면 곧 사람이 되리라" 하였다 곰과 범이 이것을 받아서 먹고 금기하기 삼칠일만에 곰은 여자의 몸이 되고 범은 능히 참지 못하여 사람이 되지 못하였다. 웅녀는 그와 혼인해 주는 이가 없으므로 항상 신단수 아래에서 아이 갖기를 빌었다. 환웅이 이에 잠깐 변하여 그와 결혼하고 아들을 낳으니 이를 불러 단군왕검이라 하였다. 단군은 요(堯)임금이 즉위한 지 50년인 경인년에 평양에 도읍하고 이를 조선이라 불렀으며, 또 도읍을 백악산 아사달에 옮기었는데, 그곳을 또 궁홀산(弓忽山) 또는 아사달이라고도 하니 그가 나라를 다스린 지 1500년이었다. 주나라의 호왕이 즉위하고 을묘년에 기자를 조선에 봉하니 단군은 장당경으로 옮기었다가 후에 아사달에 돌아와 숨어서 산신이 되었다.[11]

이 내용이 담긴 삼국유사는 일연이라는 승려에 의해 고려 충렬왕(1274-1308)때에 편찬된 책이지만, 이 신화의 구조를 형성하고 있는 조형적인 것은 이미 고조선 시대에 형성된 것으로 생각된다. 신화에는 두 가지의 성격이 있다고 보는데, 고대로부터 내려오는 불변의 구조가 내포된 고대성과 전승자에 의해 해석되거나 시대적 문화적 윤색이 담긴 변화성이 그것이다.

---

10) 유동식, 『한국무교의 역사와 구조』, 34쪽.
11) 『三國遺事』, 紀異, 券第 1, 고조선, 이병도 역주본 (동국문화사, 1956)

(2) 유동식의 단군신화 구조분석

단군신화의 구성요소는 의미 표상의 단위를 따라 세 부분으로 나눌 수 있다. 유동식은 이를 천신강림 신앙, 지모신 신앙, 천지의 융합과 창조신앙으로 표현한다.[12]

첫째 하느님 아들 곧 천신강림(天神降臨) 신앙이다. 단군신화의 첫 번째 특징은 하느님 곧 천신신앙이다. 하느님인 환인(제석)이 아들 환웅을 그의 소원대로 인간 세상에 내려가 천하를 다스리게 하였다. 환인제석(桓因帝釋)은 누구인가? 일연은 인도교의 최고신이요 불교의 호법신인 환인제석이라는 명칭을 따서 하느님을 환인이라고 표현했다. 『능엄경』에서는 환인제석을 도교의 최고신인 옥황상제와 동일시하여 "도리천에 거하는 산정천주(山頂天主)라 칭하는 제석환인은 그 호를 옥황상제라 한다"고 표현했다. 『법화경』에서도 "제석환인은 능히 천주 즉 도리천왕(忉利天王)이라고 말하며, 옥황상제(玉皇上帝) 역시 제석이라 칭한다"고 하였다.[13] 옥황상제도 환인제석도 결국은 '하느님'을 뜻한다.[14] 하느님의 아들이 이 세상에 내려왔다는 천신강림사상은 동북아시아의 유목민 곧 부권적(父權的) 천신신앙민들 사이에서는 공통적인 신앙형태이다.[15]

환웅이 강림한 곳은 태백산 꼭대기에 있는 나무 신단수(神檀樹) 밑이라 했는데, 이는 거룩한 산에 대한 신앙과 우주의 중심을 나타내는 신목신앙(神木信仰)을 표현한 것으로 '우주산' '우주목'을 말한다.[16] 이러한 산악신앙과 신목신앙은 천신강림신앙과 연결되어 있을 뿐만 아니라 그 연장이라고 이해되며, 한국의 산신신앙이나 당신(堂神), 성황신(城隍神) 신앙도 이러한 천신이 강림하여 산이나 나무에 깃들어 있다는 신앙으로 발전되었다고 보아야 할 것이다.

둘째 웅녀 곧 지모신(地母神) 신앙이다. 곰이 쑥과 마늘을 먹으면서 동굴 속에서 삼칠일 동안 햇빛을 보지 못하고 참고 견디어 마침내 인간으로 재생했다. 곰이 인간으로 변한 웅녀사건이다. 유동식은 이를 북방 유목민문화를 배경으로 한 '천신강림 신앙'과는 대립되는 남방 농경문화를 배경으로 한 '지모신 신앙'이라고 말한다.[17] 여기서 빛은 생명을 뜻하고 어둠은 죽음을 뜻하는데 이는 보편적으로 나타나는 종교적 상

---

12) 유동식, 『한국무교의 역사와 구조』, 30-35쪽.

13) "釋堤桓因 此云能天主卽忉利天王 玉皇上帝亦稱帝釋" 『법화경, 제1권』

14) 유동식, 『한국무교의 역사와 구조』, 269쪽.

15) 위의 책, 같은 면.

16) M. Eliade, *Shamanism*, pp. 266-274.

17) 유동식, 『한국무교의 역사와 구조』, 31-33쪽.

징이다. 빛없는 동굴 속에 있다가 다시 빛을 보았다는 사실은 일단 죽어서 창조 이전의 모태로 들어갔다가 다시 창조되어 재생한다는 곡신(穀神)의 신비에 대한 표현이다. 곰에서 여인으로 변했다는 것은 새로운 존재로 거듭난 것이며, 질적인 변화를 가져온 종교적 체험을 상징한 것이다. 환웅천왕과 함께 내려 온 풍백, 우사, 운사도 농경신으로서의 성격을 가지며 그들은 곡식으로 대표되는 농사를 주로 관장하지만, 수명, 질환, 형벌, 선악 등 인간의 생사화복을 지배하는 신령으로 여겨진다.

셋째 천지의 융합과 창조신앙이다. 천신 환웅과 지모신 웅녀와의 결혼으로 태어난 아들이 단군왕검이며, 그가 새로운 나라인 고조선을 창건했다는 것이다. 이는 하늘의 신과 땅의 인간이 융합했다는 것이며, 남성인 천신과 여성인 웅녀가 결합하였다는 표현한 것이다. 이러한 결합으로 새로운 문화질서가 형성되었고 혼돈(chaos)으로부터 새로운 질서(cosmos)가 형성되었으므로 창조신화라고 한다. 천(天)과 지(地)가 융합하기 위해서는 하느님의 아들이 이 땅에 강림하여야만 했고, 인간은 자기 부정을 통해서 성화(聖化)되어야만 했다. 웅녀가 동굴 속에서 인고의 삼칠일을 견딘 것같이 죽음을 통해 다시 사는 종교적 절차를 통과해야만 했다. 이러한 신인융합을 통해서 새로운 생명이 창조되었고 그가 바로 단군이며 그로 말미암아 새로운 나라 고조선이 창건되었다.

(3) 단군신화에 대한 성인지적(性認知的) 구조분석

성 인지성(gender sensitivity, gender awareness)이란 정책과 프로젝트를 수행할 때 성별 역할과 지위에 있어 사회적 관행과 역학관계를 이해하고, 성별 입장과 경험을 동등하게 고려함으로써 성차별적인 영향을 배제할 수 있도록 하는데 필요한 통찰력과 기술, 지식을 의미한다.[18] 유동식의 단군신화 구조 분석은 천신, 지모신, 천신과 지모신의 결합으로 사람의 출생으로 분석하였는데 이는 천, 지, 인 즉 삼재(三才) 분석으로 볼 수 있다. 여기서는 단군신화를 성별 입장과 경험을 동등하게 고려하여 남성과 여성의 관계를 객관적인 관점에서 구조분석을 시도할 수 있다.

첫째 남성인 천신의 강림이다. 단군신화의 내용을 성별로 분석해 보면 남성인 천신과 여성인 웅녀의 결합으로 아들이 탄생하여 고조선을 창건했다는 내용이다. 남성은

---

18) 여성부 홈페이지(http://www.moget.go.kr/) 자료실 참조.

하느님인 환인제석의 아들 환웅으로 신화에서는 천왕으로 표현되었다. 이는 하늘의 왕으로 농사와 인간의 생사화복을 주관하는 풍백, 우사, 운사와 같은 신령들을 거느린 천신을 말한다.

둘째 여성인 웅녀의 재생이다. 남성인 천신 환웅에 비해 여성인 웅녀는 원래 짐승인 곰이었다. 불교의 기본 교리 중의 하나인 윤회사상에서는 '육도윤회'(六道輪廻)를 설명하면서 인간은 죽어서 생전에 지은 업에 따라서 지옥, 아귀, 축생, 아수라, 인간, 천상에 태어난다고 한다. 곰은 축생으로 인간보다 저급하고 열등한 존재로 취급되고 있다. 이 곰이 마늘과 쑥이라는 맵고 쓴 음식만 먹으며 삼칠일 간의 인고의 세월을 겪은 후에 마침내 인간이 여성이 되었다.

셋째 남여의 결합으로 남성인 단군이 탄생한다. 천신인 환웅과 곰이었던 웅녀가 결혼하여 낳은 자녀도 아들이다. 이 아들은 단군왕검(檀君王儉)으로 도읍을 아사달에 정하고 국호를 조선이라 하고 1,500년간 다스린 후 나이 1,908세에 산신이 되었다고 신화에 기술한다. 출생한 자녀도 남성이며 그가 고조선을 잘 다스리고 난 후 산신이 되었다.

(4) 단군신화 속의 성차별 내용

단군신화 속에는 상당한 성차별 내용이 들어 있다. 위에서 본 바와 같이 단군신화에 나오는 여성을 짐승인 곰으로 말미암아 출생된 비천한 웅녀로 표현한데 비해 남성은 하느님의 아들 천왕으로 표현하였다. 이와 같이 여성인 웅녀와 남성인 천왕 사이에는 현격한 지위상의 차이가 존재한다. 또한 환웅과 웅녀에게서 난 자녀도 남성이며, 이가 바로 천신의 아들 단군이라는 점도 성차별적 요소가 있다. 이 사실에서도 남아를 중시하는 당시의 문화를 엿 볼 수 있는 대목이다. 한국의 유교는 삼국시대부터 우리 사회에 영향력을 행사하여 왔고 출신 성분은 매우 중요한 사회계층을 형성하는 중요한 요소였다. 삼국유사를 쓴 일연이 생존할 당시인 고려 충렬왕 때는 이미 유교가 정치계를 지배했고 민중들의 삶에도 상당한 영향력을 미치고 있을 때다. 국민들에게 가장 영향력을 많이 미칠 수 있는 건국신화에 이러한 성차별적 요소가 들어가 후세 국민들에게 남성은 환웅과 단군 같은 고귀한 신적 존재로, 여성은 웅녀와 같은 비천한 존재로 인식될 소지가 있다.

2. 불교의 교리

불교는 '일체중생 실유불성'(一切衆生 悉有佛性)의 가르침대로 모든 중생이 불성을 가지고 있기 때문에 수양을 통하여 자력으로 해탈에 이를 수 있음을 가르친다. 여기서 '일체중생'은 '남녀노소 빈부귀천'을 구분하지 않고 누구나 평등하게 깨달음을 얻을 수 있는 것으로 불교는 여성에게 매우 관대한 종교이다. 『금강경』에는 "이 법은 평등하여 높고 낮음이 없으므로 무상정등정각(無上正等正覺)이라고 이름한다"[19]고 말하는데 이는 법 속에 어떤 차별도 없다는 것이다. 그리고 『승만경』과 『옥야경』에는 재가하는 여성으로서 스스로 현실을 극복하고 심오한 진리를 체득한 두 부인을 소개하고 있다.

그러나 불교 이전의 인도 종교의 종성(種姓)제도[20]의 영향, 붓다의 여성관 등을 보면 여성에 대하여 상당히 차별적인 모습을 볼 수 있다. 불교 이전의 인도의 종교인 바라문교에서는 고행자들은 매혹적인 여성을 적대시하고 성욕을 억제하였으며 불교도 완화되기는 하였으나 여성은 여전히 해탈의 방해요소이고 여성을 성욕과 동일시하는 전통을 이어 받았다. 석존도 비구에게 여자는 불보다 위험하다고 강조하였고 여자를 수행의 장애물로 간주하였다.[21] 여성의 출가에 있어서도 석존은 처음에는 허락하지 않다가 후에 아난다의 간청에 의해 조건을 걸고 허락해 주는 등 성차별 내용들이 있다. 이곳에서는 경장, 율장, 론장 중에서 석존 자신의 교설을 기술한 경장과 율장을 중심으로 다룬다.

1) 비구니 팔경법(八敬法, attha garudhamma)

비구니 팔경법은 불교의 대표적인 성차별 교리로 석존 생존 당시 비구니 출가와 직접 관련되어 있다. 석존은 의모(義母)인 마하파자파티 고타미(Mahapajapti Gotami)[22]가 출가를 원했을 때 거부했고, 고타미가 세 번이나 허락을 구했지만 불허했다. 그 후 석

---

19) 리영자, 『불교와 여성』 (민족사, 2001), 44쪽.

20) 마누법전에는 각 종성의 직업이 제시되어 있는데, 브라만은 베다의 敎授, 남을 위한 제사, 보시 받기, 크샤트리아는 인민을 통치하고, 보호하는 일, 바이샤는 농사짓고 가축 기르는 일, 장사하는 일, 돈 빌려 주는 일, 슈드라는 원망 없이 다른 3족에게 봉사할 것을 규정해 놓았다.

21) 백도수, 『대장경에 나타난 여성불교』 (불교여성개발원, 2001), 84쪽.

22) 석존의 이모로 양모와 유모 역할을 행한 여성임.

존의 종제로 오랜 기간 시봉했던 제자인 아난다 존자가 세 번이나 여성의 출가를 석존에게 부탁하여 거절당했으나, 다시 간청하여 8경법을 받는 조건으로 수계를 허락받았다.[23]

(1) 8경법(八敬法)의 내용

이 법은 팔경법, 팔중법(八重法), 팔불가과법(八不可過) 등으로 불리며, 비구니가 비구를 존중하고 공경해야 하는 여덟가지 법을 말한다. 사분율 비구니건도(捷度), 오분율 비구니법, 십송률(十誦律), 대애도비구니경(大愛道比丘尼經) 등에 수록되어 있는데, 여기서는 사분율 비구니건도장의 내용을 옮긴다.

① 비록 백 세 비구니일지라도 이제 지금 계를 받은 비구를 보면 응당 일어나 맞이하며 예배하고 좌복을 내주며 앉기를 청해야 한다. 이 법을 마땅히 존중하고 찬탄해야 할 것이니, 목숨이 다할 때까지 어겨서는 안 된다.

② 비구니는 비구를 욕하거나 꾸짖어서는 안 되며, 비구가 파계, 파견(破見), 파위의(破威儀)를 비방해서도 안 된다. 이 법을 마땅히 존중하고 찬탄해야 할 것이니, 목숨이 다할 때까지 어겨서는 안 된다.

③ 비구니는 비구의 허물을 들추거나 기억하거나 스스로 말해서는 안 되며, 남을 막거나 죄를 찾거나 계를 설하거나 자자(自恣)를 해서도 안 되며, 비구를 꾸짖어도 안 되며, 비구가 마땅히 비구니를 꾸짖어야 한다. 이 법을 마땅히 존중하고 찬탄해야 할 것이니, 목숨이 다할 때까지 어겨서는 안 된다.

④ 식차마나는 계를 배우고 나서는 비구 승가에게 구족계를 줄 것을 요청해야 한다. 이 법을 마땅히 존중하고 찬탄해야 할 것이니, 목숨이 다할 때까지 어겨서는 안 된다.

⑤ 비구니는 승잔죄(僧殘罪)[24]를 범하면 응당 2부(部)승가 가운데에서 보름동안 마나타(懺悔)를 행해야 한다. 이 법을 마땅히 존중하고 찬탄해야 할 것이니, 목숨이 다할 때까지 어겨서는 안 된다.

⑥ 비구니는 보름마다 비구 승가에게 가르침을 줄 것을 요청해야 한다. 이 법을

---

23) 백도수, 104-105쪽.
24) 중한 법(garudhamma)을 범한 죄

마땅히 존중하고 찬탄해야 할 것이니, 목숨이 다할 때까지 어겨서는 안 된다.

⑦ 비구니는 비구 승가가 없는 곳에서 하안거를 해서는 안 된다. 이 법을 마땅히 존중하고 찬탄해야 할 것이니, 목숨이 다할 때까지 어겨서는 안 된다.

⑧ 비구니는 안거를 마치면 응당 비구 승가 가운데에서 견(見)·문(聞)·의(疑) 3사(事)에 대하여 자자해 줄 것을 요청해야 한다. 이 법을 마땅히 존중하고 찬탄해야 할 것이니, 목숨이 다할 때까지 어겨서는 안 된다.[25]

(2) 8경법 속의 성차별적 내용

팔경법의 내용은 성차별적 요소가 다분하다. 첫째 출가 조건에서 남성과 달리 여성에게만 여덟 가지 법을 지킬 것을 요구하고 있다. 석존은 처음부터 여성의 출가를 만류했으며, 이 조건을 지킬 것을 조건으로 출가를 허용하였다. 석존은 교단의 책임자로서 출가수행의 난관, 교단질서 유지문제, 당시의 풍습, 사회적 치안상황 등 고려하여 출가를 말린 것 같지만, 팔경법 내용은 이런 것 하고는 크게 관련이 없다.

둘째 팔경법의 내용이 승가의 공통적인 내용이 아니라 오로지 비구니가 비구에게 예경(禮敬)을 갖추어야 한다는 내용이다. 예경문제는 승가 전체의 문제로 비구, 비구니 가릴 것 없이 행해야 하는 교단 질서의 문제이다. 그런데 비구는 비구니에게 예경을 갖추지 않고 비구니만 비구에게 예경을 행해야 한다는 것은 성차별적이다.

셋째 팔경법은 사민평등을 주장하는 석존의 가르침과는 맞지 않다. 석존은 모든 백성이 평등하며 누구나 불성을 가지고 있다고 했는데, 팔경법은 이와 달리 불합리한 성차별적 내용을 포함하고 있다. ①계명에서 '백세 비구니라도 갓 수계한 비구에게 예경을 표시'해야함은 교단 질서를 깨고 여성을 모독하는 성차별적인 내용이다. ②와 ③계명에서 '비구니는 비구가 잘못했어도 꾸짖을 수 없고 마땅히 비구가 비구니를 꾸짖어야 한다'는 내용도 명백히 비구에 비해 비구니의 권리를 무시하고 차별한 것이다. 그리고 ④ ⑤ ⑥ ⑧계명에서 비구승가의 도움을 받도록 규정하고 있다. 그 당시 비구니 중에서도 훌륭한 인물들이 있었을 터인데, 비구니에게만 이런 규정을 둔 것은 문제가 있다고 본다. 『장로니게(長老尼偈)』<표 13>에 의하면 522개 게송을 기술한 71명의 비구니와 이름이 밝혀지지 않고 집단으로 등재된 '30명의 장로 비구니'와 '파타

---

25) 백도수, 105-107쪽.

차라의 제자인 500명의 비구니'가 나온다.[26] 이 들 중에 아라한이 된 장노니는 뭇따, 뿐나, 띳사, 디라, 바드라, 우빠사마, 위사타, 웃따라, 수마나, 젠띠, 앗다까시, 싯따, 멧 띠까, 밋따, 아바야, 사마, 웃따마, 단띠카, 수메다 등[27] 수많은 비구니들이 있었다. 그리고 호너(I. B. Horner) 등은 이들 장노니들의 60% 정도가 출가 전에 상류계급인 브라만, 크샤트리야 계급이었음을 밝히고 있다.

〈표 15〉 장로니게 비구니 신분과 수[28]

신분	Horner	Gokhale	Schumann
브라만	18	17	15
크샤트리야	23	22	13
바이샤	13	24	10
수드라	4	4	-
무계급	-	3	1
유녀	(4)	-	-
출신불명	11	1	22
합계	73	71	61

이러한 비구니들을 제쳐두고 비구에게서만 구족계와 가르침을 받도록 한 것은 비구니를 열등하고 무능한 존재로 인식한 것으로 생각된다. 따라서 팔경법은 합리적이지 못하고 성차별적인 규범이라고 본다. 단지 ⑦계명은 여성 보호를 위한 계명으로 볼 수 있다. 이 같이 석존의 평등사상과 달리 성차별적이고 불합리한 8경법에 대해서 후세 첨가설과 같은 논란이 이고 있다.

(3) 팔경법에 대한 논쟁

가. 석존 당시 저작설

백도수는 팔경법이 석존 당시에 제정되었다고 주장한다.[29] 먼저 부처님이 직접 그 법의 개정을 불가하다고 했다는 점을 든다. 아난다가 "법랍수에 따라 비구들과 비구

---

26) 이창숙, 42쪽.
27) 백도수, 153~180쪽.
28) 위의 책, 152쪽.
29) 백도수, 110~111쪽.

니들의 경배, 자리의 일어남, 합장 인사 그리고 공경의 행위를 규정하면 좋겠다"고 건의했을 때, 부처님은 분명히 "불가능하다"고 대답한 점을 지적하며, 이 법은 당시 남성지배의 사회적 관습을 고려하여 불가피하게 생긴 법이라는 것이다.

또한 이 법이 후기에 첨가되었다는 것은 아니라고 강조한다. 그 이유는 남·북방 모든 경전에 이 주제를 다루고 있으며, 부처님 당시에 이미 한번의 개정 요구가 있었음을 든다. 그러나 백도수도 불평등의 내용을 담고 있는 팔경법이 오늘날의 현실에 미루어 재고되어야 한다는 견해를 제시한다.

나. 후세 첨가설

팔경법이 석존 재세 시에 부처님이 제정하신 계율로 보기엔 무리가 많으며 이는 부파불교 말기(불멸 후 500년경)에 이루어진 것으로 보는 것이다. 이 설을 주장하는 학자는 전해주(全海住), 이영자(李永子), 평천창(平川彰), 영기량관(永崎亮寬) 등이 있다.[30] 전해주의 설명은 다음과 같다

> 팔경법과 그에 해당하는 내용은 교단 내 비구니의 차별적 위상을 초래케 한 주요 원인이 됨은 명백하다고 하겠다. 여기서 비구니 승가의 위상을 재정립하기 위해서는 팔경법에 대한 재인식이 절실함은 두 말할 필요가 없다. 필자는 이 팔경법이 석가모니 부처님 재세 시에 부처님께서 제정하신 계율로 보기엔 무리가 많으며, 팔경법은 아마도 부파불교 말기에 이루어진 것이 아닌가라고 고찰한 바 있다. 그것은 시대적 산물이지 절대불변의 진리라고 볼 수 없는 것이다.[31]

전해주는 팔경법을 석존께서 제정한 것이 아니라는 이유로[32] 첫째 이 법은 수범수제(隨犯隨制)가 아니며, 팔경법으로 구족계를 대신한 점이고, 둘째 팔경법 제정시는 아직 비구니 교단이 생기기 전인데 이부승가, 식차마나 6법 등이 보인 점, 셋째 팔경법과 동일한 내용이 구족계(348계) 중 파일제(波逸提)에 나오는데 죄의 경중에 차이가 큰 점, 넷째 팔경법에 대한 고타미의 이의 제기에 대한 답으로 正法 500년 감소와 여인오장(五障)이 부기되어 있는 점을 든다.

---

30) 이창숙, 『인도불교의 여성성불사상에 대한 연구』(동국대대학원 박사학위논문, 1994), 35쪽.

31) 전해주, 「한국 비구니 승가의 현황과 방향」,『종교교육학연구』제8권 (한국종교교육학회, 1999), 334–337쪽.

32) 식차마나는 미성년의 여성 출가인으로 비구니(성년인 20세에 달해야 함)가 되기 직전의 2년간 6법을 배우며 비구니 생활을 견딜 수 있는지를 시험하는 기간에 있는 자이다. 이 때 임신여부를 검증한다.

다. 일부 조항 첨가설

팔경법 중 일부 조항의 내용이 후세에 첨가되었다고 보며, 팔경법 전체가 후세에 첨가되었다고 보지는 않는다. 팔경법이 수록된 경전은 『사분율 비구니건도』, 『오분율 비구니법』, 『십송율』, 『마하승지율 제30』, 『근본설 일체유부곤나야잡사』, 『고다미래작비구니품』, 『대애도 비구니경』, 『중아함경 제28 고담미경』, 『불설 고담미기과경』, 『증지부경전 5』, 『율장소품 비구니건도』 등이다. 이와 같이 남·북방 여러 경전에 수록된 것으로 보아 팔경법 전체 내용이 후세에 첨가되었다고 보지는 않는다. 다만 일부 내용은 석존의 근본 사상과 어긋나기 때문에 문제가 된다.

팔경법 1조 '(법랍)백세 비구니라도 신참 비구니에게 예를 갖추라'는 내용은 불교 승가의 '선임순의 원칙'이라는 교단 질서를 깨뜨리는 것으로 과연 석존께서 말씀하셨는지 의문시된다. 석존 당시 인도는 여성의 인권이 무시된 점과 남성중심 사고가 만연된 점, 고타미 등 왕족인 출가 비구니들의 겸손을 촉구한 점을 고려하더라도 이해가 어려운 내용이다. 그리고 팔경법 4조에 나오는 2부 승가와 8조의 비구니 승가란 어휘는 고타미의 출가시점에는 비구니 승단은 아직 조직되지 않았고, 6조의 식차마나도 이 시대에는 사용하지 않는 용어이다. 그 밖에 팔경법이 대승정신에 어긋난다는 것과 소소계(小小戒)는 버려도 좋다는 석존 말씀을 따르지 않고 보수주의자들의 주도로 결집이 이루어진 점도 이유로 들 수 있다.[33]

석존의 근본 가르침인 대승정신은 일체 중생의 제도를 목적으로 삼는다. 이 정신은 일체 중생이 모두 불성을 가지고 있고, 누구나 다 해탈할 수 있다는 사민평등 정신을 기본으로 하고 있다. 남녀차별을 전제하는 팔경법과 사민평등을 전제하는 대승정신의 상충은 소승계율과 대승계율의 상충이라고도 볼 수 있다. 그리고 "소소계는 버려도 좋다"는 말은 석존이 열반에 들 때 시자인 아난존자에게 한 말인데[34] 그대로 시행되지 않았다. 석존이 열반에 든 후 결집을 주도한 가섭은 소소계가 무엇인지 모른다는 이유로 부처님이 제정하신 계율은 단 한 조목도 빠뜨리지 않는다는 원칙 하에 계율을 결집하였는데 이것이 율장의 원형이 되었다.[35] 이와 같은 내용을 고려하면 팔경법의 성차별적인 일부 조항은 석존의 가르침과 위배되며, 후세에 내용이 바뀌거나 첨

---

33) 전해주, 『한국 비구니 승가의 현황과 방향』, 337-338쪽.

34) 『장아함경2』, 『유행경』, 大正藏1: 26上.

35) 전해주, 338쪽.

가된 것으로 본다.

2) 여인오장설(女人五障說)

(1) 여인오장설의 배경

여인에게는 다섯 가지 장애가 있어 성불할 수 없다는 내용으로 여성을 차별하는 대표적인 관념으로 부파불교시대에 나온 설이다. 이는 여성성불관과 밀접하게 관련되어 있는데 인도불교는 시대별로 여성성불관이 달라진다. 원시불교 시대에는 『장로니게』에서 보는 것처럼 여성성불을 긍정하는 기술과 여성성불을 부정하는 기술이 혼재되어 있다. 부파불교에서는 여성불성불설이 나오고 이의 원인으로 여인오장설이 등장하게 된다. 그리고 대승불교에서는 여성도 성불할 수 있다는 설로 변성남자성불설과 여신성불설(女身成佛說)이 나온다.[36]

부파불교 시대에서 여성의 지위는 석존 재세 시에 비해 상당히 저하된 상태였다. 석존에 의해 향상되었던 여성의 지위는 석존이 입멸 후 시간의 경과에 따라 서서히 저하되어 갔으며 이에 따라 여성성불도 멀어져 갔다. 기원전 2세기 후반에 씌어진 『장로니게』'밀린다팡하'에는 비난받고 경멸 당해야 할 10종류의 사람 중에 '남편이 없는 여자'가 첫 번째로 꼽히는 실정을 보면 여성의 지위가 어떠한지 알려 준다.[37]

여인오장설의 내용은 『오분율』, 『중아함경 권제28 고담미경』, 『불설 고담미기과경』, 『불설중본기경 하권 고담미래작비구니품』, 『묘법연화경 권제12 제파달다품』, 『불설초일명삼매경 권하』, 『불설용시녀경』, 『증일아함경 권제38 마혈천자문팔정품』, 『남전대장경 중부115경』, 『남전대장경 증지부 1집15 무처품』등에 수록되어 있다.[38]

(2) 여인오장설의 내용

여인이 올라갈 수 없는 다섯 가지 지위는 여래, 전륜성왕, 제석, 마왕, 범천이다. 불교 이전부터 여인이 올라갈 수 없는 다섯 가지 지위에 대한 주장이 있었는데 『법화경』에서는 다음과 같이 구체적으로 말한다.

---

36) 이창숙, 139-140쪽.

37) 위의 책, 74-75쪽.

38) 이창숙, 64-65쪽.

무슨 까닭인가? 지금도 여성은 다섯 가지 지위를 성취할 수 없다. 무엇이 다섯 가지
인가? 첫 번째 브라만의 지위, 두 번째 제석의 지위, 세 번째 대왕의 지위, 네 번째 전
륜성왕의 지위, 다섯 번째 불퇴전의 지위이다.[39]

여인이 성취할 수 없는 다섯 가지 지위는 경마다 조금씩 다르다. 『고담미경』에서는
여래, 전륜왕, 천제석, 마왕, 대범천이라 했고, 『보요경』에는 다섯 번째 '불퇴전의 지
위'를 '불퇴전 보살의 지위'라고 하였고, 『정법화경』에는 천제, 범천(梵天), 천마(天魔),
전륜성왕, 대사(大士)로 기술하였고, 『묘법연화경』에는 범천왕, 제석, 마왕, 전륜성왕,
불신으로, 『불설초일삼매경(佛說超一三昧經)』권하(卷下)에서는 제석, 범천, 마왕, 전륜성
왕, 작불(作佛)이라 하였다. 특히 불퇴전보살, 대사, 불신, 작불은 내용의 차이가 부처
가 되는 것과 보살이 되는 것의 차이로 본다.[40]

『불설용시녀경(佛說龍施女經)』에서도 여인의 장애를 설명하고 성불하기 위하여 여
자는 남자 몸을 받아야 한다고 기술한다.

> 저 역시 여자는 전륜성왕이 될 수 없고, 제석천왕도 될 수 없으며, 범천왕이 될 수 없
> 고, 부처님이 될 수 없다고 들었습니다. 저는 마땅히 정진하여서 이 여자 몸을 바꾸고
> 끝내는 남자 몸을 받아야지요. 저는 들으니 천하에 보살도를 받들어 행하며 억겁 동
> 안 게으르지 아니하면 뒤에 모두 부처님이 될 수 있다고 합니다.[41]

(3) 여인오장의 이유
『불설초일명삼매경』에서는 여인의 다섯 가지 장애에 대한 이유를 열거하고 있는
데, 그 요점은 여자의 성품이 천박하고 수행력이 모자라기 때문이라고 한다. 여자는
모두가 '잡악다태(雜惡多態)하고 음란하고 방자하며 절제가 없고 색욕에 집착하며 겉
모양과 속마음이 다르다'는 것이 오장의 이유이며, 이러한 악덕을 완전히 초극하지
않는 한 제석천에서 부처에 이르는 어느 하나도 될 수 없다고 한다. 매우 여성을 무시
하는 내용이다.

> 『불설초일명삼매경』에 상도(上度) 비구가 혜시녀에게 다음과 같이 말하고 있다. ①
> 여인은 악하고 교태가 많은 까닭에 제석천이 될 수 없다 ② 여인은 음란 방자하여 절

---

39) 백도수, 230쪽.
40) 백도수, 230쪽.
41) 위의 책, 231쪽.

제가 없는 까닭에 범천이 될 수 없다 ③ 여인은 경만불순하고 정교를 훼실하는 까닭에 마천(魔天)이 될 수 없다 ④ 여인은 숨기는 태도가 84가지여서 청정행이 없는 까닭에 성제(聖帝)가 될 수 없다 ⑤ 여인은 색에 집착하고 겉모양과 속모양이 다른 까닭에 부처가 될 수 없다.[42]

(4) 여인불성불설과 관련

여인은 오장설에서 부처가 될 수 없기 때문에 여인 불성불설이 도출된다. 『법화경』에서 여인은 부처가 될 수 없다는 것을 다음과 같이 기술한다.

> 사리불 존자는 사가라 용왕의 딸에게 다음과 같이 말했다. 선녀인이여. 너는 오직 깨달음에 대해 발심했다. 너는 불퇴전의 헤아릴 수 없는 지혜를 지닌 여성이다. 그러나 완전한 깨달음을 이루기가 힘들다. 그리고 선녀인이여, 여자는 깨달음을 이룰 수 없다. 그리고 정진은 소실한다. 그리고 수백겁, 수천겁의 공덕을 행한다. 6바라밀을 구족한다. 그리고 지금도 또한 부처님의 상태에 이르지 못한다.[43]

3) 변성남자성불설(變成男子成佛說)

(1) 변성남자성불설의 내용

변성남자성불설은 여성의 몸으로는 성불할 수 없으므로 여성이 성불하기 위해서는 남성의 몸으로 바뀌어야만 한다는 설이다.[44] 이는 부파불교 시대의 여성불성불설에서 여성도 성불할 수 있다는 대승불교 중기의 여신즉신성불설이 나오기 전 대승불교 초기에 나온 과도기적 성격을 지닌 이론으로 본다. 각 경전에 나타난 내용은 다음과 같다. 『대보적경』(98권 13) '묘혜동녀회'(妙慧童女會)에서는 묘혜라는 여성이 남성으로 변하는 내용이 담겨 있다.

> …… "묘혜여, 그대는 이제 여자의 몸을 바꾸지 않겠습니까?" 묘혜가 대답하였다. "여인의 모습을 알려고 해도 알 수도 없는데 지금 무엇을 바꾼다는 것입니까? 문수사리

---

42) 한국비구니연구소,『비구니와 여성불교 1권』(한국비구니연구소, 2003), 631쪽.

43) 백도수, 230쪽.

44) 플라톤의 창조 이야기인 『티마이오스』(Timaios)에도 '변성남자성불설"과 같은 내용이 언급된다. 인간은 과도한 열정 때문에 진리를 잊어버리거나, 진리를 알지 못하고 악덕에 빠져 죽을 때 하늘의 고향으로 돌아갈 수 있는 능력을 잃어버리고 윤회의 순환에 빠지게 된다. 영혼이 얼마나 멀리 진리를 보느냐에 따라 가장 높은 단계인 철학자로부터 외부적, 육체적 일과 관계된 농부, 장인들, 과격한 상인들, 선동정치가와 폭군에 이르기 까지 여러 단계의 사회적 신분을 취한다. 그리고 영혼이 제멋대로 행하면 동물로 화신되어 윤회의 순환고리에서 벗어날 수가 없게 된다.『티마이오스』로부터 판단해 볼 때, 플라톤은 여성으로의 화신을 가장 낮은 단계의 남성 신분보다 낮고 동물보다는 높은 단계로 보았으며, 남성의 형태로 올라갈 수 있으며, 궁극적으로 육신을 벗어나 영적 존재가 될 수 있다고 생각하였다. R. R. Ruether, 『가이아와 하느님』, 전현식 역 (이화여대출판부, 2000), 149-150쪽.

여, 제가 당신을 위하여 의혹을 없애드리겠습니다. 저의 이러한 진실한 말로 말미암아 장차오는 세상에 거짓 없는 완전한 깨달음을 얻을 때에 저의 법 가운데서 모든 비구들은 '잘 오셨습니다' 하는 명을 들으면 출가하여 도에 들어갈 것이고 …… 만일 저의 이 말이 허망한 것이 아니라면 이 대중들의 몸이 다 금색이 되고 저의 여자 몸도 변하여 남자가 되는데 30세의 법을 아는 비구처럼 될 것입니다" 이 말을 하였을 때 모든 대중들이 다 금색으로 되었고 묘혜보살도 여자 몸을 바꾸어 남자가 되었는데 30세의 법을 아는 비구와 같았다.[45]

(2) 여자의 몸을 바꾸는 방법

가. 몸을 바꾸는 8가지 방법

『대보적경』40 '정신동녀회'(淨信童女會)에는 여자의 몸을 남자의 몸으로 바꾸는 8가지 방법에 대해서 아래와 같이 설명하고 있다.

여덟 가지 법을 성취하면 여인의 몸을 바꾸게 될 것이다. 어떤 것이 여덟 가지인가? 첫째는 질투하지 않는 것이고, 둘째는 아까워하지 않는 것이며, 셋째는 아첨하지 않는 것이고, 넷째는 성내지 않는 것이며, 다섯째는 진실한 말을 하는 것이고, 여섯째는 나쁜 말을 하지 않는 것이며, 일곱째는 탐욕을 버리어 여의는 것이고, 여덟째는 모든 삿된 견해를 떠나는 것이다. 동녀야, 이 여덟 가지 법을 닦으면 속히 여자 몸을 바꾸게 된다.

나. 석존의 설법 청취

『수마제경(須摩提經)』에는 오백의 채녀가 석존의 다라니 설법을 듣고 남자의 몸을 받는 내용을 기술하였다.

이 때 묘혜는 목련존자에게 거듭 아뢰었다. "나는 이와 같은 진실한 말 때문에 오는 세상에 부처를 이루어 오늘의 석가여래님처럼 되고 내 나라에는 악마의 일이 없으며 또 악취와 여자라는 이름도 없을 것입니다. 만일 이내 말이 허망하지 않다면 이 대중의 몸이 다 금빛이 될 것입니다." ……문수사리는 또 물었다. "그대는 아직도 여자의 몸을 바꾸지 않고 있는가?"묘혜가 대답했다. "여자의 상은 알려고 해도 알 수 없는데 지금 무엇을 바꾸겠습니까?" …… 만일 저의 이 말이 허망하지 않다면 대중들의 몸이 다 금색이 되고 저의 여자 몸은 남자로 변하여 30세의 법을 아는 비구처럼 될 것입니다. …… 이 때에 세존께서 곧 대중들을 위하여 다라니를 설하시니, 오백의 채녀가 듣고는 즉시 남자의 몸을 얻었으며, 다시 한량없는 인간, 천상의 모든 여자들도 역시 남자의 몸을 받고 또한 물러나지 않는 보리의 마음을 얻어 길이 일체의 결정된 여자 업을 끊었다.[46]

---

45) 백도수, 256쪽.

『보성다라니경』에도 석존의 '보성 다라니' 설법을 듣고 5백 기녀가 장부의 모습으로 변한 내용을 기술하고 있다.

> 월광명항승 여래께서 우발리화 전륜성왕의 부인 손타리에게 말씀하셨다.…… "부인이여 어떤 방편에 의지해야 한량없는 전생에 심은 여인의 업을 빨리 남김없이 다 없앨수 있는가? 부인이여, 보성 다라니가 있어 큰 일을 건립하니, 큰 공덕을 갖추어 크게 옹호할 수 있으므로 여자 몸으로 지은 세 가지 업의 악행을 잘 소멸하니 일체의 괴로운 과보는 남김없이 없게 된다. 만일 어떤 여인이 이 보성 다라니를 듣고 지극한 마음으로 외우고 생각하면 이 여자의 몸을 끝내고 후생엔 단정한 장부의 모습을 얻어 일체 몸매가 다 원만하게 될 것이다" 그때 석가모니 여래께서 이 보성 다라니 주문을 외우고 나시매, 곧 이어 온 땅이 다시 진동하는가 하면, 이 때 저 마왕의 5백 기녀가 보성 다라니를 들었기 때문에 곧 여인의 형상을 바꾸어 장부의 모습을 구족하였다.[47)

다. 등(燈) 공양

연등(燃燈)은 석존께 바치는 공양의 하나로서 그 목적은 탐(貪), 진(瞋), 치(痴)의 삼독을 없애는데 있다. 등 공양으로 얻을 수 있는 공덕에 대해서 불교 경전에서는 몇 가지로 말하고 있는데 그 중의 하나가 '변성남자성불설'과 관련되어 있다. 『현우경』에 의하면 석가모니는 전생에 공주였으나, 등을 공양한 결과 남자로 변하여 부처가 되었다고 한다.[48)

그리고 『불설시등공덕경』에는 삼보를 믿고 등을 켜면 그 공덕이 무량할 뿐 아니라 부처가 죽은 후 탑과 절에 등을 밝히는 자는 세 가지 청정한 마음을 가지게 되고, 죽은 후에는 33천에 태어날 것이라고 하였다.[49)

4) 기타 경전상의 여성비하 내용

(1) 음행과 여성

석존은 여성을 수행자에게 위험한 대상으로 간주하고 승가에게 음행의 위험을 거듭 강조하였다. 음행 관련 내용은 5계 중에 "삿된 음행을 하지 말라"(不邪淫)를 세 번

---

46) 『大正新修大藏經』12, 82-83쪽.

47) 위의 책, 13, 543-545쪽.

48) 『현우경』3, 김종명, 116-117쪽 참조.

49) 김종명, 117쪽.

째로 두어 강조했으며, 4바라이법(음행, 투도, 살인, 대망어)에서는 첫 번째로 강조하였으며 각종 경전에서 음행을 경계했으며 여성을 음행을 일으키는 장본인으로 보았다.

가. 불보다 위험한 존재

『증지부』권4에 나오는 내용은 여자가 무서운 불보다 더 위험한 존재이며 음행에 빠지는 것은 지옥에 태어나는 것이라고 하였다.

> 비구들이여, 나는 너희들에게 설명하겠다. 너희들에게 알리겠다. 저 거대하고 불타고 있는 불덩이를 껴안고 앉거나 눕는 것이 나은가? 아니면 부드럽고 보드라운 손과 발을 지닌 크샤트리아의 소녀, 바라문의 소녀, 거사의 소녀를 껴 앉고 눕는 것이 나은가? 석존은 전자가 낫다. 왜냐하면 전자는 단지 심한 고통이 있지만 후자는 오랫동안 불행과 고통이 있고 몸이 부셔져 죽은 후에 낮은 세계, 악도(惡道), 타악처, 지옥에 태어나기 때문이다.[50]

나. '색(色)'의 위험

여자는 '색' 등 여러 가지 방법으로 남자를 묶는 존재이며, 수행에 방해되는 자로 표현하고 있고 중생을 묶는 '덫'으로 표현하기도 한다.

> 비구들이여, 색으로 여자는 남자를 묶는다. 비구들이여, 미소로 여자는 남자를 묶는다. 비구들이여, 말로 여자는 남자를 묶는다. 비구들이여, 노래로 여자는 남자를 묶는다. 비구들이여, 울음으로 여자는 남자를 묶는다. 비구들이여, 외모로 여자는 남자를 묶는다. 비구들이여, 숲의 꽃으로 여자는 남자를 묶는다. 비구들이여, 접촉으로 여자는 남자를 묶는다. 이와 같이 여덟 가지 방법으로 여자는 남자를 묶는다. 그러므로 비구들이여, 덫에 묶여진 것과 같이 중생들은 그것으로 단단하게 묶여진다.[51]

『중부』권1에서는 색의 맛과 색의 위험에 관하여 여성을 사례로 들어 설명하면서 여성을 유혹하는 자로 비유하였다.

> 비구들이여, 무엇이 색의 맛인가? 비유하면 크샤트리아의 딸이나 바라문의 딸이나 가주의 딸이 15살이거나 16살이거나 크지도 작지도 않고 검거나 희지도 않다면 비구들이여 그 때 그녀는 아름답고 모습이 광채가 있는 여자인가? 예, 대덕이시여. 비구들이여, 아름답고 모습의 광채 때문에 행복과 정신적 즐거움이 생기는 이것이 색의 맛이

---

50) 백도수, 86쪽.
51) 백도수, 86-87쪽.

다. 비구들이여, 무엇이 색의 위험인가? 여기 다른 때에 그 여자가 80살이나 90살이나 100살의 생 때문에 늙고 기왓장 같이 굽었고 지팡이에 몸을 유지하고 떨면서 걸어가고 있는 여자를, 병들고 젊음이 사라지고 부서진 치아를 가지고 있고 하얀 머리를 지니고 머리카락이 잘려지고 머리를 비틀거리고 헝컬어지고 반점이 물든 몸을 지닌 여자를 볼 것이다. 비구들이여, 너희들은 그것을 어떻게 생각하느냐? 이전에는 아름다웠지만 모습에서 광채가 사라진 그 여자는 위험이 나타나는가?[52]

(2) 여인 몸 중의 10악사(惡事)

『불설옥야녀경(佛說玉耶女經)』,『옥야녀경』『옥야경』에는 여인 몸에는 열 가지 악한 일이 있다고 기술하고 있다. 재가 여성에 대한 당시 인도사회의 천시사상을 알 수 있다.『불설옥야녀경』에서 말하는 십악사를 들어보자.

① 태어날 때 부모가 좋아하지 않는다

② 양육하는데 재미가 없다

③ 시집가는데 예를 잃을까 항상 걱정한다

④ 곳곳에서 사람을 두려워한다

⑤ 부모와 이별한다

⑥ 다른 문호에 의탁한다

⑦ 회임이 어렵다

⑧ 아기 낳을 때 힘든다

⑨ 항상 남편을 두려워한다

⑩ 항상 자재(自在)를 얻지 못한다

십악사 내용을 살펴보면 여자가 스스로 행하는 악한 일이 아니라 여자에 대해 가지는 당시 인도사회의 편견이 가져다 준 성차별적 내용이라고 볼 수 있다. 여성이 생리적으로 가지고 있는 고통으로는 '출산의 고통' 하나뿐으로 나머지는 모두 당시 사회와 남성이 여성을 대하는 편견에서 초래한 것이다. 여성을 인간으로서의 존엄성을 가진 인격체로 대하지 않고 부모에게 짐이 되는 존재, 남성보다 열등한 존재로 여기는 것이다. 사민평등을 주장하는 석존의 가르침과 상치되는 것으로 본다.

---

52) 위의 책, 90-91쪽.

(3) 『장로니게』의 "밀린다팡하"

『장로니게』는 비구니 가운데 덕망과 지혜가 뛰어나고 나이도 지긋한 이들의 계송집(偈頌集)으로 석존 입멸 직후에서 아쇼카 왕대에 이르는 기원전 5-3세기에 성립된 것으로 추측된다. 『장노니게』에는 장노니들이 읊은 총 522개의 게송으로 구성되어 있다. 이 『장노니게』 중 "밀린다팡하"에는 비난받고 경멸받아야 할 10종류의 사람이 나오는데 이 중 첫째가 '남편이 없는 여자'이다. 기원 전 2세기 후반에 씌어졌다고 보는 "밀린다팡하"는 부파불교 시대의 여성경시 사상을 볼 수 있는 주요한 게송이다. 경멸 당해야 할 10종류의 사람은 다음과 같다.

① 남편이 없는 여자
② 약한 사람
③ 친구나 친척이 없는 사람
④ 폭식가
⑤ 불명예스러운 가족과 사는 사람
⑥ 죄인의 친구
⑦ 재산을 낭비한 사람
⑧ 인격이 없는 사람
⑨ 직업이 없는 사람
⑩ 재산이 없는 사람

(4) 여인삼종설(三從說)

여인삼종설은 『대지도론 99권』에 나온다. 여기에는 "여성의 예는 어려서 부모를 따르고, 젊어서는 남편을 따르고, 늙어서는 아들을 따른다"고 규정[53]하여 여인의 남성 종속을 규범화해 놓고 있다. 이는 당시 인도사회의 여성 천시사상의 영향을 받은 것으로 볼 수 있다. 성차별이 극심했던 당시의 시대적 상황과 무관할 수 없지만 사민평등을 부르짖는 석존의 근본사상과는 괴리감이 있다. 유교의 『예기』 『교특성』에 나오는 삼종지도와 동일한 내용이다.

---

53) 김종찬, 『각 종교에 나타난 여성관』, 『비구니와 여성불교 4』 (한국비구니연구소, 2003), 437쪽.

5) 불교교리와 성차별

사민평등을 주장하는 석존의 가르침과 상반되는 여성을 차별하는 교리가 경전 여러 곳에서 발견되고 있다. "여성도 아라한과를 얻을 수 있다"고 석존은 분명히 여성의 성불을 말씀하셨지만 여러 경전에 여성을 비하하는 내용이 나오고 있다. 우선 출가 여성에 대해 남성과 달리 6번이나 거절하고 그 이유로 정법 500년 감소와 여인오장설을 들고, 여성을 농사를 망치는 우박과 서리 등으로 비유한 점은 이해하기 어려운 내용이다.

그리고 여성 관련 내용이 실린 경전 상호 간에 현격한 내용상의 차이가 존재하고 있으며, 시대별로 여성차별과 밀접한 관련이 있는 여성성불관이 다른 점이 특색으로 제기된다. 인도불교의 시대구분 중 원시불교 시대에는 여성 중에도 아라한이 된 자가 적지 않았으나, 부파불교 시대에는 여성 천시사상이 만연하고 교리에서도 여성불성불설이 제기되었으며, 대승불교 시대에는 초기에는 변성남자성불설이 등장하며 중기에는 여래장(如來藏)사상의 기반 위에서 여신성불이 이루어진다.[54]

남녀평등을 이상으로 하고 있는 불교에서 앞에서 설명한 대로 성차별적 내용이 많이 발견되는 것은 석존 당시의 여성천시 문화가 다방면으로 반영된 것으로 본다. 석존도 교단의 발전을 위하여 이러한 문화를 도외시하지 못하고 일부를 반영한 것으로 본다. 또한 석존 입멸 후 결집을 주도한 가섭을 비롯한 보수주의 남성들의 영향이 큰 사실과 여성출가를 도운 아난존자를 가섭이 비난한 사건도 그 당시의 성차별 문화를 반영한 것으로 볼 수 있다.[55]

3. 유교의 규범

중국의 유교는 사서오경이라는 경전의 해석을 통해 고대 은(殷)·주(周)시대 이래의

---

54) 이창숙, 2쪽.
55) 성차별적 교리가 생긴 이유를 신성현은 다음과 같이 기술한다.
  ① 당시 인도사회제도의 반영이라고 할 수 있다
  ② 경전 결집자와 편찬자의 의도때문이다
  ③ 후세에 추가된 것으로 볼 수 있다
  ④ 사회를 유지하기 위한 의도였다고 추정할 수 있다.
  ⑤ 교단을 유지하기 위한 방법이다.
  신성현,『율장에 나타난 남녀차별의 문제』,『비구니와 여성불교 2-1』(한국비구니연구소, 2003), 296-306쪽.

문화적 전통을 계승하며 하늘을 직접적 신앙의 대상으로 숭배하는 태도와, 인간 내면의 수양 및 사회 윤리규범의 실천을 통해 궁극적 상태를 지향하는 태도가 공존해 왔다.[56] 특정한 교주를 중심으로 한 조직적 교단, 종교 기능 담당자로서의 사제계급은 없으나, 교학적(敎學的) 권위의 근거로 사서오경을 중심으로 한 규범이 형성되어 있다. 이 규범은 신봉자들이 믿고 실천해야할 이념이자 행동지침이므로 유교에서는 이 규범이 교리 역할을 하고 있다. 사서오경은 논어, 맹자, 대학, 중용, 시경, 서경, 역경, 예기, 춘추[57]를 말하는데, 경전 속에 들어있는 성차별 내용을 정리해 본다.

1) 가부장제(家父長制)

가부장제란 가장이 가족성원에 대하여 강력한 권한을 가지고 가족을 지배, 통솔하고 대외적으로는 가족을 대표하는 가족형태를 말하는데, 이러한 가족 형태에서는 가족성원이 세습적 규칙에 따라 지명된 개인의 지배를 받는데 대개는 장남이 가장 지위를 계승한다. 남성이 재산권을 토대로 부계중심의 혈연제도 및 부권을 절대시하고 남성이 우월적 지위에서 여성을 지배하게 되므로, 하르트만(H.Hartmann)은 이 제도를 "남성들로 하여금 여성들을 장악할 수 있는 힘을 제공해주는 일련의 위계적 관계들"[58]이라고 정의한다. 밀레트(K. Millett)도 가부장제를 ① 남성이 여성을 지배하고 ② 남성 중에서도 연장자가 연소자를 지배한다는 두 가지 원칙을 바탕으로 조직된 사회[59]라고 하면서 여성차별적인 특징을 말한다. 이 제도의 보편성 여부에 대해서는 견해가 갈리는데 메인(Maine)과 베버는 전근대사회에 국한된 것으로 본 반면에 밀레트는 역사적으로 보편적인 현상으로 보았다.[60] 한국의 가부장제는 유교의 경전인 『예기』와 밀접하게 관련되어 있으며, 유교사회의 정치구조, 경제구조, 사회구조와 관련되어 있다.

---

56) 한국종교연구회, 『세계종교사 입문』(청년사, 1998), 253-254쪽.

57) 원래 시경, 서경, 역경, 예경, 악경, 춘추로 육경을 유교 교육의 텍스트로 삼았으나, 한대에 이르러 악경이 소실되어 5경이 되었다.

58) 엄묘섭, 144쪽.

59) 위의 책, 68쪽.

60) 위의 책, 145쪽.

(1) 정치구조적 측면

유교사회에서 국가의 통치질서를 세우기 위하여 중앙정부는 왕과 신하의 주종관계를 중심으로 한 집권적 통치체제를, 가정에서는 가장에게 권한이 집중된 가부장제를 형성하였다. 가부장제를 법제화한 것이 바로 종법제이다. 종법제의 근거규정은 『예기』이다. 예기를 내용별로 분류한 유향(劉向)에 의하면 두 개항을 제외한 8개 항이 예악제도에 관한 것이라고 했는데 예악제도는 곧 종법제도이다. 종법제도는 원시 씨족사회의 가부장제에 기원을 두는데 서주(西周) 종법사회의 통치 기초였다. 수십 개의 봉건 제후국으로 구성된 주왕국은 왕실과 국(國), 도(都)를 결합시키는 정신적인 원리를 분족(分族)이라고 하는 혈연적 관계에서 찾았다. 혈연관계의 상징이 종(宗)이라는 관념이며 이에 따라 주 왕실은 종주(宗周), 국(國)을 종국 또는 종읍이라고 불렀으며, 이러한 관념을 규범화한 것이 종법이라는 예제였다.[61] 이것이 진(秦), 한(漢)에 와서 성질, 작용, 구체적 예의조문(禮儀條文)에 이르기까지 많은 변화를 겪는다.

예기에서 말하는 종법제도는 각각 다른 역사 시기의 사료를 보존하면서 동시에 그 시대가 요구하는 시대정신을 반영하여, 계통화, 체계화된 것으로 본다. 즉 서주의 종법제도가 예기에서 종법주의 사상으로 바뀌어졌다고 본다. 한나라 초기의 사조는 모든 사회관계를 종법사상으로 이론화하는 것이었는데 그 이유는 한초(漢初) 통일국가 형성을 위해서는 군(君)과 민(民)의 대립을 해소하고 상하관계의 안정을 유지해야 했기 때문이며, 이를 위해서 상하, 귀천, 남녀의 분명한 구별을 핵심으로 하는 등급사상인 종법사상도 필요하였다. 종법제에 대한 자세한 설명은 제5장 "유교의 가정공동체"에서 설명한다.

(2) 경제구조적 측면

가부장제는 가장이 재산권을 토대로 부계중심의 혈연제도를 유지하고 부권을 절대시한다. 내외법 등 남녀유별을 강조하는 유교 이념에서는 정신노동과 육체노동의 이원론적 분리가 강화되고, 남성의 일(정신노동 중심)과 여성의 일(육체노동 중심)에 대한 '성별 분업구조'가 확연하게 드러나면서 남성의 일은 중요하고, 본질적인 것인데 반하여, 여성의 일은 하찮고, 지엽적인 것으로 자리매김된다.

---

61) 엄묘섭, 297.

조선조 경제형태인 '소농경영'에서 여성도 상당한 경제적 기여를 하였다고 인정한다. 그런데 남성 가장들은 전체 생산의 운영권이나 처분권과 같은 정신노동적 역할과 권한을 행사하는 자로 간주되지만, 여성들은 육체노동을 통해 상당한 정도의 경제적 기여를 하였지만 대부분 가정 내 사적 기여자로 간주되어 성별분업구조의 희생물이 되었다.[62] 여성들은 육체를 사용한 일을 많이 하여 경제적으로 상당한 기여를 하였지만, 기여한 만큼의 인정을 받지 못하였고 또한 여성 지위상승으로 이어가지 못하였다.

(3) 사회구조적 측면

사회구조의 측면에서는 '여성 정절'을 강조하는 성 통제 구조가 가부장제를 강화하고 있다. 이율곡은 "집을 다스리는 데에는 먼저 아내를 바르게 하여야 한다. ……다만 여자의 '정절'을 말하는 것은 여자가 올바르게 되면 곧 남자도 바르게 된다"고 말한다.[63] 여성의 정절과 바른 행실은 남성이 가장으로 있는 가문의 명예를 높이고, 가계 계승과 봉제사를 이어갈 자손의 출산과 양육으로 이어짐으로 유교적 가부장제 사회에서는 매우 중요하게 여기게 되었다.

『예기』등에서 여성은 남성을 따라야 한다는 '삼종지도'를 강조하고, 또 '한 아내는 한 남편만 섬겨야 한다'는 '불경이부(不更二夫)' 등은 여성들의 신분 이동을 통제하는 기제로서 일정 역할을 감당하였고, 또한 여성은 가정 안에서만 생활하게 함으로써 가장의 권한이 강화되고 이는 곧 가부장적 유교사회의 안정을 가져오는 요인이 되었다.

2) 칠거지악

(1) 칠거(七去)의 내용

남편의 일방적 의사표시로 아내와 이혼하는 일을 기처(棄妻)라 하고, 기처의 이유가 되는 7가지 사항을 칠출 또는 칠거(七去)라 하였다. 그리고 그와 같은 원인이 있어도 이혼할 수 없는 3가지 경우를 삼불거 또는 삼불출(三不出)이라 하였다. 칠출은 『의례(儀禮)』,『대대례(大戴禮)』,『공자가여(家語)』 등에 보편적원리로서 채택되어 있다. 『대대례』의 본명편(本命篇)에는 "부인에게 7가지 내쫓을 사항이

---

62) 신영숙, 『한국가부장제의 사적 고찰』,『여성, 가족, 사회』(열음사, 1991), 55쪽.

63) 신영숙, 45쪽.

있으니 ① 불순 부모 ② 무자(無子) ③ 음벽(淫僻) ④ 질투(嫉妬) ⑤악질(惡疾) ⑥ 다구설(多口舌) ⑦ 절도이다"라고 기술하였다. 이 중에 부모와 관련된 것은 부모에게 불순종하는 것이고 자식과 관련된 것은 무자와 자녀출산에 장애를 줄 수 있는 악질이 있다.

(2) 삼불출(三不出)의 내용

칠거지악으로 쫓겨날 수 있는 여성이 많이 생길 수 있고 이는 사회문제화 될 수 있으므로 이에 대한 제한 조치를 둔 것이 바로 삼불출이다. 그 내용은 ① 부모의 상을 당해 함께 고생했을 경우 ② 시집 올 당시는 가난했으나 그 당시는 부유해진 경우 ③ 쫓겨나면 갈 곳이 없는 경우로 칠출로 인한 노동력 상실을 방지하기 위한 방안이 될 수 있다. 이와 같은 내용은 먼저 당률(唐律)이 법제화하여 호혼률(戶婚律)에 규정하였다.

> 모든 아내에 칠출 및 의절(義絶)할 죄상이 없는데도 이를 내쫓는 자는 1년 6월의 도형(徒刑)에 처하고, 비록 칠출을 범하였더라도 삼불출이 있는데도 이를 내쫓는 자는 곤장 100대를 때린 뒤 다시 함께 살게 한다. 만약 나쁜 병이 있거나 간통한 자에게는 이 율을 적용하지 아니 한다[64]

명률(明律)도 이 당률을 이어받았고 조선에서도 이를 통용하였는데, 여성 인권을 최소한이나마 보호하려는 규정이다.

(3) 칠거지악의 성차별 내용

이 제도는 매우 주관적이어서 남편의 일방적인 판단과 의사표시에 의해서 이혼이 결정될 수 있고, 또 그 규정이 명확하지 않고 매우 추상적이라 어느 정도일 때를 기준으로 이혼이 결정되는지 구체적으로 드러나지 않는다. 따라서 남편이나 남편의 부모에 의해서 일방적으로 이혼 당할 수 있고, 또 무자와 같이 아내의 잘못과 별 관계없는 내용으로도 쫓겨날 수 있어 매우 성차별적인 내용이다.

무분별한 이혼을 방지하기 위하여 '삼불출' 제도를 두어 여성의 인권을 조금은 보호하려고 노력한 흔적은 보이지만, 기본적으로 칠출(七出)은 아내의 행동을 엄격하게

---

64) http://www.ok-hanmun/

규제하고 삼불출로 여성의 노동력을 계속 장악하려고 하는 이중의 구속제도로 여성을 제약하는 대표적인 악법 중의 하나이다.

3) 삼종지도

『예기』『교특성(郊特牲)』에 여성은 남성을 따라야 됨을 거듭 강조한다. 여자의 수레는 남자의 수레를 따라야 된다는 사례를 들면서 부부의 의리도 이것과 같다고 한다. 그리고 부인을 인격체로 대우하는 것이 아니라 타인에게 복종하는 자로 못 박고 있다. 그래서 여성은 시기별로 남성인 부형과 남편과 자식을 따라야 한다고 하였다.

> 신부의 집 대문을 나올 때 남자의 수레가 여자의 수레에 앞선다. 남자의 수레는 여자의 수레를 인도하고 여자의 수레는 남자의 수레를 따르는데, 부부의 의리도 이것에서 시작한다. 부인은 다른 사람에게 복종하는 자이다. 어려서는 부형을 따르고, 시집가서는 남편을 따르고, 남편이 죽으면 자식을 따른다. 부(夫)는 장부(丈夫)를 말한다. 장부는 지혜를 가지고 사람을 거느려 따르게 하는 자이다.[65]

『의례』『상복전(喪服傳)』에서도 삼종지도를 말하며 그 이유를 '스스로 운용할 능력이 없기 때문'이라고 말한다.

> 부인에게 삼종의 의리가 있는 것은 스스로 운용할 능력이 없기 때문이다. 따라서 결혼하기 전에는 아버지에게, 결혼해서는 남편에게, 남편이 죽으면 자식에게 따라야 하는 것이다.

이와 같이 여성은 남성을 따라가는 부수적인 인격체로 보았으므로 노동에 있어서도 여성의 노동은 남성에 종속되는 것으로 보았다. 따라서 예기에서 말하는 바 '부공'(婦功)은 노동의 결과에 대해 자랑하거나 내세울 수 없다는 이념적 구조를 가지는 덕목이었다. 부공이라는 덕목은 가부장체제가 여성의 노동을 통제하고 여성이 받는 불이익 적시를 은폐하기 위한 이념이라고 볼 수 있다.[66] 또한 아내의 지위는 남편의 지위에 따르도록 함으로써 여성의 인격은 남편에게 종속되는 것으로 규정하고 있다.

---

65) 『禮記』『郊特牲』제11 "出乎大門而先 男帥女 女從男 夫婦之義 由此始也 婦人從人之者也 幼從父兄 嫁從夫 夫死從子 夫也者夫也 夫也者以知帥人者也"

66) 이숙인, 『여성윤리관 형성의 연원에 관한 연구』, 『유교사상연구』, 2003, 308쪽.

천자의 짝은 후라 하고 제후는 부인(夫人)이라 하고 대부는 유인(孺人)이라 하고 사(士)는 부인(婦人)이라 하고 서인의 짝은 처라 한다. 부인에게는 따로 작위가 없으므로, 남편의 작위에 따르고 남편의 나이에 따라서 앉는다[67]

4) 예기에서의 성차별

(1) 예기의 의의와 내용

예기란 예(禮), 즉 인간생활의 외면적 규율에 대한 기록으로 크게는 제도, 법률에서부터 작게는 의식이나 몸가짐까지를 포함한다. 유교 경전 중 여성 윤리에 대하여 가장 많은 부분을 서술한 책으로 선진시기에는 실천적이며, 습속화된 남녀유별과 여성의 지위문제가 기술되었고, 한초 통일국가의 사회상황이 반영된 예기에서는 보다 개념화되고 이념화되었다.[68] 부덕(婦德), 정절, 삼종지도 등으로 표출된 여성의 윤리체계는 예기에서 이론화되어 이천여년동안 중국사회는 물론 유교문화권에서 여성지배 논리의 구심점 역할을 하여 왔다. 또한 예기를 전범으로 하여 여계(女誡), 사소절 등 여성관련 교육서가 편찬되어 후세사람들에 대한 영향력이 크다.

본래 예는 인간생활에 대한 외면적 규율이 아니라 신에게 접근하는 의식과 관련된 용어였다. 『설문해자』에 의하면 "예"(禮) 자의 '示'부는 "관천문(觀天文) 찰시변(察時變) 이시신사야(以示神事也)"로 이 뜻은 "천문을 보고 시변을 관찰함으로써 신사(神事)를 보이는 것"이며, '豊'부는 "풍지모제기진열(豊之貌祭器陳列)"로, 이 뜻은 "제기를 진열하는 모양"으로 사람이 신에게 접근하는 데 필요한 의식을 의미하는 것으로 신을 가까이 하는 제관들에게 필요한 것이었다. 예기 예운(禮運)에서도 예의 시작은 먹고 마시는 행위와 귀신을 공경하는 행위로부터 유래되었다고 다음과 같이 말한다.

대체로 예의 시초는 음식에서 비롯되었다. 기장과 돼지고기를 굽고 웅덩이를 파서 손바닥으로 움켜 마시며 북채로 토고(土鼓)를 두드렸으니 오히려 귀신에게 공경하는 뜻을 드릴 수 있었다.[69]

이러한 예가 서주시대에는 신과 인간 사이는 물론이고 사람과 사람 사이의 질서를 규정짓는 것으로 확대 적용되어 종교, 정치, 법률, 도덕이 복합된 지배계층의 문화가

---

67) 『예기』『교특생』제11. "故婦人無爵 從夫之作 坐以夫之爵"

68) 이숙인, 290쪽.

69) "夫禮之初 始諸飮食 其燔黍捭豚 汚尊而抔飮蕢桴而土鼓 猶若可以致其敬於鬼神" 『예기』『禮運』제9.

되었다. 주족(周族)은 상말(商末)에 있었던 상족(商族)의 선민의식과는 달리 이족(異族)의 귀족까지를 포함한 백성을 보호하는 통치이념을 표방하면서 모든 국민에 대하여 보다 근본적인 대책을 강구하였다. 그 결과로 나온 것이 예와 형(刑)의 통치술이었다.[70] 즉 예는 지배귀족 사이의 위계질서를 유지하고 통치계층 내부의 분열을 막기 위하여 적용된 것이며, 형은 평민을 비롯한 피지배 대중을 통치하는 수단으로 사용된 것이다. 예기 곡례 상(上)에서는 "예는 아래 서민들에 대한 것이 아니고 형은 위의 대부들에 대한 것이 아니다"라고 말한다.[71]

> 악(樂)은 호악(好惡)를 같도록 하는 것이고 예는 귀천을 구별하는 것이다. 같다는 것은 서로 친하게 하고 다르다는 것은 서로 공경하게 한다. 악이 승하면 유만(流慢)해지고 예가 승하면 이질감을 낳는다. 그러므로 적당히 사용하여 인정에 맞게 하고 예의로서 몸에 붙게 하는 것이 예와 악의 일이다. 예의가 확립되면 귀천의 등급이 명확해지고 악문(樂文)을 같게 하면 상하가 화목하게 된다.[72]

예의 목적이 귀천을 구별하고 상하 간에 공경이 있게 하고 질서를 세우려는 의도가 있음을 알 수 있다. 『춘추좌전』에서도 "예는 나라를 세우고 사직을 정하고 백성을 질서세우고 후손을 이롭게 하는 것이다"(은공 11년조) "예는 통치자가 큰 원리로 삼는 것이다"(소공 15년조)라고 말한다. 이는 나라의 근본 질서이자 정치를 위한 근본원리임을 나타내는 것이다.[73] 이렇게 예는 처음에는 인간이 신에게 접근하는데 필요한 의식이었으나, 시대 변천과 함께 인간과 인간 사이의 질서를 규정하는 정치 기제로 변모해 갔다.

---

70) 이숙인, 293쪽.

71) "禮不下庶人 刑不上大夫" 『예기』『곡례상』제1.

72) 『예기』『악기』제19. 363쪽.

73) 이숙인, 293-294쪽.

(2) 예기에서의 성차별적 내용

가. 혼인에서의 부모 및 후사(後嗣) 우선

부부관계는 남편과 아내의 의사에 따라 형성되어야 하는데 부모의 의사가 부부관계를 좌우하였다. 남편의 부모 의사에 따라서 아내의 지위가 유지될 수도 있고, 쫓겨날 수도 있었다.

> 자식이 그의 처를 매우 좋아 하지만 부모가 좋아하지 않으면 쫓아내야 한다. 자식은 그의 처를 좋게 여기지 않지만 부모가 '이 여자는 나를 잘 봉양한다'라고 하면 자식은 부부의 예를 행하여야 하며 죽을 때까지 이를 실행해야 한다.[74]

혼례는 남녀 쌍방의 사랑에 의거하여 시작되고 사랑으로 유지되어야 하나, 이것보다 종묘에 제사하는 것과 아들을 낳아 후대에 가문을 계승하는 것을 최고 목표로 삼고 군자는 이를 중시해야 하며, 부인에게는 재가를 금하였다.

> 혼례라는 것은 두 집안의 좋은 것을 합하여 위로는 종묘를 받들고 아래로는 후세를 잇기 위함이다. 그러므로 군자는 그것을 중요하게 여긴다.[75] 믿음은 사람을 섬기는 길이고 부인의 덕이다. 부인이 한 번 뇌(牢)를 함께 먹었으면 죽을 때까지 신의를 고치지 않는다. 그러므로 남편이 죽어도 시집가지 못한다.[76]

나. 복종하는 자로서의 부인

『예기』『교특생』에 "부인은 다른 사람에게 복종하는 자이다"(婦人 從之者也)라고 부인의 지위를 명시했으며, 『예기』『곡례』에서도 "부인은 정혼할 때 머리를 묶는다"(婦人許嫁繩)고 하였다. 이 때 '머리를 묶는다'는 순종함을 뜻한다.

다. 아들 출생 시의 차별적 의례

남자가 태어났을 때는 여자와는 달리 아들의 출생을 기념하는 특별한 의례를 행함으로써 축하하는 뜻을 표한다. 아들이 태어났을 때는 '전쟁'과 '힘'을 상징하는 활을 걸게 하고, 3일 째에는 활을 쏘게 하는데, 딸이 태어났을 때는 '집안'과 '정결'을 상징

---

74) "子甚宜其妻 父母不說出 子不宜其妻 父母曰 是善事我 子行夫婦之禮焉 沒身不衰" 『예기』『內則』제12.

75) 『예기』『昏義』제44. "婚禮者 將合二姓之好 上以事宗廟而下以繼後世也 故君子重之"

76) "信事人也 信婦德也 壹與之齊 終身不改 故夫死不嫁", 『예기』, 『교특생』제11.

하는 수건을 걸게 하여 출생 시부터 아들은 씩씩하게, 딸은 온순하게 키우려는 의도를 보인다.

> 남자가 태어났을 때는 활을 문의 왼쪽에 걸고 여자가 태어났을 때는 수건을 문의 오른쪽에 건다. 3일 만에 자식을 업고 나오는데 남자일 때는 활을 쏘게 하고 여자일 때는 하지 않는다.[77]

세자를 낳을 때는 특별히 태뢰의 예를 행하는데 이 때 임금이 직접 아들을 접견하고 소를 통째로 바쳐 제사지낸다. 이 때 활 쏘는 사람은 뽕나무로 만든 활로 쑥대로 만든 화살 6개를 쏘는데 하늘과 땅, 동서남북 6방향으로 쏜다. 국왕은 장자일 때 태뢰(太牢)의 예로 접견하지만 대부는 양으로 제사지내는 소뢰(小牢), 사(士)는 중 돼지를 드리는 특돈(特豚), 서인은 작은 돼지를 드리는 특돈의 예를 드리고 장자가 아닐 때는 그 예를 한 등급 낮춘다.[78]

> 國君의 세자가 태어났을 때는 즉시 임금에게 알리고 임금은 그 아들을 접견하는데 태뢰의 예로써 한다. 재부(宰夫)는 그 선구(膳具)를 관장한다. 사흘째 되는 날 선비를 점쳐 뽑아 세자를 업히는데 이 선비는 하룻밤 목욕재계하고 조복을 입은 다음 침전의 문 밖에 이르러 세자를 받아서 업는다. 사인은 화살 6개를 가지고 천지사방에 쏜다.[79]

아들과 딸에 대한 양육방법이 다르다. '유'(唯, wei)와 '유'(兪, yu)는 다같이 2성(聲)으로 '네'라고 대답하는 소리지만, 唯의 발음은 곧고(wei), 兪의 발음은 완곡(yu)하기 때문에 남녀간에 차이가 있다. 어릴 때부터 남자와 여자의 언어생활을 다르게 교육시킴으로써 남자는 곧고 우렁차게 여자는 부드럽고 약한 심성을 갖게 하는데 일정한 역할을 하게 되었다. 또한 어릴 때부터 남자에게는 '짐승'과 '호전성'을 상징하는 '가죽' 주머니를 차게 하지만, 여자에게는 '누에'와 '세미함'을 상징하는 '비단' 주머니를 차게 하였다.

> 능히 스스로 말할 수 있게 되었을 때는 남자에게는 唯 라고 대답할 것을 가르치고 여자에게는 兪 라고 대답할 것을 가르치고, 남자에게는 무두질한 가죽의 작은 주머니를

---

77) 『예기』『內則』제12.

78) 위의 책,『內則』제12.

79) 『예기』, 권오돈 역 (홍신문화사, 2003), 261–262쪽.

차게 하고, 여자에게는 비단의 작은 주머니를 차게 한다.[80]

5) 기타 경전상의 성차별

(1) 여성의 인격무시

『논어』에는 여성의 단점으로 지적되는 친할 때 공손치 않은 점과 소외하면 원망하는 점을 부각시켜 여자를 소인과 동류로 취급하였다. 이는 여성의 단점만을 지적하여 상종할 수 없는 소인으로 취급한 내용으로 여성의 인격을 무시한 것이다.

> 공자께서 말씀하셨다. "유독 여자와 소인은 다루기가 어렵다. 조금만 가까이 하면 공
> 손치 않고, 조금만 멀리 하면 원망하게 된다."[81]

『서경』에는 "암탉이 울면 집안이 망한다"고 말한다. 이 말은 지금도 여성의 활동을 제약하는 논리로 많이 인용되고 있는 구절인데, 그 배경을 이해하고 그 뜻을 정확하게 해석할 필요가 있다.

> 무왕이 말하였다. "옛 사람이 말하기를 암탉은 새벽에 울지 않는데, 암탉이 새벽에
> 울면 집안이 망한다고 했다. 지금 상나라 왕인 수(受)는 오직 여인의 말만 따르고 조
> 상의 제사를 버리고 돌보지 않으며, 혼란에 빠져 부모가 남긴 여러 형제들을 버리고
> 거들떠보지 않고 있다.[82]

주나라 무왕은 많은 제후국의 군사를 이끌고 상(商)왕조의 주왕(紂王)을 토벌하기 위해 상나라의 목야(牧野)에 이르러(BC1122년 2월) 군사들에게 당부하는 내용이다. 상나라 왕인 수는 왕비 달기의 말만 듣고 조상의 제사를 버리고 형제를 돌보지 않는 등 온갖 나쁜 짓을 자행하고 있다고 말한다.[83] 이 말은 목숨을 걸고 싸우는 전쟁터에서 선무성격을 띤 말로 이 때의 암탉은 당시 악녀로 유명한 상나라 왕비 달기였다. 지금부터 3100 여년 전 전쟁터에서 악녀의 대명사로 불리는 '달기'를 지칭하고 한 말을 지금도 모든 여성에게 적용하는 용어로 사용하는 것은 매우 불합리하다.

---

80) 『예기』, 권오돈 역, 267-268쪽.

81) 子曰 "唯女子與小人 爲難養也 近之則不遜 遠之則怨" (『論語』, 券17, 陽貨)

82) 『書經』「牧誓」"王曰 古人有言曰 牝鷄無晨 牝鷄之晨 惟家之索 今上王受 惟婦言是用 昏棄厥肆祀 弗答 昏棄厥遺 王父母弟 不迪"

83) 『서경』, 이상진, 이지한 해역 (자유문고, 2004), 224-225쪽.

『역경』에서도 "부인을 좇으면 흉하다", "남자는 의를 만들거늘 부인을 따르면 흉하다"고 하여 여성의 인격을 무시하고 여성을 흉한 존재, 불행을 가져오는 존재로 여기고 있다.

(2) 후사(後嗣) 중시사상

『맹자』에는 여러 가지 불효 중에서도 후사 없는 것이 제일 중하다고 한다. 맹자는 "불효 중에 세 가지 있으니 그 중에 후사 없는 것이 제일 크니라."[84] 조기(趙岐)는 불효의 두 가지를 '어버이의 뜻에 아첨하여 어버이를 불의에 빠뜨리는 것'과 '집이 가난하고 어버이가 연로한데도 벼슬을 않는 것'이라고 하였다. 후사를 중시하는 사상은 가계를 계승하고 제사를 지낼 아들을 중시하는 것으로 남아선호사상으로 볼 수 있다.

그리고 『맹자』에는 순임금의 결혼은 후사를 보기 위함이라고 말한다. "순임금이 부모에게 고하지 않고 아내를 맞이한 것은 후사가 없게 될까 걱정되어서니, 군자들은 그것을 부모에게 고한 것이나 마찬가지라고 하였느니라."[85]고 언급한다. 순임금이 어버이에게 고하지 않고 요임금의 두 딸 아황과 여영을 맞이한 것은 포악한 어버이에게 고하면 아내를 맞이할 수 가 없고 아내를 맞이하지 않으면 자손이 끊겨져 불효할 까 두려워서였다. 결혼을 남성과 여성과의 사랑의 관계에서 하는 것이 아니라, 자손이 끊어져 부모에게 불효가 되지 않게 하기 위해서이다.

(3) 정절 이데올로기

『시경』에 나오는 요조숙녀(窈窕淑女)는 "아름다운 마음씨를 가진 정숙한 여자"를 말하는데, 유교적 여성상으로 널리 애송되고 있다. 『시경』『관저(關雎)』에는 "요조숙녀는 군자의 좋은 짝일세(君子好逑)"라고 말한다. 옛 사람들은 문왕(文王)이 후비(后妃)의 덕을 노래한 시라고 말하는데, 주나라 이후로 왕비 때문에 망한 나라가 많았으므로 덕스런 왕비를 이 시에서 칭송함을 찾을 수 있다.[86]

유향(劉向)은 『열녀전』에서 탕의 후비 유신(有㜪)이 9명의 빈(嬪)을 통솔함에 후궁에 질서가 잡혀 서로 투기하거나 이치를 거스르는 자가 아무도 없었던 점에 대해 칭찬하

---

84) 범선균 역해, 『맹자』 (혜원출판사, 1997), 277쪽.

85) "孟子曰 不孝有三 無後爲大 舜 不告而娶 爲無後也 君子 以爲猶告也"
　　『맹자』『離婁上』

86) 이가원, 허경진, 『詩經新譯』 (청아출판사, 1991), 8~9쪽.

는 말로 "현명한 여자는 군자를 위해 여러 첩과 화목해야 함을 말한 것이다"고 하여 요조숙녀는 투기하지 않는 여성이어야 함을 강조했다.

이덕무는 『사소절(士小節)』에서 "시경에서 '요조숙녀는 군자의 좋은 짝일세'라고 한 것은 극히 정숙하여 지조를 변하지 않고 정욕을 얼굴에 드러내지 않으며 사심을 행동에 나타내지 않음을 말한 것이니, 이것은 강기(綱紀)의 으뜸이요 왕교(王敎)의 시초이다"라고 하였다.

후비를 9명이나 둔 군자를 당연한 사실로 받아들이고 사랑하는 한 남자를 사이에 두고 당연히 생길 수 있는 여러 여성들 간의 투기문제를 잘 해결하는 후비를 칭찬하는 내용으로 주나라 당시의 여성의 생활상과 후대의 학자들의 여성 비하적인 해석을 엿볼 수 있다.

4. 기독교의 교리

1) 구약

구약의 배경이 되는 당시 이스라엘의 생활상은 한 마디로 열악한 상황이다. 가난한 사람들은 하루에 한 끼를 먹었으며 주거는 동굴과 장막, 가옥의 형태가 있지만 가난한 사람들은 언제나 동굴이 주거지였다. 아이를 낳지 못하는 것은 일종의 재앙으로 간주했으며 인간의 행복은 자녀의 수에 비례되었다. 이스라엘 여인은 법률상의 지위를 얻지 못했고 아버지나 남편의 보호 아래 있어야 했다. 결혼은 모든 사람들의 의무로 되어 있었고 신부는 일꾼으로서 재산의 한 항목이었으므로 값을 지불하고 데려 와야만 했다.[87] 구약상의 기독교 교리도 이러한 당시 문화와 무관하지 않다고 본다.

(1) 남편의 다스림을 받는 아내

하나님이 직접 말씀하신 내용으로 선악과를 따 먹기 전에는 남편과 아내가 동등하였으나, 선악과 사건 이후에는 아내는 남편의 다스림을 받는 존재로 바뀌었다.

---

87) 『관주 톰슨성경』, "이스라엘의 역사와 종교" 부분, 320–322쪽.

가. 범죄 전의 남녀 동등

창조주는 자기의 형상과 모양을 따라 지극히 고귀한 존재로 사람을 창조하셨고, 남자와 더불어 나란히 여자를 창조하셨는데 이는 그 본질상 두 성이 동등한 위치에 있으며 어느 한 편이 우위에 있지 않음을 의미한다.[88]

> "하나님이 가라사대 우리의 형상을 따라 우리의 모양대로 우리가 사람을 만들고 그로 바다의 고기와 공중의 새와 육축과 온 땅과 땅에 기는 모든 것을 다스리게 하자 하시고, 하나님이 자기 형상 곧 하나님의 형상대로 사람을 창조하시되 남자와 여자를 창조하시고"(창1:26-27)

진화론과는 달리 인간 창조론을 최초로 언급한 중요한 내용이다. 초대교회 교부들은 '형상'(Image)은 구체적 유사성으로 신체와 닮음을 의미하고, '모양'(similitude)은 추상적 유사성으로 영적이고 도덕적 본성을 닮음을 의미[89]한다고 구분했다. 하나님은 영이시고 구체적으로 모습을 드러내지 않으므로 위와 같이 구분하는 것은 적절하지 않다. '형상'을 나타내는 히브리어 '첼렘'(צֶלֶם)은 '그림자'를 가리키며 그 뜻이 확장되어 그림자가 반영하는 형상(image)로 번역되었고, '모양'은 '떼무트'(דְּמוּת)로 '닮다'에서 유래하였으며 어떤 실체와 유사한 상태를 가리킨다.[90]

따라서 두 단어를 구분하기 보다는 두 단어 모두 하나님의 성품을 가리키는 용어로 반복 사용함으로써 의미를 보다 강조하는 것으로 본다. 이는 인간의 전 인격이 하나님의 성품과 속성의 영향 하에서 지음 받았고, 그 영혼의 지·정·의가 하나님의 인격구조를 모델로 하여 그 분과 교제가 가능한 존재로 창조되었음을 보여 준다. 이렇게 창조된 사람 곧 남자와 여자는 하나님의 형상을 닮고 하나님과 교제가 가능한 참으로 고귀한 존재이며, 남자와 여자는 동등하며 둘 다 참으로 소중한 존재이다.

> 여호와 하나님이 가라사대 사람의 독처하는 것이 좋지 못하니 내가 그를 위하여 돕는 배필을 지으리라 하시니라(창2:18)

또한 하나님은 '사람의 독처하는 것을 좋지 못하다'고 보고 남자의 돕는 배필로 여

---

88) 『그랜드 성경주석 1』, 332쪽.

89) 『그랜드 성경주석 1』 (성서교재간행사, 1995), 331쪽.

90) 제자원,『옥스퍼드 원어성경대전』창세기 제1-11장 (성서교재, 2003), 147쪽.

자를 지으셨다.(창2:18) 이 때 '좋지 못하다'의 '좋지'에 해당하는 '토브'(טוב)는 '선하다', '길하다', '복되다', '유익하다'라는 여러 뜻으로 사용되는데,[91] 여기서는 '온전함'으로 보면 좋을 것이다. 따라서 '좋지 못하다'는 '나쁘다'의 뜻이 아니라 '온전하지 못하다' '좋은 것이 아니다'로 보면 좋으며, 더 좋은 것이 있다는 것을 암시하는 것이다. 그러므로 인간은 독신으로 있는 것보다는 부부가 함께 있는 것이 이상적인 상태임을 제시해 주고 있다.

그리고, '돕는 배필'에서 '돕는'의 원어 '에제르'(עזר)는 아랫사람이 윗사람을 돕는 의미가 아니라 동등한 지위에서 '도움을 주다' '구원하다' '원조하다'의 뜻을 가진다. 또한 이 때의 '배필'의 원어 '네게드'(נגד)는 '짝'(companion)으로서 성품과 신분에 있어 남자와 같고 언제나 그 곁에 살면서 사랑과 책임을 나누어지는 반려자[92]를 의미한다.

> 여호와 하나님이 아담을 깊이 잠들게 하시니 잠들매 그가 그 갈빗대 하나를 취하고 살로 대신 채우시고……아담이 가로되 이는 내 뼈 중의 뼈요 살 중의 살이라 이것을 남자에게서 취하였은즉 여자라 칭하리라 하니라 이러므로 남자가 부모를 떠나 그 아내와 연합하여 둘이 한 몸을 이룰지로다(창2:21, 23-24)

남자는 부모를 떠나 아내와 연합하여 둘이 한 몸을 이루어야 한다. 이제 남편과 아내는 떨어질 수 없는 한 몸이 되었고, 남편이나 아내가 다른 한 편에 상처를 주는 것은 또 다른 한 편인 자신에게 상처를 입히는 것이다. 그래서 예수는 남편과 아내는 둘이 아니요 한 몸이며, 하나님이 짝지어 주신 배필을 사람이 나누지 못하도록 하였다.(마19:5-6) 단지 음행한 연고가 있을 때는 예외로 한다.(마19:9) 왜냐 하면 창기와 합하는 자는 창기와 한 몸이 되는 것처럼 배우자 한 편의 음행으로 이제 부부가 한 몸이 아니라 또 다른 정부와 한 몸이 되었기 때문이다. 바울도 남편과 아내가 한 몸임을 강조하여 "남편들도 자기 아내 사랑하기를 제 몸같이 할지니 자기 아내를 사랑하는 자는 자기를 사랑하는 것이라"(엡5:28)고 말한다. 이와 같은 '부부 한 몸' 의식, 천생연분(天生緣分) 사상, 남녀평등 사상 등에서 일부일처제가 도출된다.

---

91) 제자원,『옥스퍼드 원어성경대전』창세기 제1-11장, 211쪽.
92) 위의 책, 345-346쪽.

나. 범죄 후의 남녀 차이

남편과 아내의 동반자 관계는 마귀인 뱀의 유혹을 받아 하와가 선악과를 따먹은 사건 이후로 아내가 남편의 다스림을 받는 지배 복종 관계로 변화되었다.

(가) 하와가 받은 벌

범죄 후 아내는 해산의 고통과 함께 남편을 사모하고 남편의 다스림을 받는 자가 되었고(창3:16), 하와가 선악과를 따먹는 현장에 있다가 하와가 주는 선악과를 먹은 아담은 종신토록 수고하여야 소산을 먹는 자가 되었다(창3:17).

> " 또 여자에게 이르시되 내가 네게 잉태하는 고통을 크게 더하리니 네가 수고하고 자식을 낳을 것이며 너는 남편을 사모하고 남편은 너를 다스릴 것이니라 하시고 아담에게 이르시되 네가 네 아내의 말을 듣고 내가 너더러 먹지 말라 한 나무 실과를 먹었은즉 땅은 너로 인하여 저주를 받고 너는 종신토록 수고하여야 그 소산을 먹으리라(창3:16-17)

바울뿐만 아니라 후세 사람들이 성차별의 최초 근거로 인용하는 이 구절에 대해서는 정확한 이해가 필요하다고 본다. 창세기 3장16절의 '사모하다'(teshuqah)의 원어의 의미는 '기름이 넘치다(overflow, 욥2;4), '물이 가득하다'(시65:9) 등의 뜻이 있는 '슈크'(shuq)에서 파생한 용어로 '물이 넘쳐 흐르듯이 주체할 수 없을 정도의 강렬한 갈망'을 나타낸다.[93] 또한 '다스리다'(mashal)는 '주장하다'(시19:13), '거느리다'(대하23:20), '주관하다'(창1:16), '처리하다'(시106:41) 등의 뜻을 가진 '마솰'(משׁל)의 미완료형으로 이는 남자가 지속적으로 여자를 다스리게 될 것이라는 예언이다.[94]

원어의 뜻으로 보면 이 때 아담과 하와는 남자와 여자를 대표하는 사람이 아니라, 문자 그대로 남편과 아내를 나타내는 것이다. '사모하다'와 같은 용어는 아내가 남편에게 사용하는 용어이기 때문이다. 따라서 원어의 뜻에 충실하면 아내는 '남편을 물이 넘치는 것처럼 강렬하게 갈망'해야 하며, 또 '남편의 통치를 지속적으로 받아야'한다. 이 구절은 신약에서도 "아내는 남편에게 복종하라"(엡5:22, 골3:18, 벧전3:1, 5-6), "여자의 순종과 남자 주관을 불허"(딤전2:11-14)하는 근거구절로 인용되고 있다.

---

93) 제자원,『옥스퍼드 원어성경대전 1』창세기 1-11장 (성서교재, 2003), 274쪽.
94) 위의 책, 274쪽.

전지전능하신 하나님이 선악과를 먼저 따먹은 하와에게 남편의 지배를 받도록 명령한 것에 대한 이유를 성경에서 제시하지 않았지만, 여성과 남성의 기질적 차이를 생각할 수 있다. 길리건(C. Gilligan)은 여성들의 도덕성에 관한 개념이 남성들의 그것과는 크게 다르다는 사실을 발견하고 다음과 같이 말한다.

> 한 개인이 도덕적 판단을 내려야 할 딜레마에 빠질 때 남성들은 무엇이 옳고 그른가의 문제, 즉 정의(justice)의 문제에 더 관심을 갖게 되고, 여성들은 정의와 같은 추상적인 원리보다는 사회적 맥락(social context)과 다른 사람의 감정문제를 더 심각하게 고려한다. 말하자면 남성과 여성의 도덕성의 기준이 서로 다른 성격의 것이다.[95]

이에 대해 아펠바하(H. Apferbch)도 '남성적 사고'와 '여성적 사고'의 대비에서 남성적 사고는 여성적 사고보다 진화된 것으로서 판단형성에서 높은 논리성과 사물에 대한 본질적이고 객관적인 이해를 한다고 했다.[96] 또한 파슨스와 바레스(T. Parsons and R. Bales)는 남성과 여성들의 사회심리학적 특성을 두 가지의 대비되는 개념으로 구분하였다. 즉 남성들은 도구적 자질(instrumental quality)을 주로 나타내고, 여성들은 표현적 특질(expressive trait)을 주로 나타낸다는 것이다. 여기서 '도구적 자질'이란 합리적이고 분석적인 특질을 토대로 직업이나 가정 밖의 활동에서 업적을 쌓고 창의력을 발휘하는 성향을 말하며, 이에 비해 '표현적 특질'은 가정과 같은 집단 내에서 다른 사람들의 감정을 고려하면서 따뜻한 지원과 이해를 제공하는 사회심리학적인 특성을 말한다.[97] 이와 같이 여성의 도덕성의 기준이 정의보다는 연민의 정에 치중하고, 여성의 자질이 '도구적 자질' 보다 '표현적 특질'에 더 뛰어나다면 하나님이 가정을 다스리는 권한을 아내가 아닌 남편에게 준 이유가 설명될 수 있을 것이다. 베드로전서(3:7)에서도 아내를 '더 연약한 그릇'으로 표현하여 남편보다 신체적·정서적으로 더 연약한 존재로 기술하였다.

그리고 해산의 고통을 하와에게 주신 것은 벌의 의미도 있지만 새로운 생명을 잉태하고 출산하는 고귀한 임무의 부여라고도 볼 수 있다. 남녀의 결합에서 태어나는 자

---

95) C. Gilligan, *In a Different Voice: Psychological Theory and Women's Development* (Cambridge: Harvard University Press, 1982), 김동일 편저, 『성의 사회학』(문음사, 2003), 39쪽에서 재인용.

96) 아펠바하는 '남성적 사고'에 대비하여 '여성적 사고'의 특징을 논리적 결합이 불안정하고, 본질적인 것과는 거리가 먼 비유적, 장식적 경향이 있으며, 판단에 주관적 색체가 강하다고 설명한다.
김동일 편저, 61-62쪽.

97) T. Parsons and R. Bales, *Family, Socialization and Interaction Process* (Glencoe, Ill.: Free Press, 1955), 김동일 편저,『성의 사회학』(문음사, 2003), 26쪽에서 재인용.

식의 출산을 아내가 맡게 됨으로 인해 노동과 가족부양의 책임은 남편에게 부여된 것이다. 산아제한을 하지 않고 다산이 한 가정의 재정력을 표시하는 측도이자, 가문의 명예로 인식되던 그 당시 사회에서 출산은 여성 개인으로서도 영광일 뿐만 아니라 가문의 명예도 되었다. 그렇지만 잉태·출산·육아의 일을 여성이 맡게 됨으로써 대외적인 활동에 제약을 받고 여성이 남성의 보호와 지배를 받게 되는 한 원인이 되기도 했다. 손덕수는 출산과 육아가 여성 억압의 핵심 구조를 형성하며, 출산과 육아가 가부장제 사회의 근원일 뿐만 아니라 세계 경제의 근원적 요인이요 전제 조건이라고 말한다.[98]

(나) 아담이 받은 벌

하와와 함께 있다가[99] 하와가 먼저 따 먹고 준 선악과를 먹은 남편 아담에게는 "종신토록 수고하여야 그 소산을 먹으리라"(창3:17), "네가 얼굴에 땀이 흘러야 식물을 먹고"(창3:19)와 같이 해산의 고통에 맞먹는 노동과 가족 부양의 막중한 책임이 지워지게 되었다.

> 아담에게 이르시되 네가 네 아내의 말을 듣고 내가 너더러 먹지 말라 한 나무 실과를 먹었은즉 땅은 너로 인하여 저주를 받고 너는 종신토록 수고하여야 그 소산을 먹으리라(창3:17) 네가 얼굴에 땀이 흘러야 식물을 먹고 필경은 흙으로 돌아가리니 그 속에서 네가 취함을 입었음이라.(창3:19)

여기서 '종신토록'은 '살아있는 모든 날 동안 단 하루도 빠짐없이'(all the days of your life)의 의미이며, '수고'(עִצָּבוֹן)는 창세기 2장16절의 하와가 받는 해산의 고통(עִצָּבוֹן), 수고(עִצָּבוֹן)와 똑같은 용어로 '잇차본'(עִצָּבוֹן)이다. 이로서 아내와 함께 있다가 아내가 준 선악과를 먹은 아담도 아내의 벌에 못지않은, 아니 그 이상의 벌을 받게 되었다. 하와는 해산의 고통을 며칠간만 받으면 되었지만 아담은 노동의 수고를 종신토록 받게 되었다. 아담은 일생의 모든 날을 해산의 고통과 같은 노동의 수고 즉 이마에 땀이 흐를 만큼 고통스런 수고를 통해 아내와 가족이 먹을 양식을 마련해야 하는 벌

---

98) 한국여성개발원, 『여성과 성차별』, 99쪽.

99) 창세기 3장6절에서도 "여자가 실과를 따 먹고 자기와 함께 한 남편에게도 주매 그도 먹은지라"고 했고, 뱀과 하와이 대화 중에도 "하나님이 참으로 너희더러 동산 모든 나무의 실과를 먹지 말라 하시더냐"(창3:1)와 2절의 "우리가 먹을 수 있으나", 3절의 "너희는 먹지도 말고 만지지도 말라 너희가 죽을까 하노라", 4절 "너희가 결코 죽지 아니하리라", 5절 "너희가 그것을 먹는 날에는", 7절 "그들의 눈이 밝아"로 복수대명사를 사용된 점을 통하여 하와오 아담은 함께 있었음을 알 수 있다.

을 받게 되었다.

다. 아내의 생명 생산과 남편의 물질 생산

앞에서 본 선악과 사건으로 인해 인류 최초의 인간은 죄를 저질렀는데, 성경 상의 내용을 보면 아내와 남편의 죄의 경중을 따지기가 어렵다. 아내인 하와는 남편을 사랑해야하고 남편과의 사랑의 열매인 자녀의 출산과 육아를 담당하여야 한다. 농경시대의 노동력 확보를 위해 다산이 숭상되던 시대에 계속되는 출산과 육아 등 '생명 생산'을 위해서는 대외적인 활동은 남편에게 의존할 수 밖에 없었을 것이므로 아내는 남편의 보호와 다스림을 받게 되는 것은 당연한 일로 본다. 그 대신 남편은 아내와 자녀를 부양할 책임을 지고 땀흘려 '물질 생산'을 해야 할 의무를 지게 되었다. 하루도 빠짐없이 일평생 이마에 땀이 흐르도록 열심히 일해야 하는 남편은 가족에 대한 헌신하는 마음 없이는 이 일을 수행하기가 어렵다고 본다.

이를 가지고 남편과 아내의 관계를 지배·복종의 관계로 설정하는 것은 문제가 있다. 역사적으로 보면 인간생활은 생명 생산과 물질 생산을 통하여 유지될 수 있다.[100] "생육하고 번성하여 땅에 충만하라. 땅을 정복하라. ……모든 생물을 다스리라"(창 1:28)라는 문화 명령을 적극적으로 수행하기 위해서는 아내는 남편을 사랑하고 생명 생산에 최선을 다해야 하고, 남편은 가족에게 헌신하고 물질 생산에 최선을 다해야 한다. 잉태와 출산, 육아를 통해 종족을 보존하고 후대에 자손을 번창하게 만드는 생명 생산은 하와의 몫이고, 가족을 부양할 물질 생산은 아담의 몫이다. 생명 생산은 물질 생산보다 절대 열등하지 않으며 물질 생산보다 더 귀한 일이라고 볼 수 있다. 왜냐하면 출산과 육아야말로 가족 구성의 근원적인 요소이며, 가정 경제와 국가 경제의 근원적인 요소이기 때문이다. 오늘날 한국의 국가적 문제로 대두되고 있는 세계 최저 수준의 출산률(2010년 합계출산률 1.24)[101]과 이혼률[102] 증가 현상은 아내의 생명 생산에 대한 깊은 이해와 배려에서 해결의 실마리를 찾아야 할 것이다.

---

100) 여성개발원, 100쪽.

101) 『2010 세계인구현황보고서』(한국어판), 인구보건복지협회, 2010.

102) 2009년 조혼인률(인구 천명당 혼인건수)은 6.2건, 조이혼률은 2.5건으로 혼인 2.5건당 1건이 이혼하는 심각한 문제에 처해 있다. (『혼인·이혼 통계』, 통계청, 2010.)

(2) 남아선호사상

이스라엘의 사회는 남성중심 문화가 팽배한 사회였으며 모든 실권은 아들에게 있었고 아들 중에서도 장자에게 집중되었다. 이스라엘 통치구조는 집권적인 왕권체제였고 왕위는 아들에게 세습되었다. 번제 등 5대 제사를 주관하는 제사장, 장관, 방백 등 국가 고위층은 모두 남자였으며, 천부장, 백부장, 오십부장, 십부장 등 중간 또는 하위 관리층도 모두 다 남자(출18:25)였다.

고대 근동사회에서 족장 또는 가장 중심의 엄격한 가부장제 사회로 가장의 권한은 막강하였다. 가장은 자식이나 가족의 생살여탈권(生殺與奪權)을 가지고 있었음을 여러 사례에서 볼 수 있다. 르우벤은 만약 베냐민을 못 데리고 오면 자기의 두 아들을 죽이라고 아비 야곱에게 말하고 있으며(창42:37), 롯이 두 딸을 폭도들에게 내어주겠다는 말(창19:8), 간음한 며느리 다말을 '불사르라'고 명령하는 유다(38:24)의 말에서 드러난다. 또한 가장은 자식들을 노예로 팔 수도 있는 사회였다. 이런 사회에서 가계 계승, 제사, 가족 통솔의 권한을 가진 남아, 특히 장남에 대한 선호사상은 유별하였다. 이스라엘 사회는 장자의 명분을 매우 중요시 하였고(창25:33), 장자는 가족통솔권과 가족에 대한 축복권이 있었다. 장자가 재산을 상속할 때는 다른 아들의 두 몫을 분배 받았다.(신21:17)

이스라엘 족장은 모두 남자(출6;14-19)였으며, 족장 이삭은 죽기 전에 야곱을 장자인 에서로 알고 장자의 번영과 권세를 위하여 마음껏 축복해 주었다.

> 만민이 너를 섬기고 열국이 네게 굴복하리니 네가 형제들의 주가 되고 네 어미의 아들들이 네게 굴복하며 네게 저주하는 자는 저주를 받고 네게 축복하는 자는 복을 받기를 원하노라(창27:29)

야곱도 죽기 전에 12 아들을 불러 족장의 권세를 가지고 한 사람 한 사람 축복을 해 주었는데 딸들은 하나도 없고 아들 만이었다.

> 야곱이 그 아들들을 불러 이르되 너희는 모이라 너희의 후일에 당할 일을 내가 너희에게 이르리라 ……르우벤아 너는 내 장자요 나의 능력이요 나의 기력의 시작이라…… 베냐민은 물어뜯는 이리라 아침에는 빼앗은 것을 먹고 저녁에는 움킨 것을 나누리로다. 이들은 이스라엘의 십이 지파라 이와 같이 그 아비가 그들에게 말하고 그들에게 축복하였으되 곧 그들 각인의 분량대로 축복하였더라(창49:1-28)

아브라함의 아내는 자신이 출산치 못하자 여종 하갈을 남편에게 첩으로 보내 자식을 얻고자 하였고,(창16:1-3) 족장 유다의 며느리 다말은 남편이 죽고 시동생 셀라가 장성했음에도 그의 남편으로 보내 주지 않자 창녀로 분장하여 시부 유다와 동침한 후 자식을 낳았을 만큼(창38:6-30) 남아선호사상은 높았다.

한미라는 야곱의 아내이자 자매인 레아와 라헬의 처절한 애 낳기 경쟁이 바로 남아선호사상 때문이라고 말한다.

> 야곱을 사이에 두고 장자계승권 및 가계주도권을 위한 애 낳는 전쟁을 한 레아와 야헬, 그들은 왜 이다지도 애 낳는 경쟁을 해야만 했을까? 그것은 남아선호사상 때문이다. ……레아가 아들을 네 명이나 낳을 때, 라헬의 심정은 죽을 것만 같았다. 그래서 여종 빌하를 들여 야곱과 동침케 하여 두 아들을 얻었다. 비록 첩을 통하여 두 아들을 얻었음에도 불구하고 라헬은 언니 레아를 이길 수 없었다. 언니 또한 몸종 실바를 들여 갓과 아셀을 생산하였기 때문이다.
> 라헬은 비록 정실부인이었지만 자신이 직접 낳은 소생이 없었으므로 레아보다 열등한 위치였고 그 위기감은 더욱 컸다.……드디어 하나님의 자비하심으로 늦게서야 요셉을 낳은 라헬은 아들을 더 낳고자 하는 집념으로 길가에서 베냐민을 낳다가 사망한다. 너무도 슬펐던 라헬은 자신의 심정을 담아 아들을 이름을 베노미(슬픔)라고 짓는다.[103]

또한 적자우선주의 사고가 팽배했다. 아브라함은 첩의 소생이 본처 소생을 희롱하자 첩과 그 소생 모두를 광야로 쫓아 내었고,(창21:9-10) 자기 모든 소유 재산을 적자 이삭에게 주고(창24:36. 25:5), 서자들에게는 극히 일부만 주어 자기 생전에 적자를 떠나 멀리 동방으로 떠나게 하였다(창25:6).

(3) 여성의 인격 무시

유대인들에게서 아내는 종종 노예와 같은 대우를 받곤 하였고 여성은 인격체로 대우를 받지 못했는데 이러한 내용이 구약 여러 곳에서 발견된다.

가. 계보에서 여자 제외

아담 후손의 계보(창5:1-32)와 가인(창4:16-22), 노아(창10:1-32), 셈 후손(창11:10-32)의 계보와 아담에서 다윗까지의 족보(대상1:1-3;9)에는 남성 중 장자위주로 되어 있고

---

103) 한미라, 67-68쪽.

여자는 아예 빠져 있다.

> 아담 자손의 계보가 이러하니라 하나님이 사람을 창조하실 때에 하나님의 형상대로
> 지으시되 남자와 여자를 창조하셨고……아담이 일백 삼십 세에 자기 모양 곧 자기 형
> 상과 같은 아들을 낳아 이름을 셋이라 하였고, 아담이 셋을 낳은 후 팔백 년을 지내
> 며 자녀를 낳았으며, 그가 구백 삼십 세를 향수하고 죽었더라. 셋은 일백 오세에 에노
> 스를 낳았고……에노스는 구십 세에 게난을 낳았고……게난은 칠십 세에 마할랄렐을
> 낳았고……마할랄렐은 육십 오세에 야렛을 낳았고……(창5:1-15)

나. 인구조사에서 여자 제외

출애굽기 인구조사 기록에서 여성은 제외되었다. 출애굽 당시의 인구조사에서 "유
아 외에 보행하는 장정이 육십만 가량"(출12:37)이라고 표현했는데, 여기서 여자는 빠
져 있고, 이스라엘 백성이 애굽에서 나온 후 2년째 인구조사에서도 남자들만 계수하
여 "이십세 이상으로 싸움에 나갈만한 자가 육십만 삼천오백 오십만"으로 집계되었
다.(민1:1-16) 이스라엘의 두 번째 왕 다윗의 인구조사에서도 "이스라엘 중에 칼을 뺄
만한 자 백십만, 유다 중에 칼을 뺄만한 자 47만"(대상21:5)으로 남자만 계수되었다.

다. 자식에 대한 어머니의 권리 무시

아브라함이 이삭을 번제로 바치는 희생제사에서 아내 사라의 권리는 철저히 무시
되었다. 족장 아브라함에게 100세에 주신 독자 이삭을 하나님이 번제로 드리라고 명
령했을 때 아브라함은 철저히 순종한다.

> 여호와께서 가라사대 네 아들 네 사랑하는 독자 이삭을 데리고 모리야 땅으로 가서
> 내가 네게 지시하는 한 산 거기서 그를 번제로 드리라. 아브라함이 아침에 일찍이 일
> 어나 나귀에 안장을 지우고 두 사환과 그 아들 이삭을 데리고 번제에 쓸 나무를 쪼
> 개어 가지고 떠나 하나님의 자기에게 지시하시는 곳으로 가더니 제 삼일에 아브라함
> 이 눈을 들어 그곳을 멀리 바라본지라(창22:2-4)
> ……하나님이 그에게 지시하신 곳에 이른지라. 이에 아브라함이 그곳에 단을 쌓고 나
> 무를 벌여 놓고 그 아들 이삭을 결박하여 단 나무 위에 놓고 손을 내밀어 칼을 잡고
> 그 아들을 잡으러 하더니(창22:9-10)

노년에 낳은 독자 이삭은 아브라함에게도 귀한 존재였겠지만, 어머니인 사라에게
는 자기 목숨보다도 귀한 존재이었을 것이다. 그 이삭을 남편은 아들을 번제로 바치

라는 하나님의 명령을 듣고도 아내와 한 마디 상의도 없이 독자적으로 결정하고 이튿날 아침 일찍이 이삭과 사환 둘을 데리고 사흘 길을 가야하는 모리야 땅으로 향한다. 거기서 하나님이 지시하시는 산에서 이삭을 결박하여 칼로 잡아 불에 완전히 태워 제사로 드리려고 했다. 다행히 칼을 잡고 아들을 죽이려는 순간에 여호와의 사자가 다른 방법을 제시하여 번제를 드릴 수 있도록 하였다. 아브라함은 하나님이 100세에 기적적으로 주신 이삭을 하나님의 명령대로 다시 번제로 바치는 충성심을 증명하여 주었지만, 이 과정에서 적법한 아내인 사라의 아들에 대한 어머니의 권리는 완전히 부정되었다.[104]

라. 아내 또는 딸을 소유물로 취급하는 경우

아브라함이 자기 목숨을 부지하려고 아내 사라를 누이라 칭하여 그랄 왕이 취하게 되었고(창20:2), 그 아들 이삭도 아리따운 아내 리브가로 인하여 블레셋 사람들이 자기를 죽일까 하여 아내를 누이라 하여 블레셋 왕 아비멜렉이 취할 뻔 했었다(창 26:6-9). 롯도 남자를 가까이 아니한 두 딸을 무례한 소돔 사람들에게 내어주려 하였다(창19:6). 리브가의 결혼을 부친(브두엘)과 오빠(라반)가 결정(창24:50-51)한 것도 딸을 아비의 소유물로 여기는 관습에서 생겨난 것이다. 그밖에 10계명의 "네 이웃의 집을 탐내지 말라"에서 이웃의 아내, 남종, 여종, 소, 나귀 등을 열거하면서 '아내'도 소, 나귀와 같은 소유물과 동류로 취급(출20:17, 신5:21)하였으며, 처녀를 노략물로 취급(삿5:30)하기도 하였다.

예외적으로 여성을 인격체로 대우하여 재산을 분배한 사례가 있다. 슬로보핫 딸 5명이 아버지가 아들 없이 죽은 후 기업(基業) 분배를 요구(민27:1-5)하자 모세가 딸들에게도 재산 분배를 허락한 것과, 욥의 딸에게 산업을 분배(욥42:15)한 것 등은 당시 여인을 남성의 소유물처럼 취급하던 남성중심의 가부장제 사회에서 여성도 인격체로 대우한 사례이다.[105]

마. 여자를 성적 노리개로 사용

---

104) R. R. Ruether, 『가이아와 하느님』, 전현식 역 (이화여대출판부, 2000), 213쪽.

105) 그밖에 여성을 평등하게 대우한 사례는 "성령을 남종과 여종에게 동일하게 내려 준 사례"(요엘2:29)와 어려서 취한 아내에게 궤사를 행치 말 것을 거듭 당부하면서 "그는 네 짝이요 네와 맹약한 아내"(말2:14-16)임을 강조한 것 등을 들 수 있다.

롯이 자기 집에 찾아 온 손님들을 상관 즉 동성연애하려는 소돔 주민들에게 손님 대신 처녀인 두 딸을 내어 주겠다고 하면서 딸들을 성적 노리개처럼 여겼다.

> 내게 남자를 가까이 아니한 두 딸이 있노라 청컨대 내가 그들을 너희에게로 이끌어
> 내리니 너희 눈에 좋은 대로 그들에게 행하고 이 사람들은 내 집에 들어왔은즉 이 사
> 람들에게는 아무 짓도 하지 말라"(창19:8)

기브아 노인도 손님인 레위인 남자 대신 자신의 처녀 딸과 레위인의 첩을 무뢰한들에게 내어 주겠다고 하여 여성의 인격을 완전히 무시하는 행동을 했으며 이 일 때문에 레위인의 첩은 밤새도록 무뢰한들에게 윤간을 당하다가 목숨을 잃게 되었다.

> 보라 여기 내 처녀 딸과 이 사람의 첩이 있은즉 내가 그들을 끌어내리니 너희가 그들
> 을 욕보이든지 어찌하든지 임의로 하되 오직 이 사람에게는 이런 망령된 일을 행치
> 말라 하나 무리가 듣지 아니하므로 그 사람이 자기 첩을 무리에게로 붙들어 내매 그
> 들이 그에게 행음하여 밤새도록 욕보이다가 새벽 미명에 놓은지라(삿19:25)

제사장인 엘리의 아들들이 회막 문에서 수종드는 여인과 동침(삼상2:22)한 것과 다윗이 왕의 권세로 신하의 아내인 밧세바를 불러 동침한 사례는 모두 여인을 쾌락의 도구로 취급하였기 때문에 일어난 사건이었다.

(4) 일부다처주의

최초의 일부다처주의자는 라멕으로 두 아내를 취했고(창4;19, 23), 아브라함의 아내 사라는 자신이 생산치 못하자 그녀의 여종 하갈을 남편에게 첩으로 주어 자기의 자식을 얻고자 하였다.(창16:1-3) 야곱은 라반의 딸 레아와 라헬을 아내로 취하고(창29:23, 28) 나중에는 그 아내들이 자기의 여종 빌하와 실바를 남편의 첩으로 준다.(창30:4,9)

다윗도 첫째 아내 미갈(삼상18:27))을 비롯하여 다니엘을 낳은 아비가일(삼상25:42), 암논을 낳은 아히노암(삼상25:43), 압살롬을 낳은 마아가(대상3:2), 아도니야를 낳은 학깃(대상3:2)과 아비달(대상3:3), 에글라(대상3:3)와, 솔로몬을 낳은 밧세바(대상3:5)까지 모두 8명의 아내로 두었다. 솔로몬은 특히 후비가 칠백이며, 후궁인 빈장이 삼백(왕상11:3)으로 도합 천명의 아내를 거느린 군왕이 되었다. 이와 같은 사실로 미루어 구약시대에는 왕뿐만 아니라 백성들도 일부다처제가 일반화되었음을 알 수 있다.

(5) 기타 구약의 여성차별 내용

가. 딸을 종으로 팖

고대사회에서 남성인 가장의 권한은 자식을 팔 수 있을 만큼 막강하였다. "사람이 딸을 종으로 팔았으면…"(출21:7)에서 보는 것처럼 가장이 자식들을 필요에 따라 팔 수 있었다. 가난이나 빚 때문에 종으로 팔린 경우에 남자와 여자는 모두 7년째인 안식년에 해방될 수 있지만,(신15:12) 주인의 첩이 된 여자는 달리 취급하였다.

"사람이 딸을 종으로 팔았으면 남종과 같이 7년에 값없이 나오지 못할지며"(출21:7)에서처럼 주인의 첩이 된 여종은 칠년 째에 값없이 해방되지 못하고 계속 주인을 섬겨야 한다.[106] 그 대신 주인은 그와 상관(相關) 즉 '동침'하지 아니하면 속신(贖身)케 하여야 하는데 그 방법은 네 가지이다.(출21:8-11) 주인의 첩이된 딸에게 기본적인 인권을 보장하려고 이 규정을 마련하였지만 양성평등의 관점에서 보면 여성의 인권을 매우 제약하는 규정이다.

첫째 외국인을 제외한 히브리 동족에게 판다. 둘째 자신의 아들에게 첩으로 줄 수 있는데 이 때는 딸같이 대우해 주어야 한다. 셋째 만일 상전이 달리 장가들지라도 그녀의 의복과 음식과 동침하는 것은 보장해 준다. 넷째 위의 세 조건을 시행치 않으면 자유인으로 해방시켜 주어야 한다.

나. 간음한 여인에 대한 차별적인 형벌

유다의 장남 엘이 일찍 죽자 시부인 유다는 둘째 아들 오난을 시켜 죽은 형의 가문을 이으려고 했으나(계대결혼), 오난은 형수 다말을 거부하고 땅에 설정한 후 하나님의 벌을 받아 죽게 된다. 셋째 아들 셀라는 아직 어린고로 다말은 친정에 보내어지고 유다는 다말을 멀리 한다. 다말은 셀라가 장성했음에도 불구하고 시부가 셀라를 자신의 아내로 주지 않자 자신의 권리를 찾기 위하여 창녀로 분장하여 시부 유다에게 접근하여 동침에 성공한다.(창38:6-18) 다말은 과부로 수절해야 했지만 잉태한 연유로 끌려 나와 불에 타죽을 위기에 봉착하였다. 그러나 행음의 당사자인 시부는 아무 징계도 없었다.(창38:18-27) 간음한 당사자 중 여성에게만 일방적으로 불에 태워 죽이는

---

106) 『그랜드 성경주석 1』, 285쪽.

형벌을 가하는 당시 사회의 성차별을 볼 수 있다.

> 석 달쯤 후에 혹이 유다에게 고하여 가로되 네 며느리 다말이 행음하였고 그 행음함
> 을 인하여 잉태하였느니라. 유다가 가로되 그를 끌어 내어 불사르라(창38:24)

다. 여성을 미련하고 어리석고 유혹하는 자로 표현

솔로몬의 잠언에서는 여인을 미련하고 어리석고 유혹하는 자, 음녀로 표현하여 여성의 인격을 모독하고 천시하였다.

> 미련한 계집이 떠들며 어리석어서 아무 것도 알지 못하고 자기 집 문에 앉으며 성읍
> 높은 곳에 있는 자리에 앉아서 자기 길을 바로 가는 행객을 불러 이르되 무릇 어리석
> 은 자는 이리로 돌이키라 또 지혜 없는 자에게 이르기를 도적질한 물이 달고 몰래 먹
> 는 떡이 맛이 있다 하는도다(잠9:13-17) 이것이 너를 지켜서 음녀에게 말로 호리는 이
> 방계집에게 빠지지 않게 하리라.(잠7;5)

라. 간음 의심 아내에 대한 굴욕적인 조사법(민5:11-31)

남편이 아내의 간음에 의심을 품을 때 그 아내를 데리고 제사장한테 가서 조사를 받는다. 제사장은 그 여인을 여호와 앞에 세우고 토기에 거룩한 물을 담고 성막 바닥의 티끌을 취하여 물에 넣고 여인에게 '저주의 맹세'를 하게 한다. 그리고 제사장이 "네 남편 아닌 다른 사람과 동침하였으면 여호와께서 네 넓적다리가 떨어지고 배가 부어서 백성 중에 저주거리, 맹세거리가 되게 하실지라"(민5:21)라고 여인에게 말한 후 그 물을 마시게 한다. 여인이 간음을 했으면 넓적다리가 떨어지고 백성들의 저주거리가 되지만, 정결하면 해를 받지 아니하고 도리어 잉태한다고 한다.(민5:27-28) 정결에 의심을 받는 여인이 일방적으로 제사장 앞에서 인격 모독적인 처우를 당하는 내용으로 매우 성차별적이다.

2) 신약

초대교회 당시의 일반여성들의 사회적 지위는 비천했다. 유대와 헬라 문화의 영향 아래 있었던 당시 여자들은 한낱 남편의 소유물에 불과하였고, 여자들에게는 일체 교육을 시키지 아니하였으므로 그녀들의 관심은 자연히 겉치레와 귀금속 등 비생산적

인 데에 쏠릴 수 밖에 없었다. 유대인 남자들은 아침 기도 때 자신이 여자로 태어나지 않은 것을 하나님께 감사하기까지 했다.[107] 종교개혁 이후에도 유럽의 여성들은 열등한 존재 또는 악한 존재로 여김을 받아왔는데, 여성들이 거짓된 교리에 속임을 당하거나 선한 남자를 유혹하는 자로 여겨 왔다.

(1) 예수의 여성관

가. 남성중심의 제자 선택

예수는 12제자 선택(막3:13-19)을 남성들 중에서만 행하여 여성들은 한 사람도 없었으며, 7집사(행6:5), 70문도(눅10:1-24)도 모두 남자로 선택하여 사역을 맡겼다.

> 또 산에 오르사 자기의 원하는 자들을 부르시니 나아온지라. 이에 열둘을 세우셨으니 이는 자기와 함께 있게 하시고 또 보내사 전도도 하며 귀신을 내어 쫓는 권세도 있게 하려 하심이러라. 이 열둘을 세우셨으니 시몬에게는 베드로란 이름을 더하셨고 또 세베대의 아들 야고보와 야고보의 형제 요한이니 이 둘에게는 보아너게 곧 우레의 아들이란 이름을 더하셨으며, 또 안드레와 빌립과 바돌로매와 마태와 도마와 알패오의 아들 야고보와 및 다대오와 가나안인 시몬이며 또 가룟 유다니 이는 예수를 판 자러라.(막3:13-19)

남성 제자 선택의 배경에는 그 당시 복음 전파의 난관과 핍박, 의식주 해결조차도 안 되는 AD 30년 당시의 이스라엘 상황이 고려되었다고 본다. 예수는 자기를 따르는 수많은 무리에게 '제자가 갖추어야 할 조건' 세 가지를 제시하였다. 첫째 부모, 처자, 형제, 자매와 자기 목숨까지 미워할 만큼 예수를 사랑해야 하며(눅14:26), 둘째 자기 십자가를 지고 예수를 좇아야 하며(눅14:27), 셋째 자기의 모든 소유를 버리지 아니하면 능히 예수의 제자가 되지 못한다(눅14:33)고 명시한다. 이와 같이 예수의 제자가 되려면 자기 목숨, 가족과 모든 소유를 버리고, 순교의 각오가 있어야 한다. 그리고 예수 공동체는 제자들이 배가 고파 안식일 날 밀 이삭을 잘라 먹을 정도로(마12:1)로 굶주렸으며, "여우도 굴이 있고 공중의 새도 거처가 있으되 인자(예수)는 머리 둘 곳이 없다"(마8:20)에서 보는 것처럼 일정한 거처가 없이 떠돌이 생활을 하는 열악한 집단이었다. 이러한 예수공동체에 여성을 포함시키지 않은 것은 오히려 여성을 배려한 결정

---

107) 기독지혜사,『톰슨 2 주석성경』 (기독지혜사, 1988), 디모데전서 서론 "교회내의 여성의 지위와 역할" 참조.

으로 볼 수 있다. 단 이 공동체에 여성들이 자발적으로 동참하는 것은 허용하였다.

나. 남녀평등의 여성관

앞에서 본 바와 같이 구약시대에는 아내가 남편의 종속물이었지만, 신약시대를 연 예수의 여성관은 당시의 남성중심 문화를 뛰어 넘어 여성을 남성과 동등한 고귀한 인 격체로 대우하는 것이었다. 예수는 "남자가 부모를 떠나 그 아내와 연합하여 둘이 한 몸을 이룰지로다"(창2:24)라는 하나님의 명령을 다시 언급하면서 "이제 둘이 아니요 한 몸이니 그러므로 하나님이 짝지어 주신 것을 사람이 나누지 못할 것"이라고 강조 한다. 당시 아내를 남편의 소유물로 취급하여 함부로 이혼하던 풍습에 경종을 울리고 남편과 아내는 일심동체임을 강조하였다.

> 이러므로 사람이 그 부모를 떠나서 아내에게 합하여 그 둘이 한 몸이 될지니라 하신 것을 읽지 못하였느냐 이러한즉 이제 둘이 아니요 한 몸이니 그러므로 하나님이 짝 지어 주신 것을 사람이 나누지 못할지니라(마19:5-6)

그리고 '간음하지 말라'는 제7계명 준수에서 더 나아가 "여자를 보고 음욕을 품는 자마다 마음에 이미 간음"하였다고 강조했으며, '아내를 버리거든 이혼증서를 줄 것' 에서 더 나아가 "누구든지 음행한 연고 없이 아내를 버리면 이는 저로 간음하게 함이 요"(마5:27-32)라고 강조하였다.

> 예수께서 가라사대 모세가 너희 마음의 완악함을 인하여 아내 내어 버림을 허락하였 거니와 본래는 그렇지 아니하리라 내가 너희에게 말하노니 누구든지 음행한 연고 외 에 아내를 내어 버리고 다른 데 장가드는 자는 간음함이니라(마19:8-9)

또한 유대인이 상종치도 않는 사마리아 여인 전도(요4:4-20), 12년 혈루증 걸린 여인 구원(마9:22), 베드로 장모의 열병 치료(마8:16-17), 죽은 나인성 과부의 아들 살림(눅 7:11-17), 죽은 야이로의 딸 살림(막5:21-43), 수로보니게 여인의 귀신들린 딸 고침(막 7:24), 안식일에 18년 귀신들린 여인 고침(눅13:10-21), 과부의 두 렙돈 헌금 칭찬(막 12;41-44), 현장에서 돌로 쳐 죽게 되는 간음한 여인을 구해주는 사건(요8:3-11) 등은 여인들에 대한 평등의식과 사랑이 드러난 점이다. 그 당시 남성에 종속되어 소유물처 럼 천시 받던 여성을 인간으로서의 존엄과 가치를 지닌 인격체로 대우하고, 여성들의

권익 증진을 위해 노력했던 예수를 '진정한 페미니스트'라고 말한다.[108]

(2) 아내는 남편에게 복종하라

가. 바울 서신

바울은 에베소 교회와 골로새 교회와 디도에게 보낸 편지에 '아내는 남편에게 복종하라'고 당부한다. 이는 가정의 근간을 이루는 남편과 아내 사이에서 그리스도인이 지켜야 될 규범을 말하는 것이다. 여기서 '복종하라'로 번역된 '휘포탓세스데'의 원형 '휘포탓소'(ὑποτάσσω)는 ' ~아래에'란 뜻을 지니는 전치사 '휘포'와 '두다' 또는 '놓다'를 의미하는 동사 '탓소'의 합성어로서 '어떤 이의 권고와 충고, 통제에 따르는 것'을 가리킨다. 이 단어는 군사용어로서 상관들의 통치권에 대한 하급 군사들의 복종을 묘사할 때 사용하는 말이다.[109]

창조 질서상 여자가 남자에게서 났으며 또 창조 원리로도 여자가 남자를 위하여 지음 받았다고(고전11:3,8,9) 바울은 일관되게 주장하고 있으며, 아내가 남편에게 복종하는 것은 교회가 그리스도에게 복종하는 것과 같은 신앙의 의무요(엡5:22-24)하나님께서 세우신 가정의 질서를 따르는 것이라고 말한다.[110] 이는 베드로도 일관되게 주장하고 있다.(벧전3;1, 5-6)

> 아내들이여 자기 남편에게 복종하기를 주께 하듯 하라 이는 남편이 아내의 머리 됨이 그리스도께서 교회의 머리 됨과 같음이니 그가 친히 몸의 구주시니라 그러나 교회가 그리스도에게 하듯 아내들도 범사에 그 남편에게 복종할지니라(엡5:22-24)
> 아내들아 남편에게 복종하라 이는 주 안에서 마땅하니라(골3:18)
> 저들로 젊은 여자들을 교훈하되 그 남편과 아내를 사랑하며, 근신하며 순전하며 집안일을 하며 자기 남편에게 복종하게 하라 이는 하나님의 말씀이 훼방을 받지 않게 하려 함이니라(딛2:4-5)

유대인들에게 있어서 여성의 지위는 한 사람의 인격체로 취급받지 못하여 계수할 때 여성은 제외되었고(민1:25, 마14:21), 본문 당시의 헬라세계에서도 남편에 대한 아내의 의무는 철저하게 강조하였지만 남편의 아내에 대한 의무는 제대로 지키지 않았

---

108) 한국여성학연구회 편, 419쪽.

109) 『옥스퍼드 원어성경대전』골로새서, 577쪽.

110) 위의 책, 577쪽.

다. 바울은 당시 헬라세계의 여성관으로는 파격적인 아내의 권리를 주장한다. 아내들에게 남편에게 복종하기를 주께 하듯 하라고 명령하지만, 남편에게는 '복종'보다 훨씬 더 희생적인 표현인 아내를 위하여 '생명'을 내어놓으라고 명령한다. 남편들에게 "아내 사랑하기를 그리스도께서 교회를 사랑하시고 자신을 주심같이 하라"(엡5:25)고 강조한다. 그리고 남편들에게 자기 아내 사랑하기를 제 몸같이 하라고 당부하면서 자기 아내를 사랑하는 자는 곧 자기를 사랑하는 것이라고 말한다.(엡5:28)

나. 베드로 서신

베드로는 본도, 갈라디아, 갑바도기아, 비두니아 등 소아시아 일대에 흩어져 있는 성도들에게 이 편지를 보내면서, 그 내용 중에 '아내가 남편에게 순복하라'고 당부한다. 여기서 '순복하라'로 번역된 헬라어 '휘포탓소메나이'의 원형은 바울 서신에서 '복종하라'(엡5;25)고 번역된 '휘포탓소'(ὑποτάσσω)와 같다.

그는 그리스도인 부부 간의 올바른 도리를 말하면서 베드로전서 2장의 '성도들의 삶의 원칙'과 결부시킨다. 베드로전서 3장1절의 '이와 같이'는 2장13절을 염두에 둔 것이다.[111] "인간 위에 세워진 모든 제도를 주를 위하여 성도들이 순복"(벧전2;13)해야 하는 것과 같은 원리에서 아내도 남편에게 순복해야 한다는 것이다. 여기서 '인간 위에 세워 진 모든 제도'는 "인간들의 영역에서 하나님의 의지를 반영하는 질서를 대표하는 것"(A. Sand)이며,[112] "역사 속에 나타난 하나님의 간접 계시"(W. Pannenberg)라고 볼 수 있다.[113] 이는 "모든 권세는 하나님으로부터 왔다"(롬13:1)는 바울의 견해와도 합치되는 것이다.

> 아내된 자들아 이와 같이 자기 남편에게 순복하라 이는 혹 도를 순종치 않는 자라도 말로 말미암지 않고 그 아내의 행위로 말미암아 구원을 얻게 하려 함이니…… 전에 하나님께 소망을 두었던 거룩한 부녀들도 이와 같이 자기 남편에게 순복함으로 자기를 단장하였나니 사라가 아브라함을 주라 칭하여 복종한 것같이 너희가 선을 행하고 아무 두려운 일에도 놀라지 아니함으로 그의 딸이 되었느니라(벧전3:1, 5-6)

아내가 순복해야만 하는 이유를 베드로는 '그리스도인 아내의 순복하는 행위를 통

---

111) 『옥스퍼드 원어성경대전』, 베드로 전·후서, 202쪽.

112) 위의 책, 161쪽.

113) 박봉랑, 『교의학방법론 (2)』(대한기독교출판사, 1992), 184쪽.

해 남편을 구원하기 위해서'(벧전3:1)라고 한다. 그리고 구약시대의 '하나님께 소망을 두었던 거룩한 부녀'들도 남편에게 순복했음을 밝히고 그 중에서 특히 믿음의 조상 아브라함의 아내 사라를 예로 든다.(벧전3:6) 사라는 남편 아브라함을 '주'로 불렀는데(창18:12), 여기서 '주'(κύριος, 퀴리오스)는 인간이 하나님이나 그리스도를 부를 때, 또는 제국의 시민들이 황제를 부를 때나 노예가 주인을 부를 때 사용하는 용어이다.[114]

베드로는 사라가 아브라함에 대한 순종의 표시로 '주'로 부른 것을 예시하며, 성도들이 그리스도를 '주'라고 부르며 복종한 것처럼 그리스도인 아내들은 남편에게 복종해야 될 것을 권고하고 있다. 이렇게 순종하는 그리스도인 아내들은 '그(사라)의 딸'이 되었다(벧전3:6)고 표현했는데, 이는 사라의 반열에 들어감을 뜻하는 것으로 영적 이스라엘이 된다는 말이며, 나아가 하나님의 자녀가 되고 구원을 받는다는 말이다.[115]

남편들에게도 아내를 소유물로 여기던 당시 풍습에서 벗어나 하나님의 말씀을 따라 아내와 동거하고, 남자보다 신체적, 정서적 면에서 연약한 그릇인 아내를 구원의 놀라운 은혜를 함께 받을 자로 알고 '존경하는 마음으로 대접하라'(KJV, treat them with respect)고 명령한다. 이렇게 하지 않으면 영적으로 황폐한 마음 때문에 기도가 막힌다고 말한다.[116]

> 남편 된 자들아 이와 같이 지식을 따라 너희 아내와 동거하고 저는 더 연약한 그릇이
> 요 또 생명의 은혜를 유업으로 함께 받을 자로 알아 귀히 여기라(벧전3:7)

다. 아내의 복종과 남편의 의무

성경은 일관되게 가정에서 '아내는 남편에게 복종하라'고 명령한다. 이에 대한 근거를 성경에서 찾아보면 구약에서는 '남편이 아내를 다스릴 것이라'(창3:16)는 창세기의 말씀을 들 수 있다. 선악과 사건 이후 범죄한 하와에게 하나님이 직접 말씀하신 것으로 '남편이 지속적으로 아내를 다스리게 될 것을 예언'한 말이다.[117]

신약에서는 '아내는 남편에게 복종하라'(엡5:22, 벧전3:1)고 바울과 베드로 사도는 당부한다. 가정의 질서를 세우기 위해서는 통솔하고 주관하는 자가 있어야 하는데 남

---

114) 『옥스퍼드 원어성경대전』, 베드로 전 · 후서, 209-210쪽.

115) 위의 책, 210쪽.

116) 위의 책, 212-213쪽.

117) 『옥스퍼드 원어성경대전』, 창세기, 274쪽.

편이 아내의 머리로서 그 역할을 해야 한다고 권면한다. 이 때 아내는 교회가 그리스도께 하듯이(엡5:24), 사라가 아브라함을 주라 하듯이 남편에게 복종하라고 당부한다.

아내에게 '남편에게 복종'할 것을 명령한 것과 상응되게 남편에게도 이에 걸맞는 의무를 부과하였다. 바울은 남편들에게 "아내 사랑하기를 그리스도께서 교회를 위하여 자신의 목숨을 십자가에 내어준 것처럼 하라"(엡5:25), "아내를 자신의 몸처럼 사랑하라"(엡5:28)고 했다. 베드로도 "생명의 은혜를 유업으로 함께 받을 자로 알아 아내를 귀히 여기라"(벧전3:8)고 당부한다. 그 외에도 "부모를 떠나 그 아내와 합하여 그 둘이 한 육체가 되라"(엡5:31), "여자는 남편에게서 갈리지 말고 남편도 아내를 버리지 말라"(고전7:10-11), "여자가 남자에게서 난 것같이 남자도 여자로 말미암아 났으니 모든 것이 하나님에게서 났다"(고전11:12)고 하여 남편과 아내의 상호 평등적인 책임과 의무를 명시하였다.

이는 하나님이 최초로 만드신 가정이라는 조직체를 통하여 인류에게 준 최초의 명령 즉 "생육하고 번성하여 땅에 충만하라……모든 생물을 다스리라"(창1:28)는 문화명령을 수행하기 위함이라고 본다. 이를 위해서는 아내의 남편에 대한 복종과 출산의무, 아내에 대한 남편의 헌신과 가족 부양의무를 서로가 성실하게 지켜야 할 것이다.

(3) 여자의 머리는 남자

예수 믿는 사람들을 잡아 가두고 죽이는 일에 앞 장 서서 일하다가 부활한 예수를 만나고 열렬한 전도자로 변해 신약성경 27권 중 13권을 쓴 바울은 '여자의 머리는 남자'(고전11:3)임을 거듭 강조한다.

> 그러나 나는 너희가 알기를 원하노니 각 남자의 머리는 그리스도요 여자의 머리는 남자요 그리스도의 머리는 하나님이시라. 무릇 남자로서 머리에 무엇을 쓰고 기도나 예언을 하는 자는 그 머리를 욕되게 하는 것이요 무릇 여자로서 머리에 쓴 것을 벗고 기도나 예언을 하는 자는 그 머리를 욕되게 하는 것이니 이는 머리 민 것과 다름이 없음이니라(고전11:3-5) 남자는 하나님의 형상과 영광이니 그 머리에 마땅히 쓰지 않거니와 여자는 남자의 영광이니라. 남자가 여자에게서 난 것이 아니요 여자가 남자에게서 났으며 또 남자가 여자를 위하여 지음을 받지 아니하고 여자가 남자를 위하여 지음을 받은 것이니(고전11:7-9)

'남자가 여자의 머리'라는 용어 속에는 '중심되는 인물로서의 우두머리'란 의미를 내포하고 남자가 여자를 다스릴 권리가 있음을 나타낸다. 그러나 여기서의 머리는 절대 군주의 절대 복종을 요구하는 통치권적 차원의 문제가 아니라 존재론적 서열 문제이며, 권위와 복종의 측면에서 우선순위가 있다는 것이다.[118] 또한 머리인 남자에게는 권리만 있는 것이 아니라 다양한 의무가 있으며, 머리와 몸은 하나라는 것도 고려해야 할 것이다.

① 머리는 몸을 대표한다. 머리는 몸을 대표하므로 몸을 올바로 이끌고 다스려야 한다.(창2:18-24) 그리고 몸 전체의 잘·잘못에 대해 책임을 져야 한다.

② 머리는 몸을 돌보아야 한다. 머리는 몸을 보호하고 관리해야 할 의무가 있다.

③ 머리와 몸은 하나이다. 머리는 홀로 존재할 수 없으며, 홀로 존재하는 머리는 생명이 없는 것이다. 머리는 반드시 몸에 붙어 있다. 따라서 머리인 남자는 머리에게 영양을 공급하고 머리를 지탱해주는 몸의 다른 한 부분인 여자와 하나라는 인식을 항상 가져야 한다.

④ 머리인 남자도 여자로 말미암아 출생하였으므로 여자를 존중하여야 한다. "여자가 남자에게서 난 것같이 남자도 여자로 말미암아 났으니 모든 것이 하나님에게서 났느니라"(고전11:12) 말씀처럼 남자의 출생 근원이 여자이므로 남성도 여성을 귀하게 여기고 존중하여야 한다.

바울은 갈라디아서에서 기본적으로 남자나 여자 차별 없이 모든 인간은 예수 안에서 하나라고 강조한다. "너희는 유태인이나 헬라인이나 종이나 자주자나 남자나 여자 없이 다 그리스도 예수 안에서 하나이니라"(갈3:28)에서 보는 것처럼 세례를 통해 예수를 구주로 영접한 사람은 누구나 예수 안에서 하나의 공동체를 이루고 이 때의 '하나'(heis)는 완전히 동일한 상태를 의미한다. 교회 공동체 안에서 '하나'를 강조하는 바울이 고린도교회 성도들에게 '여자의 머리인 남자'를 주장하는 것은 첫째 영적 은사의 자랑, 예배 질서의 문란 등 고린도교회의 특수한 사정과 관련되어 있다고 본다.

---

118) 『옥스퍼드 원어성경대전』, 고린도전서 제10-16장, 125-126쪽.

(4) 여자는 교회에서 잠잠하라

바울은 고린도교회와 당시 에베소에서 목회사역을 수행하던 디모데에게 편지하면서 "여자는 교회에서 잠잠하라"고 당부한다.

> 모든 성도의 교회에서 함과 같이 여자는 교회에서 잠잠하라 저희의 말하는 것을 허락함이 없나니 율법에 이른 것같이 오직 복종할 것이요 만일 무엇을 배우려거든 집에서 자기 남편에게 물을지니 여자가 교회에서 말하는 것은 부끄러운 것이니라(고전 14:34-35)

바울은 디모데전서(2:11-12)에서도 여자는 교회에서 일체 순종함으로 종용(從容)히 배울 것과, 여자의 가르치는 것과 남자를 주관하는 것을 허락하지 않는다고 거듭 강조한다.

> 여자는 일절 순종함으로 종용(從容)히 배우라. 여자의 가르치는 것과 남자를 주관하는 것을 허락지 아니하노니 오직 종용할지니라(딤전2:11-12)

왜 바울은 여자는 교회에서 잠잠하라고 했을까? 그 이유를 창세기의 인간 창조와 선악과 사건을 사례로 들어 다음과 같이 두가지로 설명한다. 첫째는 아담이 하와보다 먼저 지음을 받았다는 것과(딤전2:13), 둘째는 아담이 꾀임을 보지 보지 아니하고 여자가 꾀임을 보아 죄에 빠졌기 때문(딤전2:14)이라고 말한다. 여성들에게 '교회에서 잠잠하라'고 한 것은 고린도교회와 디모데가 목회하던 에베소교회의 특수한 상황을 고려하여 당시 문화에 적응한 사례로 볼 수 있다. "무릇 여자로서⋯⋯기도와 예언을 하는 자는⋯"(고전11;5)고 한 것을 보면 고린도교회에서 여자의 모든 사역을 금지한 것은 아니라고 본다. 바울은 여자들에게 기도하고 예언하도록 격려하면서, 동시에 그들에게 잠잠하도록 하고 있는데, 이에 대한 이유를 윌리암스(D. Williams)는 "그것은 단지 그들의 집에서 남편에게 물어봐야 할 질문에만 관계된 것이다. 하지만 이 침묵은 한정적인 것이요 여자들도 성령의 감동 아래서 기도하고 예언해야 한다"고 말한다.[119]

복음이 전파함에 따라 교회가 설립되자 여자들도 남자들과 동등한 자리에 앉아서 진리의 교훈을 배울 수 있게 되었을 뿐만 아니라 성령의 은사에 따라 기도와 예언 등

---

119) D. Williams, "고린도교회에서의 여성의 지위" 『여성들을 위한 신학』, 이우정 편 (한국신학연구소, 1986), 146쪽.

을 할 수 있었고(고전11;2-4) 각종 행사와 활동에 참여할 수 있게 되었다. 그러나 이러한 여자들의 급격한 활동은 엄격한 가부장제에 익숙해 있던 유대인들로부터 비난을 사거나 심지어 교회내의 질서를 혼잡케 하는 결과를 초래하였다.[120]

에베소교회도 고린도교회와 비슷한 사정이 있는 것으로 본다. 미의 여신으로 숭배되었던 거대한 아프로디테의 신전이 있었던 에베소는 온갖 종류의 성적 방탕이 자행되었고,[121] 거짓말하는 자와 바른 교훈을 거슬리는 자(딤전1:10)들이 발호하는 등 이단사상이 성행하는 지역이었다. 크뢰거(Kroeger) 부부의 연구를 보면 아프로디테 신전이 있던 에베소 주변의 여러 이방 종교들은 '만물의 근원은 여성이며, 따라서 여신을 섬겨야 한다는 것과 여성들이 남자를 주관해야 한다'는 등의 교설을 퍼뜨렸다고 한다.[122] 사도 바울이 여성 활동에 대해 공적 예배를 중심으로 일단의 제동을 건 것은 이러한 당시 문화와 현지 교회의 사정이 있었던 것이다. 그리고 초대교회 당시 여성들은 교육을 받지 못하고 여인들의 지식수준이 매우 낮았음도 이유가 될 수 있다. 그 밖에도 곧 닥칠 "임박한 환난"(고전7:26)에 대비하여 신속한 대응체제와 강력한 통치체제 수립을 위해 집권적인 교회구조가 필요했을 것이며, 이단의 공격으로부터 교회 공동체를 결속시키고 발전시켜 나가려는 교회 지도자로서의 호교론적(護教論的) 의도도 있다고 본다.

(5) 기타 신약상의 여성차별 내용

가. 계보에서 여자 빠짐

신약에서도 여성의 인격이 무시되는 경우가 있다. 아브라함부터 시작되는 예수의 계보에서 여성은 특별한 사연이 있는 몇 사람을 제외하고는 모두 빠져 있다. 마태복음 1장에서 예수의 계보가 아브라함부터 시작된다. 아브라함부터 다윗까지 14대, 다윗부터 바벨론 이거할 때까지 14대, 바벨론 이거한 후부터 예수까지 14대, 도합 42대의 족보가 기술된다. 이 중에 여성은 시부와 동침한 다말, 기생 라합, 모압 여인 룻, 다윗이 간음한 우리야의 아내 밧세바, 예수의 모친 마리아만 기록되고 나머지는 모두

---

120) D. Williams, 125-126쪽.

121) 『옥스퍼드 원어성경대전』, 디모데전 · 후서, 56쪽.

122) 위의 책, 138쪽.

남자들이다(마1:1-17).

나. 인구조사에서 여자 빠짐

인구조사에서도 여성의 인격은 무시되었다. 오병이어의 기적에 참석하였던 사람들 중에 여자는 아이와 같이 취급되어 인격이 무시되어 계수에서 제외되었다.

> 떡 다섯 개와 물고기 두 마리를 가지사 하늘을 우러러 축사하시고 떡을 떼어 제자들
> 에게 주시매 제자들이 무리에게 주니 다 배불리 먹고 남은 조각을 열두 바구니에 차
> 게 거두었으며 먹은 사람은 여자와 아이 외에 오천명이나 되었더라"(마14:19-21)

5. 한국종교 교리와 성차별 이데올로기의 내재화

1) 한국종교 교리상의 성차별

앞에서 본 바와 같이 한국의 모든 종교의 교리에서 성차별적 내용이 나타난다. 남아선호사상, 여성 인격 무시 등은 네 종교에서 모두 대두되며, 불교, 유교, 기독교에는 특히 가부장제, 여필종부, 후사(後嗣) 중시사상이 공통적으로 나타난다. 성차별적 종교 교리는 여인오장설, "여자는 교회에서 잠잠하라" 등과 같이 당시의 여성차별 문화와 관련되어 있으며, 가부장제와 같이 왕권강화와 관련된 국가의 통치원리가 종교 규범으로 된 것도 있다. 이러한 성차별적 교리를 한 마디로 말하면 '남성 우월주의'이라고 할 수 있다.

종교가 문화에 영향을 미칠 뿐만 아니라 문화 또한 종교에 영향을 미치고 있다. 종교와 문화는 밀접하게 관련되어 있으나, 양자 사이에 완전한 일치도 있을 수 없고, 완전한 분리도 있을 수 없으며 상호 변혁적으로 영향을 미치고 있다. 앞에서 언급한 한국종교의 교리도 본질적 내용은 인간 구원에 있고 그 구원에는 남녀차별이 없다. 그러나 각 종교는 선교 목적과 종교 공동체의 통합·발전을 위해 당시 사회의 성차별적 문화를 완전히 무시할 수 없었으므로 교리 여러 곳에 타협한 내용이 보인다. 그리고 팔경법에서 보는 것처럼 결집과정에서 당초 교리의 왜곡 논란도 보인다. 따라서 종교 교리에 대한 해석학적 접근이 필요하다. 무교의 신화, 불교의 경전 등에 대한 역사 비평학적 접근 즉 전승비평, 편집비평 등을 통해 정경 여부에 대한 점검이 있어야 한다.

그 다음 경전이 씌어질 당시의 "삶의 자리"에 대한 이해가 필요하다. 경전이 쓰여진 당시와는 사람도 바뀌고, 시대도 2,000년 이상 지나고, 또 지역도 바뀐 상태다. 특히 팔경법, 여인오장설, 가부장제, 칠거지악, 삼종지도, '여자의 머리는 남자', '여자는 잠 잠하라' 등은 해석과 적용상의 신중함이 필요하다.

2) 성차별 이데올로기의 내재화 과정

위에서 본 바와 같이 한국 종교의 교리는 성차별적 내용을 가지고 있으며, 이 들은 사회화 과정을 통하여 성차별 이데올로기를 내재화한다. 내재화란 "마음이나 인격 내 부에 여러 가지 습관이나 생각, 타인이나 사회의 기준, 가치 등을 받아들여 자기 것으 로 하는 일"을 말한다. 버거는 내재화를 "행위자의 활동과는 전혀 다르게 형성된 실 재를 다시 흡수해서 객관적 세계의 구조로부터 주관적 의식의 구조로 변형시키는 과 정"이라고 한다.[123] 그는 "내재화는 사회화 과정을 거쳐서 형성되며, 이 사회화 과정 은 두 단계로 나누어진다"고 한다.[124] 1차적 사회화는 개인이 경험하는 최초의 사회 화이며 이를 통해 사회의 구성원이 된다.

> 개인이 이 정도의 내재화를 성취할 때에야 비로소 그는 사회의 구성원이 된다. 이것 이 야기되는 개체 발생적인 과정이 사회화이다. 따라서 사회화는 개인을 사회의 객관 적 세계나 사회의 부분으로 포괄적이고 일관성 있게 유도하는 것으로 정의될 수 있 다. 일차적 사회화란 개인이 어린 시절 경험하는 최초의 사회화이며 이를 통하여 아 이는 사회의 구성원이 된다.[125]

어린 아이는 중요한 타자의 역할과 태도를 받아들이고 그것을 자신의 것으로 만든 다. 이렇게 아이는 중요한 타자와 **동일시함**으로써 자신의 정체감(identity)을 밝힐 수 있다. 내재화는 오로지 동일시하는 과정이 일어날 때 발생한다.[126]

2차적 사회화는 이미 사회화된 개인을 객관적 세계의 새로운 부분으로 이끌어 들 이는 과정을 말한다. 2차적 사회화는 제도적, 혹은 제도에 근거를 둔 '하위세계들'의

---

123) P. L. Berger, 『종교와 사회』, 16쪽.
124) P. L. Berger and T. Luckmann, 『지식형성의 사회학』, 179쪽.
125) 위의 책, 179쪽.
126) 위의 책, 180쪽.

내면화이다. 그리고 **역할 위주의 지식의 습득**이라고 말할 수 있다.[127) 일차적 사회화는 아이가 중요한 타자와의 감정적으로 충만한 동일화 과정이 없이는 일어날 수 없지만 대부분의 이차적 사회화는 동일화 과정 없이도 발생할 수 있으며, 인간들 사이에 오가는 대화에 공감하는 약간의 상호적 동일화 과정만으로도 효과적으로 진행된다.[128)

이 내재화 과정은 종교 교리에서도 적용된다. 일차적 사회화에서 초신자는 생후 처음으로 종교 교리에 접하게 되며 이를 통해 종교 공동체의 구성원이 된다. 초신자는 종교 교리를 자신의 것으로 받아들이거나 종교 경전에 나오는 중요한 인물의 역할과 태도를 받아들임으로써 1차적 사회화가 형성된다. 이렇게 초신자가 교리 내용을 수용하거나 경전상의 중요한 인물과 동일시함으로써 자신의 정체감을 밝힐 수 있고 이를 반복함으로써 교리는 자신의 것으로 내재화된다. 2차적 사회화는 기독교의 세례를 사례로 들어 설명할 수 있다. 교회에 처음 들어온 사람은 일상적인 예배행위에만 참여하게 되나, 세례를 받기로 작정한 사람은 보통 6개월간의 학습을 받는다. 이 때의 학습은 일반 예배와 구별된 장소에서 목사 등 교회의 중요한 인물이 지도하게 되며 이 과정을 거치면 세례를 받게 된다. 이 6개월 과정에서 초신자는 기도하는 방법, 예배드리는 방법, 교회 구성원으로서의 책임과 의무 등 기독교의 새로운 역할을 배우게 된다. 성차별적 종교 교리도 이러한 사회화 과정을 통하여 성차별 이데올로기로 내재화된다. 신자가 성차별적 교리를 수용하거나, 경전상의 중요한 남성과 동일시하거나, 학습을 통해 성차별 내용을 배울 때 성차별 이데올로기는 자기 자신의 마음 속에 뿌리박히게 된다.

3) 성차별 이데올로기의 내재화와 남성중심 문화

앞에서 본 바와 같이 한국종교에는 남아선호사상, 여인오장설, 여필종부 등 많은 성차별적 교리를 포함하고 있는데, 이러한 성차별적 교리들은 모두 '남성 우월주의'를 담고 있다. 이 '남성 우월주의' 교리가 학습을 통한 사회화 과정을 거쳐 성차별 이데올로기로 내재화된다. 이 성차별 교리는 성차별 의례와 공동체 활동과 상호 유기체적 연관성을 맺고 있으며, 성차별 교리의 내재화는 성차별 의례의 외재화와 성차별

---

127) 위의 책, 188쪽.
128) 위의 책, 189쪽.

공동체 활동의 객체화를 포괄하는 넓은 의미를 지니고 있다. 따라서 성차별 교리에 의한 성차별 이데올로기의 내재화는 의례에 의한 성차별 이데올로기의 외재화와 공동체 활동에 의한 성차별 이데올로기의 객체화를 포함하고 있다. 이 성차별 이데올로기는 본 논문 제2장 3절 "이데올로기의 기능"에서 본 대로 성차별적 교리를 정당화하고, 이 규범을 유지하고 강화하는 등의 기능을 행한다.

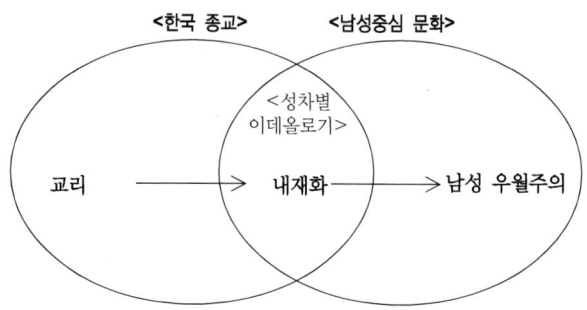

〈그림 12〉 성차별 이데올로기의 내재화와 남성중심 문화와의 관계

　이 성차별 이데올로기는 규범문화의 형성과정을 거쳐 한국의 남성중심 문화로 자리매김 되어진다. 이 남성우월 이데올로기를 지키고 준수해야 할 이유를 제시해주는 '정당화' 과정과 이 규범을 상벌로 '제재'하는 과정과 구성원 개개인에게 뿌리내리는 '내재화' 과정을 거치면서 남성우월주의 문화로 형성되어 간다. 이 때 교리는 규범문화 형성과정 모두와 관련이 있지만, 특히 '내재화'와 관련이 깊다. 이데올로기가 개개인의 마음 속에 뿌리내리는 것은 의례나 공동체 활동보다는 교리를 통한 학습이나 깨달음이 더 크다고 보기 때문이다.

　이러한 남성중심 문화가 형성되면 이 문화가 도리어 인간에게 영향을 미친다. 남성중심 문화는 성차별적인 문화를 정당화하며, 개인의 행동 양식과 세계관을 교시해 주며, 이 문화에 적응하도록 하는 기능을 행사한다.[129] 남성중심 문화가 형성되어 버리면 사회적 정당성을 확보하며, 그 문화로 사회 질서를 유지하여 사회 안정화 기능을 수행하게 된다. 이러한 바람직하지 못한 문화가 한번 형성되기에는 상당한 시간이 걸리지만, 한번 문화가 형성되어 버리면 변혁하는 데는 훨씬 더 많은 시간과 노력이 필요하다.

---

129) 본 논문 제2장 1절 중 "문화의 기능" 참조.

제 6 장

한국종교를 남성중심 문화
변혁의 기수로

한국사회는 아직도 남성중심 문화가 만연한 사회이며, 이 남성중심 문화를 조장하는데 한국의 종교가 영향을 미쳤다. 한국사회에서 여성의 지위는 최근에 호주제 폐지를 골자로 한『민법개정안』이 의결(2005. 3. 2)되고, 결혼한 딸에게도 종중 회원이 될 수 있다는 대법원 판결(2005. 7. 20)이 내려짐으로써 괄목할 만큼 상승되었지만, 아직도 남성중심의 문화는 가정·직장·사회에 잔존하고 있다. 가정에서는 남아선호사상이 여전하며, 여성 스스로 아들이 아니면 태아인 여성은 죽이겠다는 응답자가 전체의 1/4이 넘는다. 직장에서도 여성의 경제활동 참가율은 남성보다 매우 뒤떨어지며, 여성임금은 남성임금의 절반이 조금 넘는 실정이다. 여성의 사회진출도 매우 부진하여 상위직은 거의 다 남성들이 독점하고 있는 실정이다.『성매매특별법』시행(2004. 9.23) 이후 남성들의 집창촌 성매매는 줄었지만, 노래방, 마사지 업소, 인터넷 성매매와 국외 원정 성매매가 확산되는 '풍선효과'가 여실히 드러나고 여성의 고귀한 성을 돈으로 사고자 하는 남성중심의 성(性) 문화는 여전히 기승을 부리고 있다.『성차별에 대한 인식조사』에서는 사회생활과 직장생활에서 '성차별이 있다'가 약 70%에 달하고 있으며, '남녀평등지수'(GDI)와 '여성권한척도'(GEM)도 하위에 머물러 한국의 세계 13위의 GDP 규모에 비하면 매우 뒤떨어진 실정이다. 이와 같은 성차별적인 남성중심 문화는 현재 국가적 과제로 대두되고 있는 저출산의 원인이 되기도 한다. 세계 최저수준의 저출산의 한 원인으로 "여성에 대한 사회적 차별 지속"을 들면서, 직장생활과 사회생활에서의 성차별은 일에 대한 헌신도가 높은 여성들에게 결혼이나 출산을 연기하거나 기피하게 만든다고 지적한다.

이러한 한국사회의 남성중심 문화를 조장하는 데 한국의 무교, 불교, 유교, 기독교가 상당한 영향을 미쳤다. 각 종교는 의례·공동체·교리를 통하여 성차별적 내용을 학습하고, 표현하고, 정당화시켰다. 한국의 무교, 불교, 유교, 기독교는 각각 부락제에서의 남성주도, 수계의례에서의 여성차별, 제례에서의 여성배제, 출생의례에서의 성차별과 같이 여성참여를 제한하는 의례를 가졌으며, 한국종교의 공동체 활동은 승직(僧職)에서 여승 제외(불교), 내외법(유교)과 여성안수 배제(기독교) 등 남성이 직무를 독점함으로써 여성을 차별하였다. 또한 한국종교의 교리는 남성중심의 신화체계, 여인오장설, 가부장제, "여자는 교회에서 잠잠하라"와 같은 남성우월적인 내용을 가졌다.

여성 참여를 제한하는 의례를 통해 성차별 이데올로기는 외재화되고, 신자 개개인의 활동과는 독립된 실재로서 종교 구성원들에게 강력한 통제력을 발휘하는 남성 독점적 공동체 활동을 통하여 성차별 이데올로기는 객체화되고, 남성우월적 내용으로 여성을 차별하는 교리는 학습이라는 사회화 과정을 통하여 성차별 이데올로기가 내재화된다. 이렇게 형성된 성차별 이데올로기는 규범문화의 형성과정인 ① 정당화 ② 제재(制裁) ③ 내재화 단계를 거침으로써 남성들의 기득권 유지를 위한 **참여 제한주의**(의례)·**직무 독점주의**(공동체)·**남성 우월주의**(교리)라는 이기적인 남성중심 문화로 고착화된다. 이 때 규범문화의 형성과정은 종교의 구성요소 모두와 연관성을 갖고 있는데, 특히 '정당화'는 의례와, '제재'는 공동체와, '내재화'는 교리와 관련을 맺고 있다.

한국종교가 남성중심 문화를 조장한다는 논지에 치중하였기 때문에 이 책은 몇가지 **한계**를 지니고 있다. 첫째 한국종교가 내포한 양성평등적 내용을 기술하지 못한 점이다. 각 종교는 '모든 중생은 불성을 가지고 있다'(一切衆生 悉有佛性),'아내를 네 몸과 같이 사랑하라'와 같은 남녀평등의 내용을 담은 수많은 교리가 있고, 이를 의례와 공동체 활동을 통하여 실천하고 있지만, 본 논문에서는 이를 다루지 못하였다. 둘째 각 종교별로 남성중심 문화형성에 얼마나 영향을 미쳤는지를 밝히지 못하였다. 각 종교는 시대별로 역할이 다르고 한국의 남성중심 문화의 형성에 미친 영향의 정도도 다 다르다. 무교는 굿의 주관자로 여성인 무당이 남성인 무격(巫覡)보다 많은'여성의 종교'라고 불리기도 하며, 조선시대의 불교는 남성중심적인 유교의 박해를 피하여 여성들이 주로 믿었으며, 기독교도 개화기에 일부일처제를 권장하고 남녀평등 교육을 시행하였다. 이러한 본 연구의 부족한 면에 대해서는 앞으로 계속적인 연구가 필요하다고 본다.

이 책을 마무리하면서 몇 가지 **제언**을 하고 싶다. 우리가 살고 있는 21세기는 정보화사회이며 무한경쟁 사회이다. 이 21세기도 **인간과 문화와 종교**가 주도하는 사회가 될 것이다. 정보통신기술의 발달은 단선적 관계의 연속인 라인워크(linework) 시대를 공간화·다양화가 특성인 네트워크(network) 시대로 변화시켰고, 이 네트워크 시대의 핵은 최고의 능력을 발휘하는 '프로'(professional)인 인간이며, 이 시대의 기본요소는 인간 사이의 신뢰이다. 또한 21세기는 문화의 세기이다. 문화 창조력이 국부를 창조하는 근원이 되므로, 이기적·차별적인 약문화(弱文化)로는 치열한 21세기의 문화전쟁에서 살아남을 수 없다. 문화전쟁에서의 패배는 정치·경제·사회에서의 패배로 이어지고, 이는 곧 후진국으로의 전락을 의미한다. 그리고 종교는 21세기에도 문화를 형성하고 변화시키는 핵심적인 요소로 활약하며, 사회를 통합·통제·변형시키는 사회적 기능을 행할 것이다. 증대되어가는 미래의 불확실성과 궁극적 문제에 대한 해결책을 제시해 주므로 21세기에도 종교는 여전히 제 기능을 발휘할 것이다. 이 세 가지 정보화사회의 핵심 요소가 상호 협력·보완하여 시너지(synergy)효과를 발휘해야 하지만 한국사회는 그렇지 못하다. 한국 인구의 절반인 여성은 성차별로 인해 자신의 능력을 제대로 발휘하지 못하고, 한국문화는 남성중심 문화가 만연하고 있으며, 한국종교는 여전히 성차별적 교리·의례·공동체를 통하여 성차별 이데올로기를 양산하고 있다.

이러한 문제를 해결하기 위하여 첫째 한국 여성의 능력을 최대한 발휘할 수 있도록 사회 여건을 마련해 주어야 한다. 한국은 앞으로 10년 이내에 세계 10대 선진국에 진입하지 못하면 선진국 진입이 불가능할 것이라는 예측이 나오는 가운데, 인력의 규모와 질에 비해 활용도가 저조한 여성인력을 선진국 수준인 68%까지 활용해야 하며, 또 65세까지 일해야 함을 제안하고 있다.(삼성경제연구소, 2005) 여성 스스로도 '프로' 정신을 갖고 능력을 최대한 발휘해야 하지만, 사회도 여성들을 적극 도와야 한다. 여성들이 가정과 직장, 출산과 직무를 조화시켜 자신의 능력을 최대한 발휘할 수 있도록 남편 뿐만 아니라 가족과 국가도 협력해야 하며, 국가와 모든 국민은 성차별적인 사회구조를 개선하는데 적극 나서야 한다.

둘째 한국의 남성중심 문화에 대한 변혁이 있어야 한다. 어느 한 성(性)이 완전무결하다는 것은 있을 수 없고, 남성과 여성이 상호 의존하고 보완할 때 온전한 능력이 발휘된다. 남성들의 기득권 옹호를 목적으로 한 이기적이고, 차별적인 남성중심 문화를 이타적인 '더불어 사는 문화'로 변혁해야 한다. 한국의 남성중심 문화를 변혁하려면 이 문화에 영향을 미치는 '성차별 이데올로기'를 제거해야 하며, 또한 이 이데올로기에 결정적인 영향을 미치는 한국 종교에 대한 이해가 앞서야 한다. 그리고 각 종교와 성차별 이데올로기가 어떻게 연관되어 있는지를 파악해야 한다.

셋째 한국의 성차별적인 종교문화도 바뀌어야 한다. 한국종교도 이제 인류구원이라는 본래 목표에 충실하여 성차별적 의례, 공동체, 교리에서 벗어나야 한다. 인간관과 세계관의 형성에 지대한 영향을 미치며, 한국의 남성중심 문화에도 영향을 미친 종교는 이제 차별을 철폐하고 여성을 포함한 모든 인간을 귀히 여기고 사랑해야 한다. 한국의 성차별적인 종교문화를 개선하기 위해 구체적으로 세 가지를 제안하고자 한다<그림13>.

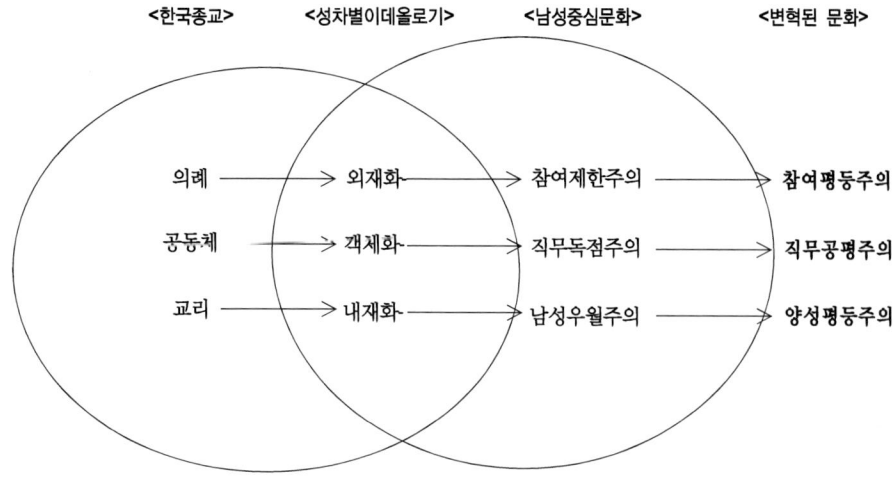

| <한국종교> | <성차별이데올로기> | <남성중심문화> | <변혁된 문화> |

의례 ──→ 외재화 ──→ 참여제한주의 ──→ **참여평등주의**

공동체 ──→ 객제화 ──→ 직무독점주의 ──→ **직무공평주의**

교리 ──→ 내재화 ──→ 남성우월주의 ──→ **양성평등주의**

〈그림 13〉 남성중심 문화와 변혁된 문화와의 관계

　　여성참여를 제한하는 의례는 '**참여 평등주의**'로 바뀌어야 되고, 여성성직 제한 등 남성이 직무를 독점하는 공동체는 '**직무 공평주의**'로 변혁되어야 한다. 성차별적인 교단 헌법·교황제도·안수제도 등은 과감하게 개혁되어야 한다. 그리고 남성우월주의에 물든 교리는 '**양성평등주의**'로 바꿔져야 하며, 교리해석상의 스펙트럼을 인정하고, 종교문화의 다양성도 인정해야 한다. 그리하여 남녀차별의 선두가 종교가 아니라 인류 평등의 선두가 바로 종교라고 말할 수 있어야 한다.

　　넷째 종법제의 강화를 위해 조선시대 때 강제로 없애버린 남귀여가제(男歸女家制) 도입을 적극 권장해야 한다. 남귀여가제는 조선시대에 종법제를 강화하기 위하여 친영제도를 도입하면서 권력의 힘으로 없애버린 우리 고유의 결혼제도이다. 지금 한국은 세계 최저수준의 출산률과 세계 최고수준의 고령화로 심각한 고민에 빠져 있다. 현재의 출산수준으로 2050년이 되면 생산가능인구(15-64세) 1.4인이 노인(65세 이상) 1인을 부양해야 하며, 2100년이 되면 한국인구는 현재의 1/3로 감소될 것이다. 가정에서의 여성 지위상승과 사위를 '백년 손님'으로 여기는 한국문화에 부응하여, 딸이 부모를 모시고, 부모가 딸의 자녀를 보살펴 준다면 국가적 과제도 해결하고 더 나아가 한국의 가족제도를 세계에 자랑할 수 있을 것이다.

《참고문헌》

1. 국내 도서

1) 단행본

강돈구 등.『현대한국종교의 역사이해』. 한국정신문화연구원, 1997.

강주헌.『계집팔자 상팔자? 우리 말에 나타난 성차별 구조』. 고려원, 1995.

교육과학기술부.『2009년 교육통계연보』. 교육과학기술부, 2010.

국회도서관.『성매매 : 현황, 쟁점, 대책』. 국회도서관, 2003.

국회사무처.『입법연구논문집 2002』. 국회사무처 의사국, 2002.

_____.『입법연구논문집 2001』. 국회사무처 의사국, 2001.

국회사무처 법제실.『직장 성희롱에 대한 형사법적 대응』. 법제실, 2001.

국회여성위원회.『2002년도 여성정책현안』. 2002.

_____.『탈성매매 및 재유입 방지방안 연구』. 2004.

국회여성특별위원회.『2001년도 현안분석집』. 2001.

_____.『저출산시대의 여성정책』. 2001.

권영성.『헌법학원론』. 법문사, 2004.

한국여성개발원.『여성과 성차별』. 한국여성개발원, 1986.

금장태.『유교의 사상과 의례』, 예문서원, 2000.

_____.『유학사상과 유교문화』. 한국학술정보, 2001.

기독지혜사.『관주톰슨성경』. 기독지혜사, 1984.

_____.『톰슨 2 주석성경』. 기독지혜사, 1988.

김경동.『현대의 사회학』. 박영사, 2002.

김경애.『성과 사랑의 시대』. 학지사, 2004.

김경재.『문화신학 담론』. 대한기독교서회, 1998.

_____.『토착화와 해석학』. 대한기독교출판사, 1997.

_____.『해석학과 종교신학』. 한국신학연구소, 1997.

김경희.『양성평등과 적극적 조치』. 푸른사상, 2004.

김동일 편저.『성의 사회학』. 문음사, 2003.

김량선.『한국기독교해방십년사』. 대한예수교장로회총회, 1956.

김병서.『한국사회와 개신교』. 한울, 1995.

김성건.『종교와 이데올로기』. 민영사, 1991.

김성익, 주재선. 『지역 여성통계 2004』. 한국여성개발원, 2004.

김숙자 외. 『성차별 의식구조의 형성배경과 표현양태』. 여성가족생활연구소, 2000.

김승권 외. 『'저출산·고령화'의 경제사회적 파급효과와 정책적 대응방안』. 국회 예산결산특별위원회, 2004.

김승혜 편. 『종교학의 이해』. 분도출판사, 1985.

김영수 역해. 『논어』. 일신서적, 1997.

김영한. 『한국기독교 문화신학』. 성광문화사, 1995.

김원홍, 김민정. 『정당의 후보공천과 여성의 대표성 확보방안』. 국회여성위원회, 2002.

김은경. 『성착취 목적의 인신매매 현황과 법적 대응방안』. 한국형사정책연구원, 2002.

김종명. 『한국 중세의 불교의례』. 문학과 지성사, 2001.

김주환 외. 『디지털시대와 인간존엄성』. 나남출판, 2001.

김철수. 『헌법학개론』. 박영사, 2004.

김혜연. 『한국문화와 기독교』. 성지출판사, 2000.

김현선. 『전국 성매매 피해여성 실태조사』. 한국여성단체연합, 2002.

김현웅. 『기독교와 문화』. 전주대출판부, 1997.

김휴종. 『디지털사회의 키워드』. 삼성경제연구소, 2000.

김홍영 외. 『법여성학』. 형설출판사, 2003.

노동부 편. 『노동백서, 2003』. 노동부, 2003.

_____. 『여성과 취업, 2003』. 노동부, 2003.

대구여성회. 『성매매피해여성의 인권보호방안 마련을 위한 토론회 자료』, 2002.

대한예수교장로회 총회. 『헌법』. 총회출판부, 2004.

류승국, 류정동 외. 『유학원론』. 성균관대출판부, 1978.

리영자, 『불교와 여성』. 민족사, 2001.

매일경제신문사. 『우먼코리아 보고서』. 매일경제신문사, 2001.

문화체육부 종무실. 『한국종교의 의식과 예절』. 문화체육부, 1995.

민무숙 외. 『국공립대 여성교수 채용목표제 도입방안에 관한 연구』. 교육인적 자원부, 2001.

박봉랑. 『교의학방법론 (1)』. 대한기독교출판사, 1992.

_____. 『교의학방법론 (2)』. 대한기독교출판사, 1992.

박영창. 『저출산 관련 정책평가 및 입법과제』. 한국법제연구원, 2005.

_____. 『한국의 성매매실태 및 향후 개선과제』. 『여성위원회 현안분석집』. 국회 여성위원회, 2002.

박숙자 외. 『국회공무원의 남녀평등의식에 관한 연구』. 『입법연구논문집』. 국회사무처 의사국. 2002.

박재환. 『사회갈등과 이데올로기』. 나남, 1992.

박종성. 『한국의 매춘』. 인간사랑, 1994.

백도수. 『대장경에 나타난 여성불교』. 불교여성개발원 연구교육위원회, 2001.

범선균 역해. 『맹자』. 혜원출판사, 1997.

법원행정처. 『사법연감』. 2002.

변화순·황정임. 『산업형 매매춘에 관한 연구』. 한국여성개발원, 1998.

부경대 인문사회과학연구소. 『디지털시대의 신풍경』. 푸른 사상사, 2004.

삼성경제연구소. 『매력 있는 한국(총론)』. 삼성경제연구소, 2005.

새움터. 『경기도지역 성매매 실태조사 및 정책대안 연구』, 2002.

서광선. 『기독교신앙과 신학의 반성』. 이대출판부, 1995.

서울특별시.『통계로 보는 서울 여성』. 정보화기획단, 2004.

송인규.『평신도신학 1』. 홍성사, 2001.

송호근.『한국, 무슨 일이 일어나고 있나』. 삼성경제연구소, 2003.

_____.『한국, 어떤 미래를 선택할 것인가』. 북21, 2005.

_____. 편.『한국사회의 연결망 연구』. 서울대출판부, 2004.

_____. 편.『한국사회 이해의 새로운 패러다임』. 나남출판, 2004.

성서교재간행사.『그랜드 성경주석 1』. 1995.

신영숙.『한국가부장제의 사적 고찰』.『여성, 가족, 사회』. 열음사, 1991.

엄묘섭.『문화사회학』. 대구가톨릭대출판부, 2001.

엄호성.『청소년 성매매 실태조사보고서』. 국회 엄호성의원실, 2003.

여성부.『성매매 방지대책 연구』. 2001.

_____.『성매매 방지를 위한 국외대안 사례연구』, 2001.

_____.『성매매관련 국민의식 조사』. 2001.

_____.『성매매실태 및 경제규모에 관한 전국조사』. 2002.

_____.『성산업 구조 및 성매매 실태에 관한 연구』, 2002.

_____.『여성백서 2002』. 여성부 정책총괄과, 2003.

_____.『2003년 주요사업 설명자료』, 2002. 10.

_____.『탈성매매를 위한 사회복귀지원 프로그램 연구』, 2002.

오경환.『종교사회학』. 서광사, 1990.

오태환.『종교와 철학』. 경성대출판부, 1996.

윤덕경·박현미·장영아.『미성년여성 성매매 관련법제의 시행실태와 과제』.
_____. 한국여성개발원, 2002.

유동식.『민속종교와 한국문화』. 현대사상사, 1978.

유동식.『풍류도와 한국신학』. 전망사, 1992.

_____.『풍류도와 한국의 종교사상』. 연대출판부, 1997.

_____.『한국 무교의 역사와 구조』. 연대출판부, 1975.

_____.『한국종교와 기독교』. 대한기독교서회,

_____.『한국종교사상사』. 연세대출판부,

유재신.『불교와 기독교의 비교연구』. 대한기독교출판사, 1980.

윤승용.『현대 한국종교문화의 이해』. 한울, 1997.

윤이흠.『한국인의 종교』. 정음사, 1987.

_____.『한국종교연구. 권1』. 집문당, 1986.

윤후정, 신인령.『법여성학 : 평등권과 여성』. 이대출판부, 2001.

이가원, 허경진.『詩經新譯』. 청아출판사, 1991.

이광규.『문화인류학개론』. 일조각, 1980.

이기정 편,『중요 교리. 전례. 용어해설』. 가톨릭출판사, 1977.

이능화.『조선무속고』. 한국문화인류학회, 1968.

이득재.『가부장제국 속의 여자들』. 문화과학사, 2004.

이만열.『한국기독교와 민족의식』. 지식산업사, 1992.

_____.『한국문화와 기독교』.『한국교회와 사회』. 나단, 1989.

이민수 편.『사서오경입문』. 홍신문화사, 1994.

이상은.『유학과 동양문화』. 범한도서, 1986.

이상진. 이지한 해역. 『서경』. 자유문고, 2004.

이상훈. 『문화로 엿보는 그리스도 예수로 바라보는 문화』. 대한기독교서회, 2003.

_____. 『신학적 문화비평, 어떻게 할 것인가?』. 한국정신문화연구원, 2005.

이상훈. 강돈구 등, 『한국개신교 주요교파 연구(1)』. 한국정신문화연구원, 1998.

이영애, 『현대 여성학의 이해』, 법문사, 2003,

이원규. 『종교사회학의 이해』. 나남출판, 2003.

_____. 『종교사회학 : 이론과 실제』. 한국신학연구소, 1991.

_____. 『한국교회 무엇이 문제인가?』. 감신대출판부, 1998.

_____. 편저. 『한국교회와 사회』. 나단, 1989.

이용교. 『디지털 복지시대』. 인간고 복지, 2004.

이우정 편. 『여성들을 위한 신학』. 한국신학연구소, 1986.

이은선. 『한국여성 조직신학 탐구』. 대한기독교서회, 2004.

이은영. 『법여성학 강의』. 박영사, 2004.

이현종. 『한국의 역사』. 대왕사, 1983.

이홍. 『한국사회 심층탐험』. 월간조선사, 2004.

인구보건복지협회. 『2010 세계인구현황보고서』(한국어판). 인구보건복지협회, 2010.

임희섭 외. 『한국의 문화변동과 가치관』. 나남출판, 2002.

장병길 등. 『한국종교사상』. 태학당

장석만 외. 『종교 다시 읽기』. 청년사, 1999.

전경수. 『문화시대의 문화학』. 일지사, 2000.

_____. 『문화의 이해』. 일지사, 1999.

전병유 외. 『디지털경제와 인적자원』. 한국노동연구원, 2001.

정보통신부. 『21세기 지식정보 강국을 향하여』. 정보통신부, 2003.

정재황. 『판례 헌법』. 길안사, 1996.

정진일. 『철학개론』. 박영사, 1997.

정진홍. 『종교문화의 인식과 해석』. 서울대출판부, 1996.

_____. 『한국종교문화의 전개』. 집문당, 1986.

정해경. 『섹시즘 남자들에 갇힌 여자』. 휴머니스트, 2003.

제자원. 『그랜드 종합주석 2』. 성서교재간행사, 1996.

_____. 『옥스퍼드 원어성경대전』 각 권. 성서교재, 2003.

조국. 『성매매, 새로운 법적 대책의 모색』. 사람생각, 2004.

조배숙. 『성매매방지법 더 이상 미룰 수 없다』. 조배숙의원실, 2002.

진영석. 『종교사회학』. 자유출판사, 1998.

채필근. 『철학과 종교의 대화』. 대한기독교서회, 1993.

천화숙. 『한국 여성 기독교 사회운동사』. 혜안, 2000.

최준식 『한국의 종교, 문화로 읽는다(무교, 유교, 불교)』. 사계절, 1999.

_____. 『한국의 종교, 문화로 읽는다(도교, 동학, 신종교)』. 사계절, 2000.

통계청. 『통계청, 경제활동 인구조사』. 통계청, 2010.

_____. 『2002년도 사회통계조사보고서』. 2003.

_____. 『2010 통계로 보는 여성의 삶』. 2010.

_____. 『혼인·이혼 통계』. 통계청, 2010.

통계청 편. 『한국의 사회지표, 2002』. 통계청, 2002.

한국갤럽조사연구소. 『한국인의 종교와 종교의식』. 2004.

한국기독교사연구회. 『한국기독교의 역사 1. 2』. 기독교문사, 1990.

한국문화신학회 편. 『한국종교문화와 그리스도』. 한들, 1996.

_____. 『한국종교문화와 문화신학』. 한들, 1998.

한국비구니연구소. 『비구니와 여성불교』1권-4권. 한국비구니연구소, 2003.

한국여성개발원. 『도표로 보는 여성통계 2003』. 한국여성개발원, 2003.

_____. 『여성통계연보 2003』. 한국여성개발원, 2003.

한국여성학연구회 편. 『여성학의 이해』. 경문사, 2001.

한국여성연구소. 『여성학의 이론』. 동녘. 2000.

한국정신문화연구원. 『한국문화의 진단과 21세기』. 1994.

한국종교연구회, 『세계종교사 입문』. 청년사, 1998.

한국종교연구회 편. 『종교 다시 읽기』. 청년사, 1999.

한미라. 『여자가 성서를 읽을 때』. 대한기독교서회, 2002.

행정자치부. 『여성과 공직』. 행자부 여성정책담당관실, 2002.

_____. 『2002년도 통계연보』. 2003.

허영. 『한국헌법론』. 박영사, 2000.

홍정식. 『불교입문』. 신흥출판사, 1976.

황선명. 『종교학개론』. 종로서적, 1982.

황필호. 『한국무교의 특성과 문제점』. 집문당, 2002.

2) 논문

강정희. 『비구니율에 나타난 불교의 여성교육관』. 석사학위논문. 동국대대학원, 1983.

권오문. 『불교의 성차별 논쟁』. 『월간 금강 』230호. 월간금강사, 2004.

김경희. 『남녀고용 평등과 적극적 조치의 정치』. 박사학위논문. 이화여대대학원, 2000.

김명자, 박수선. 『미혼 성인남녀의 섹슈얼리티에 관한 기초연구』. 『대한가정학회지』195호. 대한
가정학회, 2004.

김엘림. 『1080년대 이후 여성입법운동의 전개와 성과』. 『여성이론』10호. 여성문화이론연구소, 2004.

김영남. 『이슬람 사회제도의 여성문제에 관한 연구』. 박사학위논문. 이화여대대학원, 2004.

김윤선. 『1920년대 한국소설에 나타난 성담론 연구』. 박사학위논문. 고려대대학원, 2001.

김윤성. 『여성과 종교에 관한 근대적 담론의 한계와 효과』. 『종교와 문화비평』1호. 2002.

김정희. 『생명여성주의의 존재론적 탐구:반야불교와 노자의 '마음'개념에 기초한 신 인간형의 모
색』. 박사학위논문. 이화여대대학원, 1998.

김종서. 『한국문화와 종교』. 『종교연구』3집, 1987.

김종휘. 『청소년 성매매의 실태와 분석』. 『형사정책』13호, 2001. 12.

김주영. 『성산업의 유형별 분류와 실태』. 『수사연구』211호, 2001. 5.

김지경. 『성차별 경험이 여성의 사회적 정체감에 미치는 영향』. 박사학위논문. 연세대대학원,
2002.

김혜영. 『성문화의 역사적 고찰』. 『부산여대 여성연구』4집, 1993.

도재선. 『가톨릭교회의 여성 직무에 관한 고찰』. 석사학위논문. 서강대대학원, 1998.

또 하나의 문화 동인들.『지배문화 남성문화 』제4호. 또 하나의 문화, 2000.1.

박석정.『청소년 대상 성범죄에 관한 연구』. 박사학위논문. 한양대대학원, 2003.

박영례.『성차별의 정당화 장치로서의 종교제의에 대한 연구』.『종교학연구』5호. 서울대종교학
　　　연구회, 1985.

박영창.『성매매 실태와 방지대책』,『국회보』제430호. 국회사무처, 2002.

_____.『한국사회의 남성중심 문화에 대한 종교사회학적 고찰』박사학위논문. 한국학중앙연구원
　　　한국학대학원, 2006.

박윤정.『한국 여성복지정책의 문제점과 개선방안』. 박사학위논문. 대구대대학원, 2004.

백도근.『유교의 여성관』.『현대와 종교』23호. 현대종교문화연구소, 2000.12.

손덕수.『서양에서의 성차별인식』.『여성문제연구』18호. 효성여대 한국여성문제연구소, 1990. 8.

손석조.『로마 가톨릭교회의 敎階제도에 대한 고찰』. 석사학위논문. 전남대대학원, 1995.

손승영.『우리나라 성매매 정책의 비판적 고찰』.『동덕여성연구 』6호. 동덕여자대학교, 2001. 12.

송강현주.『성매매없는 세상』.『사회진보연대 』27호, 2002. 7 · 8.

신경수.『노동시장에서의 성별 직종분절화현상과 임금격차에 관한 연구』. 박사학위논문. 동국대
　　　대학원, 2003.

신동원.『삼국유사 단군신화에 나타난 한국인의 종교성에 대한 종교사회학적고찰』. 석사학위논
　　　문. 감신대대학원, 1998.

신성현.『율장에 나타난 남녀차별의 문제』.『비구니와 여성불교』2-1호. 한국비구니연구소, 2003.

안상님.『성차별과 여성신학의 과제』. 석사학위논문. 이화여대대학원, 1988.

엄판호.『남녀고용평등권에 관한 연구』. 박사학위논문. 경남대대학원, 1999.

유동철.『노동시장의 장애인 차별 영향분석』. 박사학위논문. 서울대대학원, 2000.

유옥란.『한국의 산업화와 성별격차의 변화』. 박사학위논문. 숙명여대대학원, 1999.

이상훈.『종교와 문화의 상관성에 관한 신학적 시론』.『정신문화연구』23권3호. 한국정신문화연
　　　구원, 2000.

이숙인.『여성윤리관 형성의 연원에 관한 연구』.『유교사상연구』, 2003.

이순구.『조선초기 종법의 수용과 여성지위의 변화』. 박사학위논문. 한국정신문화연구원 한국학
　　　대대학원, 1995.

이영숙.『성매매 피해여성 국가가 책임져야 한다』.『시민과 변호사』126호.서울지방변호사회,
　　　2004.

이원규.『종교사회학적 관점에서 본 교회여성의 교회생활과 여성의식, 사회의식』.『신학과 세계』
　　　45호. 감신대학교, 2002.

이은선.『한국종교문화사 전개과정에서 본 한국여성 종교성 탐색』.『한국사상사학』21집. 한국사
　　　상사학회, 2003.

이정숙.『한국 개신교 여교역자의 인권』.『아시아 여성연구』제42집. 숙명여대 아시아 여성연구
　　　소, 2003. 12.

이정은.『성매매 근절주의에 표류하는 집결지 프로젝트』.『말』225호. 말, 2005.3

_____.『성매매방지법에 비친 오늘』.『말』220호. 말, 2004. 10.

이정희.『교황국가의 기원과 성립』. 박사학위논문. 경북대대학원, 1991.

이종철.『한국 성신앙연구 : 한국인의 성표상과 의미에 관한 연구』. 박사학위논문. 영남대대학원,
　　　2001.

이창숙.『인도불교의 여성 성불사상에 대한 연구』. 박사학위논문. 동국대대학원, 1994.

임찬영.『한국근로자의 직종선택과 성별 임금 격차』. 박사학위논문. 숭실대대학원, 2001.

장필화, 조형.『한국의 성문화 -남성 성문화를 중심으로-』.『여성학논집』제8권. 이대 한국여성연
　　　구소, 1992.
전광선.『고대 이스라엘 종교연구에 대한 종교사회학적 이해』. 석사학위논문. 서울대대학원, 2002.
전해주.『한국 비구니 승가의 현황과 방향』.『종교교육학연구』제8권. 한국종교교육학회, 1999.
정성하.『종교와 문화의 상관성에 관한 선교신학적 고찰』. 박사학위논문. 한국정신문화연구원 한
　　　국학대학원, 2004.
조 국.『2004년 성매매처벌특별법 제정의 의의』.『시민과 변호사』126호. 서울지방변호사회,
　　　2004.7.
조이여울.『죽은 소녀의 일기장』.『말』220호. 말, 2004.10.
최영애.『성문화의 한국적 현상을 진단한다』.『교육개발』, 1996.
최준혜.『한국의 남녀 임금격차 분석』. 박사학위논문. 건국대대학원, 2000.
Bommer, J. 정한교 역.『여성사제론』.『사목』50호, 1977/3-4.

2. 국외도서

Allen, C. Leonard.; Hughes, Richard. T.; and Weed, Michael. R.『세속교회』. 권순택 역. 그리스도신학
　　　대학출판부, 1996.
Beach, Waldo. *Christian Ethics in the Protestant Tradition*. Atlanta: John Knox Press, 1988.
Bellah, Robert N. "Religious Evolution". *American Sociological Review* 29(3), 1964.
Berger, Peter L. *Invitation to Sociology*. Garden City: Doubleday,1963.
　　　.『종교와 사회』. 이양구 역. 종로서적, 1982.
Berger, Peter L and Thomas Luckmann. *The Social Construction of Reality*. New york: Anchor Books, 1966.
　　　.『지식형성의 사회학』. 박충선 역. 홍성사, 1982.
Biesanz, M. H. and J. Biesanz, *Introduction to Sociology*. Englewood Cliffs, N. J.: Prentice-Hall, 1973.
Calvin, John.『기독교강요 下』. 김종흡 외 역. 생명의말씀사, 1994.
Carmody, Denise L.『여성과 종교』. 강돈구 역. 서광사, 2001.
Cochrane, Charles N.『기독교와 고전문화』. 이상훈, 차종순 역. 한국장로 교출판사, 1996.
Comstock, W. R.『종교학』. 윤원철 역. 전망사, 1983.
Crehan, Kate.『그람시·문화·인류학』. 김우영 역. 길, 2004.
Dallet, Charles.『한국천주교회사 上』. 최석우, 안응렬 역 . 왜관 :분도출판사, 1979.
Davis, Kingsley. *Human Society*. New York: Macmillan Co, 1948.
Dawson, Christopher.『기독교문화와 현대문명』. 홍치모 역. 성광문화사, 1979.
Deuchler, Martina.『한국사회의 유교적 변화』. 이훈상 역. 아카넷, 2003.
Durkheim, Emile. *The Elementary Forms of the Religious Life*. J. W. Swain tr. New York : Free Press, 1965.
Eliade, Mircea.『성과 속』. 이동하 역. 학민사, 1999.
　　　　　.『샤마니즘』, 이윤기 역. 까치, 1992.
　　　　　.『 우주와 역사』. 정진홍 역. 현대사상사, 1976.
　　　　　.『종교사개론』. 이재실 역. 까치, 1994.
　　　　　.『종교의 의미』. 박규태 역. 서광사, 1990.
E. S. Fiorenza.『크리스천 기원의 여성신학적 재건』. 김애영 역. 종로서적, 1986.

Geertz, Clifford. "Religion as a Cultulal System". *Anthropological Approaches to the Study of Religion.* M. Banton(ed). London: Tavistock, 1966.

_____. 『문화의 해석』. 문옥표 역. 까치글방, 1999.

Gillian, C. *In a different Voice: Psychological Theory and Women's Development.* Cambridge: Harvard University Press, 1982. Glock, Chrles Y. and Rodney Stark. *Religion and Society in Tension.* Chicago : Rand McNally & Co, 1965.

Hageman, A. L. and R. R. Ruether. *Sexist Religion and Woman in the church.* New York: Association Press, 1974.

Hick, John. 『종교철학입문』. 황필호 역. 종로서적, 1987.

Horton, Paul B and Chester L. Hunt. *Sociology.* New York : Mcgraw Hill, 1984.

Johnstone, Ronald L. *Religion and Society in Interaction: The Sociology of religion.* Englewood Cliffs, N. J.: Prentice-Hall, 1975.

Küng, Hans. 『가톨릭 교회』. 배국원 역. 을유문화사, 2003.

Lauer, R. H. *Perapectives on Social Change.* Boston: Allyn and Bacon, 1973.

Lessa, William A. and Evon. Z. Vogt. *Reader in Comparative Religion.* New York: Harper & Row, 1972.

Luckmann, Thomas. 『보이지 않는 종교』. 이원규 역. 기독교문사, 1982.

Luther, Martin. 『종교개혁 3대논문』. 지원용 역. 컨콜디아사, 1997.

MacIver, Robert M. *Community.* London: Routledge and Kegan Paul, 1951

Maduro, Otto. 『사회적 갈등과 종교』. 강인철 역. 한국신학연구소, 1988.

McGuire, Meredith B. 『종교사회학』. 김기대, 최종렬 역. 민족사, 1994.

Millett, Kate. 『성의 정치학(上),(下)』. 정의숙, 조정호 공역. 현대사상사, 2004

Moffett, Samuel Hugh. 『아시아 기독교회사』. 장로회신학대출판부, 1996.

Niebuhr, Helmut Richard. 『그리스도와 문화』. 김재준 역. 대한기독교서회, 1996.

Noss, J. B. 『세계종교사(上)(下)』. 윤이흠 역. 현음사, 1986.

Nottingham, Elizabeth K. *Religion : A Sociological View.* New York: Random House, 1971.

O'Dea, Thomas F. *Sociology and the Study of Religion : Theory, Research, Interpretation.* New York: Basic Books, 1970.

_____. *The Sociology of Religion.* Englewood Cliffs, N.J. : Prentice hall, 1966.

Peterson, Mark A. 『유교사회의 창출』. 김혜정 역. 일조각, 2000.

Richardson, A. 『신약신학개론』. 이한수 역. 크리스챤 다이제스트, 1997.

Robertson, Roland.『종교의 사회학적 이해』. 이원규 역. 대한기독교출판사, 1984.

Ruether, Rosemary Radford. *Religion and Woman.* New York: Simonand Schuster, 1974.

_____. 『가이야와 하느님』. 전현식 역. 이화여대출판부, 2000.

_____. 『성차별의 신학』. 안상님 역. 대한기독교출판사, 1985.

_____. 외. 『여성해방과 성의 혁명』. 최광복 역. 일월서각, 1983.

Sharpe, E. 『종교학』. 윤이흠, 윤원철 역. 한울, 1996.

Sharpe, E. and N. Smart 『현대종교학』. 강돈구 역. 청년사, 1986. Sherman, Dean. *Love, Sex and Relationships.* 박선미 역. 예수전도단. 2004.

Spiro, Melford. "Religion: Problem of Definition and Explanation". *Anthropological Approaches to the Study of Religion.*

M. Banton(ed). London: Tavistock, 1966.

Tillich, Paul. *Theology of Culture.* London : Oxford University Press, 1959.

_____. 『문화와 종교』. 이계준 역. 전망사, 1984.

Tylor, E. B. Primitive Culture. New York: Holt, 1871.

Voetner, R. 『로마 카톨릭 사상 평가』. 이송훈 역. 기독교문서선교회, 1992. Wach, Joachim. Sociology of Religion. Chicago : The University of Chicago Press, 1958.

Walker, Williston. 『기독교회사 上, 下』. 송인설 역. 크리스챤다이제스트, 1994.

Weber, Max. 『프로테스탄티즘 윤리와 자본주의 정신』. 박성수 역. 문예출판사, 1999.

_____. 『힌두교와 불교』. 홍윤기 역. 한국신학연구소, 1986.

_____. 『종교사회학』. 홍윤기 역. 한국신학연구소.

WEF, 『Globa Gender Group Report 2010』, WEF, 2010.

Wuthnow, Robert 외. 『문화분석』. 최샛별 역. 한울, 2003.

William Estep, 『재침례교도의 역사』. 정수영 역. 요단출판사, 1993.

Yinger, J. Milton. The Scientific Study of Religion. New York: The Macmillan Co. 1970.

Zima, P. V. 『이데올로기와 이론』. 허창운·김태환 역. 문학과 지성사, 1996.

박영창 ───────────────────────────

　성균관대학교 경영학과 졸업
　그리스도대학교 신학대학원 졸업
　한국학중앙연구원 한국학대학원 졸업(철학박사)
　중국 북경대학 연구학자, 한국법제연구원 파견연구원
　국회법제실 산업법제과장, 여성위원회・윤리특별위원회 입법조사관
　국회의장상, 녹조근정훈장 수상

　『저출산 관련 정책평가 및 입법과제』(한국법제연구원, 2005)
　『토지개발이익 환수를 위한 지대세제 도입방안』(국회법제실, 2006)
　「한국사회의 남성중심 문화에 대한 종교사회학적 고찰」(박사논문, 한국학중앙연구원, 2006)
　「직장선교의 신학적 근거와 활성화 방안에 관한 연구」(그리스도신학대학원, 1998)
　「21세기 기간산업인 문화산업 육성방안」(국회의사국, 2000) 외 다수

남성중심 문화와 한국종교

초 판 인 쇄 │ 2011년 2월 25일
초 판 발 행 │ 2011년 2월 25일

지 은 이 │ 박영창
펴 낸 이 │ 채종준
펴 낸 곳 │ 한국학술정보㈜
주　　　소 │ 경기도 파주시 교하읍 문발리 파주출판문화정보산업단지 513-5
전　　　화 │ 031) 908-3181(대표)
팩　　　스 │ 031) 908-3189
홈 페 이 지 │ http://ebook.kstudy.com
E - m a i l │ 출판사업부　publish@kstudy.com
등　　　록 │ 제일산-115호(2000. 6. 19)

ISBN　　978-89-268-2056-8 93230 (Paper Book)
　　　　978-89-268-2057-5 98230 (e-Book)

내일을여는지식 ▐ 은 시대와 시대의 지식을 이어 갑니다.

이 책은 한국학술정보(주)와 저작자의 지적 재산으로서 무단 전재와 복제를 금합니다.
책에 대한 더 나은 생각, 끊임없는 고민, 독자를 생각하는 마음으로 보다 좋은 책을 만들어갑니다.